U0553564

BLUE BOOK

智 库 成 果 出 版 与 传 播 平 台

四川蓝皮书

BLUE BOOK OF SICHUAN

2024年四川经济形势分析与预测

ECONOMY OF SICHUAN ANALYSIS

AND FORECAST (2024)

主　编／蓝定香

副主编／陈　映　陈　妤

社会科学文献出版社

SOCIAL SCIENCES ACADEMIC PRESS (CHINA)

图书在版编目（CIP）数据

2024 年四川经济形势分析与预测 / 蓝定香主编；陈
映，陈妤副主编 . --北京：社会科学文献出版社，
2024. 1
（四川蓝皮书）
ISBN 978-7-5228-2993-7

Ⅰ.①2… Ⅱ.①蓝… ②陈… ③陈… Ⅲ.①区域经
济-经济分析-四川-2024 ②区域经济-经济预测-四川
-2024 Ⅳ.①F127. 71

中国国家版本馆 CIP 数据核字（2023）第 253440 号

四川蓝皮书
2024 年四川经济形势分析与预测

主　　编／蓝定香
副主编／陈　映　陈　妤

出 版 人／冀祥德
责任编辑／王　展
责任印制／王京美

出　　版／社会科学文献出版社·皮书出版分社（010）59367127
　　　　　　地址：北京市北三环中路甲 29 号院华龙大厦　邮编：100029
　　　　　　网址：www. ssap. com. cn
发　　行／社会科学文献出版社（010）59367028
印　　装／三河市东方印刷有限公司

规　　格／开　本：787mm×1092mm　1/16
　　　　　　印　张：20. 5　字　数：306 千字
版　　次／2024 年 1 月第 1 版　2024 年 1 月第 1 次印刷
书　　号／ISBN 978-7-5228-2993-7
定　　价／249. 00 元

读者服务电话：4008918866

四川蓝皮书编委会

主　任　刘立云　杨　颖

副主任　李中锋

编　委　（按姓氏笔画为序）

王　芳　王　倩　向宝云　刘　伟　刘金华

安中轩　李卫宏　李晟之　李晓燕　何祖伟

张立伟　张克俊　陈　妤　陈　映　罗木散

庞　淼　赵　川　彭　剑　蓝定香　虞　洪

廖祖君

主要编撰者简介

蓝定香 经济学博士，四川省社会科学院产业经济研究所所长，研究员，硕士生导师。主要研究方向为工业经济管理、国企改革。主持国家社会科学基金课题 2 项、国家哲学社会科学重大项目子课题 1 项、四川省级课题 7 项，发表论文近 100 篇（被复印转载 16 篇），出版专著 6 部（含合作）；获四川省哲学社会科学优秀成果奖 16 项（含集体）。2005 年荣获"首届四川省优秀青年经济人物"称号；2006 年、2014 年两次获"四川省有突出贡献的优秀专家"称号；2009 年获"四川省三八红旗手"称号。

陈　映 经济学博士，四川省社会科学院产业经济研究所副所长，研究员，硕士生导师，《经济体制改革》常务副主编。长期从事区域经济、产业经济等领域研究工作。近年来，独著和合著学术专著十余部，在 CSSCI 来源期刊上发表论文数十篇，主持和主研国家社会科学基金课题和四川省规划课题数十项。获第五届吴玉章人文社会科学优秀奖 1 项，获四川省哲学社会科学优秀成果一等奖 2 项、二等奖 2 项、三等奖 3 项。

陈　妤 经济学硕士，四川省社会科学院产业经济研究所助理研究员。长期从事产业经济、计量经济等领域研究工作。连续多年参与《四川蓝皮书：四川经济形势分析与预测》《成都市经济运行监测报告》（季刊）编撰工作，在《经济学动态》《数量经济技术经济研究》等期刊发表文章数篇，参与国家社会科学基金课题 1 项，参与四川省规划课题 2 项，参与四川省级、成都市级课题研究 20 余项，获四川省哲学社会科学优秀成果三等奖 1 项。

前　言

四川省地处中国西南腹地，辖区面积 48.6 万平方公里，居中国第五位，辖 21 个市州、183 个县（市、区），山清、水秀、人美，宜居、宜业、宜商，素有"天府之国"的美誉。四川是我国的资源大省、人口大省、经济大省，人口和经济总量均居西部首位，产业基础坚实，创新资源集聚，市场潜力巨大，是我国发展的战略腹地，在国家发展大局特别是实施西部大开发战略中具有独特而重要的地位。改革开放以来尤其是党的十八大以来，四川各族人民奋进新时代、把握新机遇、迎接新挑战、砥砺新征程，以永不懈怠的精神状态攻坚克难、奋勇向前，在这片充满诗情画意的土地上书写着壮丽的篇章。

2023 年是全面贯彻党的二十大精神的开局之年，是三年新冠疫情防控转段后经济恢复发展的一年。面对严峻复杂形势和多重困难挑战，面对全面建设社会主义现代化四川开局起步的艰巨繁重任务，四川坚持以习近平新时代中国特色社会主义思想为指导，认真贯彻党中央和省委决策部署，大力推进成渝地区双城经济圈建设，深入实施"四化同步、城乡融合、五区共兴"发展战略，坚持稳中求进工作总基调，积极服务和融入新发展格局，全力以赴拼经济、搞建设，谋划构建富有四川特色和优势的现代化产业体系，坚定不移推动高质量发展，全省经济运行总体呈现逐季回升、稳中向好的发展态势。

2024 年是全面建设社会主义现代化四川开局起步的重要一年。从当前国际国内形势来看，全球经济复苏乏力，地缘政治冲突加剧，世界经济增长的不确定性上升；国内经济稳定回升基础仍不稳固，总需求不足的矛盾凸显，推动经济加快转型的紧迫性上升。但也要看到，我国经济韧性强、潜力足、回旋余地大，经济发展具备较多有利因素和支撑条件，长期向好的基本面没有变。从四川来看，经济发展的周期性结构性矛盾依然存在，人口老龄化、低碳转型等中长期挑战不容忽视。但与此同时，新时代西部大开发、成渝地区双城经济圈建设、长江经济带高质量发展、西部陆海新通道加快建设等多项国家重大战略机遇在川叠加。如何认识和把握这些重大战略机遇，把党的二十大精神贯彻到新时代治蜀兴川各方面、全过程，持续深化落实习近平总书记对四川工作系列重要指示精神，全面落实省委十二届历次全会精神和决策部署，锚定发展目标，优化发展规划，创新发展路径，为谱写中国式现代化四川新篇章而奋力拼搏，为全国发展大局做出经济大省更大的贡献，是我们所面临的重大课题。因此，全面分析四川经济发展现状，深入研究存在的困难和问题，科学、准确预测经济发展趋势，尤为重要。

本书以四川省经济发展面临的新形势、新环境、新机遇为出发点，以四川经济发展现状及发展趋势为研究对象，以为省委省政府制定经济发展战略决策、优化经济政策提供咨询建议为主要目标，旨在打造四川经济问题研究人才队伍，构筑四川经济发展研究平台，充分调动各方资源为四川现代化建设服务。本书在分析2023年全省各项经济工作的基础上，对2024年全省经济发展形势做出初步预测。全书分为总报告、分报告、区域篇、产业与行业篇、热点篇五大部分。其中，第一部分是总报告，主要对全省经济运行的总体情况进行分析与预测。第二部分是分报告，主要对固定资产投资、财政、金融、消费、进出口等宏观经济形势进行分析和预测。第三部分是区域篇，对成都平原经济区、川南经济区、川东北经济区、攀西经济区、川西北生态示范区的经济运行情况进行分析和预测。第四部分是产业与行业篇，涵盖四川三次产业、部分重点产业和行业的分析与预测。第五部分是热点篇，涉及四川经济高质量发展以及全面深化改革中的重点、难点问题，如成渝地区双城经济圈建设、民营经济发展、专精特新中小企业发展等。

本书在四川省社会科学院蓝皮书编委会指导下，由产业经济研究所组织选题、研究、撰写和编辑。本书各报告由相关领域专家学者撰写，并得到四川省发展和改革委员会、四川省财政厅、四川省经济和信息化厅、四川省商务厅、四川省农业农村厅、四川省住房和城乡建设厅、四川省经济合作局、四川省统计局、四川省人力资源和社会保障厅、四川省科技厅、四川省文化和旅游厅、四川省乡村振兴局、中国人民银行成都分行、四川大学、西南财经大学等单位的大力支持，在此一并致谢！

本书的出版发行得到社会科学文献出版社领导和同仁的帮助与支持，在此表示深深的感谢！

由于编者水平有限，本书难免存在缺点和不足，敬请各位领导、专家和广大读者指正！

摘　要

2023 年，四川经济持续恢复，经济运行之显著特点是各类经济指标的季度变化幅度较大，呈现前三季度持续上升、第四季度有所回落的态势。面对复杂严峻的内外部环境和发展中的各种困难，四川延续疫情期间税收减免、资金支持、费用缓交等政策措施，分层次推进现代化产业体系建设，进一步激发市场活力，推动经济运行持续向好，确保经济总量"保位"、高质量发展"进位"。2023 年，预计四川经济将增长 5%左右，高于全国 0.5 个百分点左右，实现从低于到追平再到超越全国平均增速的大发展；地区生产总值将突破 6 万亿元。其中，第一产业增长 3.7%，第二产业增长 5.4%，第三产业增长 7.0%；财政收入增长 7%左右；全社会固定资产投资增长 3.5%；社会商品零售总额增长 8.0%；城乡居民收入增长 6%；外贸进出口总额下降 6.0%左右。

2024 年，四川消费需求将出现回落，投资增速也可能继续走低，出口负增长难以扭转，经济下行较难避免。为确保顺利完成全年经济发展任务，需进一步挖掘投资对经济增长的作用，努力保投资增速不下降，保消费需求不出现大的回落，保工业增速稳步提升，促服务业稳定迈上新台阶。应依托清洁能源培育先进制造业集群、依托城市群推进新型工业化、以旅游业为抓手促进服务业发展等，分层次推进现代化产业体系建设。2024 年，预计四川地区生产总值将增长 5%~5.5%；全社会固定资产投资增长 5%~6%；社会消费品零售总额增长 6.5%~7.5%；规模以上工业增加值增长 5%~6%；第三产业增加值增长 6%以上；财政收入增

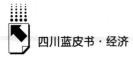

长 5% 以上；城镇居民收入和农村居民收入分别增长 5% 和 6% 以上；进出口总额实现正增长。

关键词： 经济增长　现代化产业体系　新型工业化　四川

Abstract

In 2023, Sichuan's economy continued to recover after three years of epidemic. The remarkable feature of Sichuan's economic operation is that the quarterly change range of various economic indicators were large, showing a trend of rising in the first three quarters and falling in the fourth quarter. In the face of complicated and severe internal and external difficulties, Sichuan continued to implement the policies and measures during the epidemic such as tax reduction, financial support, and delayed payment of expenses, promoted the construction of modern industrialized system at different levels, further stimulated market vitality to promote sustained improvement of economic operation and the promotion of high quality development. In 2023, it is estimated that Sichuan's economy will grow by about 5%, which is about 0.5 percentage points higher than that of the whole country, and achieve a leap from being lower than the whole country to equalling the whole country and further surpassing the whole country; The GDP will exceed 6 trillion and continue to rank sixth in the country, the primary, secondary and tertiary industries is expected to grow by 3.7%, 5.4% and 7.0% respectively; Fiscal revenue will increase by about 7%; The fixed-asset investment will increase by 3.5%; The total retail sales of consumer goods will increase by 8.0%; The disposable income of urban residents and rural ones will increase by 6%; The total import and export volume of foreign trade will decrease by about 6.0%.

In 2024, Sichuan's consumer demand will fall, and the growth rate of investment maycontinue to fall. Negative export growth is difficult to reverse, the economic downturn is difficult to avoid. To ensure the successful completion of the annual economic tasks, it is necessary to further explore the role of investment

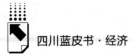
in economic growth, and strive to ensure the growth rate of investment does not decline, the consumer demand does not fall back greatly, the growth rate of industry increase steadily, and the stability of the service industry reach a new level. We should rely on clean energy to cultivate advanced manufacturing clusters, rely on urban agglomerations to promote new industrialization, take tourism as the key point to promote service industries, so as to promote the construction of modernized industrial system at different levels. In 2024, it is estimated that the GDP of Sichuan will increase by about 5%~5.5%; The fixed-asset investment will be between 5% and 6%; The total retail sales of consumer goods will be between 6.5% and 7.5%; The value-added industrial output will increase by 5% to 6%; The value of the tertiary industry will increase by over 6%; Fiscal revenue increase by more than 5%; The income of urban residents and rural ones will increase by 5% and over 6% respectively; The growth rate of import and export will achieve positive growth.

Keywords: Economic Recovery; The Contruction of Modernized Industrial System; New Industrialization; Sichuan

目 录 ◪

Ⅰ 总报告

B.1 需求释放迎来反弹　来年重回常态轨道

　　——四川省2023年经济形势分析与2024年趋势预测

……………………………… 盛　毅　李佳欣　谭喻亓 / 001

　　一　2023年四川省经济运行分析 ……………………… / 002

　　二　2024年主要经济指标预测 ………………………… / 009

　　三　实现预期目标需要采取的措施 …………………… / 014

Ⅱ 分报告

B.2 2023~2024年四川省固定资产投资发展分析与预测…… 陈　妤 / 018

B.3 2023~2024年四川省财政形势分析与预测 …………… 胡建中 / 029

B.4 2023~2024年四川省金融形势分析与预测 …………… 罗志华 / 040

B.5 2023~2024年四川省消费品市场分析与预测 ………… 刘艳婷 / 051

B.6 2023~2024年四川省进出口贸易发展分析与预测 …… 袁　境 / 060

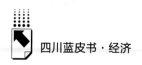
Ⅲ 区域篇

B.7 2023~2024年成都平原经济区经济形势分析与预测

……………………………………………… 陈 映 肖治涵 / 071

B.8 2023~2024年川南经济区经济形势分析与预测

……………………………………………… 龚勤林 乔 涛 / 090

B.9 2023~2024年川东北经济区经济形势分析与预测 …… 曹 瑛 / 103

B.10 2023~2024年攀西经济区经济形势分析与预测

……………………………………………… 段 莉 陈沙沙 / 118

B.11 2023~2024年川西北生态示范区经济形势分析与预测

……………………………………………… 贾兴元 / 132

Ⅳ 产业与行业篇

B.12 2023~2024年四川省农业经济发展形势分析与预测

……………………………………… 唐 新 毛小静 李文斌 / 146

B.13 2023~2024年四川省工业经济发展形势分析与预测

……………………………………………… 王 磊 / 159

B.14 2023~2024年四川省服务业发展形势分析与预测 …… 何 飞 / 169

B.15 四川省绿色低碳优势产业发展研究

………………… 蓝泽兵 韩晓宇 韦 涛 许梁彬 卢禹璇 / 176

B.16 四川省电子信息产业发展研究 ……………………… 周 杰 / 188

B.17 四川省动力电池产业发展研究 ………………… 代青秀 陈红霞 / 198

B.18 2023~2024年四川省预制菜产业发展形势分析与预测

……………………………………………… 钟 鑫 鲁 彬 / 214

Ⅴ　热点篇

B.19 成渝地区双城经济圈自贸试验区协同创新路径研究

　　…………………………………………………… 刘渝阳 / 228

B.20 成渝地区双城经济圈跨省毗邻地区产业协同发展评价研究

　　………………………………………… 杜雪锋　赵　澳 / 242

B.21 四川省区域协调发展研究 ………………… 贺培科　周婧苑 / 254

B.22 四川省制造业高端化、智能化、绿色化发展研究

　　………………………………………… 蓝定香　陈　好 / 267

B.23 四川省民营经济发展研究 ………………… 李　晶　唐　俊 / 279

B.24 四川省专精特新中小企业发展研究 ……………… 易晓芹 / 292

皮书数据库阅读 **使用指南**

CONTENTS ⟫

I General Report

B.1 As the Rebound in Demand has Emerged, the Economic
Performance will be Back on Track
  —*Analysis of Sichuan Economic Situation in 2023*
    and Trend Forecast in 2024   *Sheng Yi, Li Jiaxin and Tan Yuqi* / 001

II Topical Reports

B.2 Analysis and Forecast on Investment in Fixed Assets
in Sichuan in 2023-2024   *Chen Yu* / 018
B.3 Analysis and Forecast of Sichuan's Fiscal Revenue
in 2023-2024   *Hu Jianzhong* / 029
B.4 Analysis and Forecast of Financial Situation in Sichuan
in 2023-2024   *Luo Zhihua* / 040

B.5   Analysis and Forecast of Consumer Goods Market

in Sichuan Province in 2023-2024   *Liu Yanting* / 051

B.6   Analysis and Forecast of Sichuan Province's Import

and Export in 2023-2024   *Yuan Jing* / 060

III   Regional Reports

B.7   Economic Situation Analysis and Forecast of Chengdu

Plain Economic Zone in 2023-2024   *Chen Ying, Xiao Zhihan* / 071

B.8   Economic Situation Analysis and Forecast of South Sichuan

Economic Zone in 2023-2024   *Gong Qinlin, Qiao Tao* / 090

B.9   Economic Situation Analysis and Forecast of Northeast

Sichuan Economic Zone in 2023-2024   *Cao Ying* / 103

B.10   Economic Situation Analysis and Forecast of Panxi

Economic Zone in 2023-2024   *Duan Li, Chen Shasha* / 118

B.11   Economic Situation Analysis and Forecast of Ecological

Demonstration Zone in Northwest Sichuan in 2023-2024

Jia Xingyuan / 132

IV   Industry Reports

B.12   Analysis and Forecast of Agricultural Economic Development

in Sichuan Province in 2023-2024

Tang Xin, Mao Xiaojing and Li Wenbin / 146

B.13   Analysis and Forecast of Industrial Economic Development

in Sichuan Province in 2023-2024   *Wang Lei* / 159

B.14   Analysis and Forecast of the Development of Sichuan's

Service Industry in 2023-2024   *He Fei* / 169

B.15 Research on the Development of Green and Low-carbon
Advantageous industries in Sichuan Province

Lan Zebing, Han Xiaoyu, Wei Tao, Xu Liangbin and Lu Yuxuan / 176

B.16 Research on the Development of Electronic Information
Industry in Sichuan Province *Zhou Jie / 188*

B.17 Research on the Development of Power Battery Industry
in Sichuan Province *Dai Qingxiu, Chen Hongxia / 198*

B.18 Analysis and Forecast of the Development Situation of Sichuan
Prefabricated Vegetable Industry from 2023 to 2024

Zhong Xin, Lu Bin / 214

V Hot Topics

B.19 Research on the Collaborative Innovation Path of the Pilot
Free Trade Zone in the Chengdu-Chongqing Economic Circle

Liu Yuyang / 228

B.20 Research on the Evaluation of Industrial Collaborative
Development in Trans-provincial Adjacent Areas
of Chengdu-Chongqing Economic Circle *Du Xuefeng, Zhao Ao / 242*

B.21 Research on Regional Coordinated Development of Sichuan Province

He Peike, Zhou Jingyuan / 254

B.22 Research on High-end, Intelligent and Green Development
of Manufacturing Industry in Sichuan Province

Lan Dingxiang, Chen Yu / 267

B.23 Research on the Development of Private Economy
in Sichuan Province *Li Jing, Tang Jun / 279*

B.24 Sichuan Province Research on the Development of Specialized
and Innovative Small and Medium-sized Enterprises *Yi Xiaoqin / 292*

总 报 告

B.1

需求释放迎来反弹　来年重回常态轨道

——四川省 2023 年经济形势分析与 2024 年趋势预测

盛　毅　李佳欣　谭喻元*

摘　要： 2023 年是四川经济在疫情防控平稳转段后的恢复年，运行表现出来的显著特点是各大经济指标季度变化幅度大，并且总体上呈前三季度持续上升、第四季度有所回落的趋势。2024 年，由于消费需求出现较大回落，投资增速可能进一步走低，出口难以扭转负增长局面，经济下行不可避免。为使经济增速保持在 5% 以上水平，需要努力保投资增速不下降，保消费需求不出现大的回落，保工业增速稳步提升，促服务业稳定迈上新台阶。通过分层次推进现代化产业体系建设，进一步挖掘投资对经济增长的作用，依托清洁能源培育先进制造业集群，依托城市群推进新型工业化，以旅游业为抓手促进服务业发展等，确保 2024 年经济发展任务顺利完成。

---

* 盛毅，四川省社会科学院研究员，主要研究方向为宏观经济、区域经济和产业经济；李佳欣，四川省社会科学院产业经济学硕士研究生；谭喻元，四川省社会科学院产业经济学硕士研究生。

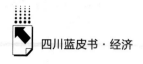
关键词： 成渝地区双城经济圈　新型工业化　高质量发展　四川

2023 年，国内外环境复杂多变，四川省紧紧抓住深入推进成渝地区双城经济圈建设的机遇，以高质量发展为主题，坚持新型工业化主导地位，大力实施工业兴省和制造强省战略，促进优势产业高端化、传统产业新型化、新兴产业规模化；以迅速释放受疫情严重影响的需求为重点，推动近两年低速增长的多个服务领域全面恢复；以稳定基建投资为基础，加大先进制造业、现代服务业、数字经济等方面的投入。经过以上努力，四川经济持续快速恢复，基本实现 2023 年初预定目标，为 2024 年的经济发展奠定了坚实的基础。

一　2023年四川省经济运行分析

（一）主要经济指标完成情况

2023 年，预计四川经济增长 5% 左右，高于全国 0.5 个百分点左右，扭转了上年和 2023 年一季度落后全国的态势，实现从低于到追平再到进一步超过全国平均增速的跨越；地区生产总值突破 6 万亿元，继续保持全国第六的位置。其中，预计第一产业增长 3.7%，第二产业增长 5.4%，第三产业增长 7.0%，工业增长 6.0%，全社会固定资产投资增长 3.5%。从投资的领域看，前三季度基础设施投资增长 6.2%，制造业投资增长 6.2%，房地产开发投资下降 9.1%。从投资的产业看，前三季度第一产业投资下降 1.0%，第二产业投资增长 9.0%，第三产业投资增长 0.7%。前三季度社会消费品零售总额增长 8.0%，其中批发零售业同比增长 6.5%，交通运输、仓储和邮政业同比增长 9.4%，信息传输、软件和信息技术服务业同比增长 9.8%，租赁和商务服务业同比增长 12.1%。城乡居民收入同比增长 6%，基本保持稳定。调查失业率高于年初确定的目标，就业尤其是大学生就业最为困难。

居民消费价格指数稳定在2%左右，能够完成年初确定的目标。财政收入增长7%左右。

（二）经济运行呈现的特点

2023年经济运行的显著特点是各大经济指标季度变化幅度大，并且总体上呈现前三季度持续上升、第四季度有所回落的趋势。

一是经济增速前升后降，全年增速高于全国。一季度四川省GDP增速为3.8%，落后于全国0.7个百分点；上半年GDP实现5.5%的增长，与全国增速持平；前三季度GDP增长6.5%，超过全国1.3个百分点，其中第三季度增长8.5%，创近年来季度增速新高；四季度因为上年基数高，增速会有所回落（见表1）。尽管如此，由于前三个季度快速回升，全年累计增速至少高于全国0.5个百分点。

表1　2023年四川省GDP季度增速与全国比较

单位：%

区域	一季度	上半年	前三季度	全年
四川省	3.8	5.5	6.5	5.0
全　国	4.5	5.5	5.2	4.5

资料来源：国家统计局网站。全年为预计数。表2~表5同此，不再赘述。

二是工业增长成为亮点，出现近期难见高点。规模以上工业增加值增速虽然与GDP走势保持一致，但波动幅度很大。规模以上工业增加值在一季度仅增长0.4%，比全国水平低2.6个百分点，是西部大开发以来极少出现的现象；上半年增速提高到4.3%，反超全国增速0.5个百分点；前三季度累计增长6.8%，高出全国2.8个百分点，支撑第二产业增加值增速从上半年低于全国0.7个百分点发展到高于全国1.4个百分点；四季度增速预计会出现较明显回落（见表2）。

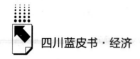

表2 2023年四川省规模以上工业增加值季度增速与全国比较

单位：%

区域	一季度	上半年	前三季度	全年
四川省	0.4	4.3	6.8	6.0
全 国	3.0	3.8	4.0	3.9

注：全年为预测值。

三是服务业迅速恢复，增速总体高于全国。服务业全面恢复，受疫情影响大的旅游、餐饮、交通运输、酒店、文化娱乐等领域，普遍实现两位数以上的增长。前三季度社会消费品零售总额增速较上半年回升2.5个百分点，除一季度和上半年低于全国外，三季度以后均高于全国，其中前三季度累计增速比全国高2.4个百分点。第三产业增加值增速则在各个季度都高于全国，其中前三季度高于全国1.7个百分点，发挥了压舱石的作用（见表3）。

表3 2023年四川省第三产业增加值、社会消费品零售总额季度增速与全国比较

单位：%

区域	一季度		上半年		前三季度		全年	
	增加值	社消	增加值	社消	增加值	社消	增加值	社消
四川省	6.7	4.3	7.0	6.7	7.7	9.2	7.0	8.0
全 国	5.4	5.8	6.4	8.2	6.0	6.8	6.4	7.0

注：全年为预测值。

四是投资增速创历年新低，也低于全国水平。前三季度固定资产投资增速较上半年回升1.8个百分点，增速从上半年低于全国0.5个百分点，转为高于全国1.3个百分点，预计全年略低于全国水平（见表4）。前三季度民间投资下降0.6%，主要受房地产开发投资较大幅度下降拖累，如果扣除房地产开发投资，民间投资增长9.1%。不过从过去多年情况看，四川省的投资增速正在从远高于全国增速，向与全国增速差距不大的趋势演变。

表4　2023年四川省固定资产投资季度增速与全国比较

单位：%

区域	一季度	上半年	前三季度	全年
四川省	4.2	3.3	5.1	3.5
全　国	5.1	3.8	3.8	3.8

注：全年为预测值。

五是出口增速显著回落，下降幅度大于全国。前三季度外贸进出口总额下降6.0%，远低于全国的下降0.2%，其中出口额、进口额的下降幅度都大于全国（见表5）。全国上半年外贸进出口总额保持正增长，而四川省一直是负增长，这与近几年四川进出口增速明显高于全国的情况形成鲜明对比。

表5　2023年四川省外贸进出口总额季度增速与全国比较

单位：%

区域	一季度	上半年	前三季度	全年
四川省	−5.2	−2.9	−6.0	−6.0
全　国	4.8	2.1	−0.2	0

注：全年为预测值。

六是各市州增速差别大，部分市州继续领跑。成都平原城市群和川南城市群中的多数城市新增项目多、投资规模大，地区生产总值、工业增加值等增长速度明显高于其他市州，其中绵阳市、宜宾市、凉山州、遂宁市、乐山市处于领跑地位。位于生态环境保护重点区域的凉山州和甘孜州，得益于其丰富的旅游和矿产资源，经济发展也有明显回升（见表6）。

表6　2023年上半年与2022年上半年四川省及21个市州GDP对比

单位：亿元，%

地区	绝对值		增量	增长率
	2023年上半年	2022年上半年		
成都市	10705.49	9965.55	739.94	5.80
绵阳市	1775.5	1617.72	157.78	8.50
宜宾市	1571.2	1466.28	104.92	6.40

续表

地区	绝对值		增量	增长率
	2023 年上半年	2022 年上半年		
德阳市	1340.61	1271.56	69.05	5.00
南充市	1264.13	1182.85	81.28	4.30
泸州市	1218.84	1174.48	44.36	2.70
达州市	1180.87	1100.73	80.14	5.60
乐山市	1108.18	1041.73	66.45	6.00
凉山州	1011.03	961.42	49.61	6.50
内江市	813.33	767.3	46.03	5.60
自贡市	797.76	761.75	36.01	3.80
眉山市	791.32	758.23	33.09	3.50
遂宁市	789.69	748.18	41.51	6.20
广安市	670.46	632.66	37.8	5.00
攀枝花市	623.61	590.28	33.33	5.50
广元市	549.12	519.88	29.24	4.30
资阳市	455.45	442.1	13.35	2.70
雅安市	423.29	399.09	24.2	5.90
巴中市	400.49	379.83	20.66	3.50
甘孜州	214.03	192.44	21.59	5.00
阿坝州	213.18	202.41	10.77	5.50
四川省	27901.01	26176.47	1724.54	5.50

资料来源：各市州统计局网站。

（三）经济反弹的原因分析

2023 年主要经济指标出现明显回升，有以下两个主要原因。一是上年基数较低，在这一基础上促进经济增长，容易实现速度较快回升。特别是2022 年三季度，四川出现罕见高温干旱天气，叠加停电、疫情、地震等多重不利因素影响，1.3 万户规模以上工业企业停产，当年 8 月工业增加值下降 11.0%，拖累三季度地区生产总值仅增长 1.5%，远低于全国水平，这也是 2023 年三季度部分经济指标增速较高的原因之一。二是疫情防控平稳转段后，生产生活开始回归常态化轨道，被压抑的需求和被限制的经济活动得以全面恢复——三季度当季全省经济增长 8.5%，明显高于一季度和上半年；餐饮前三季度增长 16.1%，社会消费品零售总额前三季度增长 9.2%，其中 9 月社会消费品零售总额增长 17.3%；规模以上工业增加值前三季度增长 6.8%，其中 8 月增长 22%。由此可以看出 2023 年经济发展动力的特点是在上年被抑制后，出现了超过常态运行轨道的反弹。

同时，不可否认的是，2023 年采取的诸多促经济发展的举措，更大力度地推动了经济高质量发展，"确保经济总量'保位'，高质量发展'进位'"目标的提出，也进一步为经济反弹注入新动能。

首先，四川省政府在 2023 年初时明确提出，继续执行疫情期间税收减免、资金支持、费用缓交等政策措施，把促进投资、扩大消费、增加出口、扩大就业、稳步提高城乡居民收入、增强科技创新能力等作为新一年经济工作的主要任务。为使经济发展开好局，四川认真落实省委十二届二次全会做出的重要部署，加快实施"四化同步、城乡融合、五区共兴"战略，全力以赴推动经济运行整体转好。年初四川举行一季度重大项目现场推进活动，推出总投资 7000 多亿元的重大项目，并成功完成首批次 9 只政府债券发行，实施外资项目提质增量、产业项目梯次招引、产业集聚优化提升、"投资四川"品牌推广、项目全生命周期服务和投资促进绿色安全"六大行动"；省经济合作局将 2023 年确定为"重大外资项目招引攻坚年"；商务部门扩大糖酒会、酒博会、汽车展会、农博会举办规模，深入开展新能源汽车"五进"等惠民活动，大力扶持线下餐饮娱乐等接触式消费行业。通过这些努力，四川基本扭转了自上年四季度末以来的经济下行走势。

其次，二季度末召开的四川省委十二届三次全会，对加快建设现代化产业体系做出全面部署，明确要大力实施制造强省战略，锚定特色优势产业和战略性新兴产业发展，加快形成现代化产业体系的主体支撑，围绕六大优势产业提质倍增，掀起新一轮制造业发展高潮。同时，促进服务业与制造业深度融合，大力发展生产性服务业和服务型制造业，构建优质高效的服务业新体系，进一步拓宽了下半年经济发展空间。

最后，自三季度以来，四川提出经济要"多拉快跑"，出台进一步激发市场活力、推动当前经济运行持续向好的 19 条政策措施。同时，西博会、大运会等文旅活动的举办，以及各地促消费政策的加码，又为扩大消费提供了机遇。

2023 年能够完成预期目标，各项政策措施的激励也起到了至关重要的作用。

（四）与其他省份的比较

从经济总量排名前十省份的主要经济数据来看，四川省 GDP 增速在前十个经济大省中排名第一。具体从其他指标来看，第一产业增速在前十个经济大省中排名第六；第二产业增速以及工业增加值增速居于中上水平；第三产业增速排名第一，大运会、西博会等一系列文旅活动极大地促进了服务业的恢复和发展；四川进出口额下降较多，增速排名靠后，在前十个经济大省中表现欠佳（见表7）。

表 7 前三季度经济总量排名前十省份的主要经济指标增速

单位：%

省份	GDP	一产	二产	三产	工业	固投	社消	进出口
广东省	4.5	4.8	4.0	4.8	3.1	3.1	5.4	-0.1
江苏省	5.8	3.3	6.6	5.3	7.2	5.7	7.1	-6.5
山东省	6.0	4.3	6.5	6.0	7.1	5.5	8.2	2.5
浙江省	6.3	3.9	5.1	7.3	5.5	8.5	6.7	5.0
河南省	3.8	0.8	4.2	4.1	6.0	1.8	5.0	-6.8
四川省	6.5	3.8	5.8	7.7	6.8	5.1	9.2	-6.0
湖北省	6.0	4.2	4.7	7.3	5.6	5.5	8.5	-1.5
福建省	4.1	4.1	3.1	5.0	2.5	3.0	4.3	-1.7
湖南省	4.0	3.8	3.3	4.6	2.6	8.0	5.0	-5.5
安徽省	6.1	3.8	6.6	6.0	6.2	4.4	6.7	6.1

资料来源：国家统计局网站。

二　2024年主要经济指标预测

本报告在分析国内外经济环境、四川经济增长动力和存在问题的基础上，对2024年主要经济指标增速进行了预测。

（一）2024年经济运行环境

从投资、消费和进出口角度分析，可以发现需求端增长面临诸多挑战。首先，从投资视角来看，在基建投资增速回落、房地产投资负增长、外商投资增速放缓这三大因素的影响下，2024年的投资增速将略有回落（见图1）。在政府投融资平台负债率较高、政府土地出让收入大幅度减少的情况下，基建投资增速将有所回落。虽然民间投资有政策的鼓励和支持，但恢复信心不仅需要时间，还需要政府持续不断地改善投资环境和营商环境。中央明确要求各地"适应我国房地产市场供求关系发生重大变化的新形势，适时调整优化房地产政策"。中央多部门及多地也因地制宜出台相关政策，比如"认房不认贷"、调整利率等，但现有商品房存量大、市场疲软，房地产投资短期难以实现正增长，拖累投资下行难以避免。外商投资的增速，也可能呈现下降的趋势。

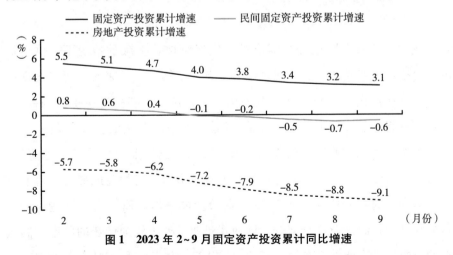

图1　2023年2~9月固定资产投资累计同比增速

资料来源：国家统计局网站。

其次，消费对于经济增长的贡献度重新回到正常区间，消费热点仍然集中在文化旅游、信息、康养、新能源汽车等领域，但增长速度相较上年回落。传统的生活服务业增速回落的幅度可能更大。

最后，外贸负增长或零增长的走势已经形成，在国际贸易环境没有根本改观的条件下，实现正增长的可能性很小。自2023年6月以来，外贸出口对经济增长的贡献持续为负，其中7月和8月的外贸出口月度同比增速分别为-8.3%和-9.2%，为近年来少见的低值（见图2）。

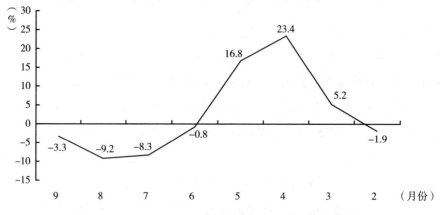

图2　2023年2~9月份外贸出口月度同比增速

资料来源：《中国经济景气月报》。

在"三驾马车"已经从需求端决定经济增长上限的情况下，供给端的发力很难改变整体的经济发展趋势。首先从第一产业来看，可以发现由于第一产业在我国GDP中的占比不大，增长速度能够稳定在4%左右已经是比较理想的状态，其增长速度的高低，对经济发展的拉动作用相对较小。其次是第二产业发挥的作用会有所加大，制造业重新受到各地重视，多数省市出台了许多支持制造业发展的政策措施，将稳定或提升制造业占比作为当前的主要任务。从2023年制造业的发展来看，支持制造业的政策措施推动着制造业稳步回升，即使建筑业仍处于较为低迷的状态，制造业的较快发展也能够支撑第二产业以较快速度增长。最后是服务业进入常态化运行轨道后，增速至少能保持在 5% 左右，这为经济增长的下限提供了支撑。

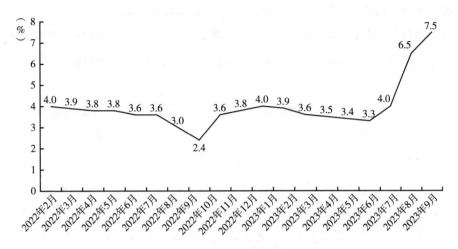

图 3　2022 年 2 月至 2023 年 9 月工业增加值累计增长率

资料来源：国家统计局网站。

（二）支撑四川经济增长的动力分析

2024 年，四川经济增长的动力，从需求端看，将主要来自消费和投资，从供给端看，将主要来自工业和服务业。

从消费看，城镇化将为消费增长提供重要支撑。当前促进消费增长的最大动力来自城镇化，四川城镇化率比全国低 6.8 个百分点，城镇化步伐将在一定时期内快于全国。农民转市民数量大、城镇基础设施建设带动的消费多，可为扩大需求注入有效动力。城乡居民消费支出的增长速度、社会消费品零售总额增长速度能够保持快于全国的水平，每年可为经济增长贡献 3 个百分点，是四川经济增长的压舱石。

从投资看，多数领域能够保持稳定增长。2023 年前三季度，基础设施投资增长 12.7%，拉动固定资产投资增长 3.8 个百分点，仍在继续发挥主力军作用。2024 年，四川省在公共设施管理、清洁能源、水利管理、旧城改造等领域还有较大投资空间，只要筹集资金环境相对宽松，基建投资还将继续扮演主角。另外，工业领域的投资也保持较快增长。2023年前三季度，制造业投资增长22.9%，其中计算机通信和其他电子设备制造业、电气机械及器材制造业投资都实现两位数以上增长，部分传统产业如化学原料及化学制品制造业也出现高增长。由此可以预计，投资能够为全年经济增长贡献1~2个百分点。

从工业看，新的增长潜能正在被挖掘。实施工业兴省和制造强省战略后，各地抓工业发展的力度加大，推动更多资金、技术、人才、能源、重要原材料流入工业领域，工业发展动力进一步增强。2024年前三季度，动力电池、晶硅光伏产业增加值分别增长50.3%和23.3%，单晶硅产量增长1.2倍，多晶硅和新能源汽车产量分别增长73.7%、66.7%。尽管这些超常增长的产业在2024年可能出现明显回落，但航空航天、轨道交通、新材料、电子设备制造业又将发力跟进，从而弥补高增长产业回落的缺口。2023年前三季度，航空、航天器及设备制造业，先进材料产业，医药健康产业等增长速度均超过两位数。同时，传统产业中的非金属矿物制品业、黑色金属冶炼和压延加工业也出现两位数增长情况。高新技术产业、战略性新兴产业、传统优势制造业的竞相发力，为工业较快增长提供了有力支撑。

从服务业看，主要产业增速能够保持稳定。受消费需求持续提升的推动，四川服务业增长速度快于全国的可能性很大。其中文化旅游、康养、数字经济、交通运输、金融、物流等将继续发挥主力军作用。网上购物、新消费场景又为传统服务业拓展了新的发展空间，如2023年前三季度，限上企业通过互联网实现的餐饮收入增长49.7%。根据服务业发展潜力判断，贡献3个百分点以上的增长率是有希望的（见表8）。

（三）保持稳定增长存在的困难

在看到有利因素的同时，也要看到2024年四川的经济发展存在许多不确定的因素，也存在外需进一步转弱、内需恢复不及预期等困难。

表8　2019年至2023年9月全国和四川省主要经济指标增速对比

单位：%

指标	2019年		2020年		2021年		2022年		2023年前三季度	
	四川	全国	四川	全国	四川	全国	四川	全国	四川	全国
GDP	7.5	6.1	3.8	2.3	8.2	8.1	2.9	3.0	6.5	5.2
固定资产投资额	10.2	5.1	9.9	2.7	10.1	4.9	8.4	4.9	5.1	3.1
全社会消费品零售总额	10.4	8.0	2.4	3.9	15.9	12.5	-0.1	-0.2	9.2	6.8
进出口	13.8	3.4	19.0	1.9	17.6	21.4	1.3	7.7	-6.0	-0.2
工业增加值	7.9	5.7	3.9	2.4	9.5	9.6	3.3	3.4	6.8	4.0
服务业增加值	8.5	6.9	3.4	2.1	8.9	8.2	2.0	2.3	7.7	6.0

注：鉴于数据的可得性，2023年前三季度全国固定资产投资增速"3.1%"为不含农户的增速，其他固定资产投资增速均为全社会固定资产投资增速。

资料来源：国家统计局网站。根据各年度统计公报整理，其中2023年为前三季度数据。

根据有关国际组织预测，2024年世界经济将进一步下行，国际环境复杂严峻。俄乌冲突、巴以冲突、贸易摩擦不断、部分国际金融机构破产、通胀压力加大等事件的冲击，为四川经济运行带来诸多负面影响。尤其是以美国为首的西方国家对我国商品出口、技术引进等的限制，不仅使四川的加工贸易企业出口减少、投资项目延期甚至取消，也使一些已有投资项目向外转移。全省货物进出口总额由前几年的快速增长转为下降，间接反映了外贸、外资等存在的隐忧。

企业成本上升、利润下降，亏损企业数量有所增加。一般劳动密集型产业比较优势进一步削弱，承接传统产业的空间被大大压缩。发展新兴产业，又面临技术、人才、资金不足，投入风险大的担忧。

民间投资信心待提振，已连续7个月降幅超过两位数，其中房地产开发投资大幅下降是主要影响因素。2023年上半年，房地产开发投资下降19.0%，住宅投资下降17.9%，仍然没有摆脱大幅度下降的局面。除房地产因素外，不少民营企业对经营环境、市场需求不足等的担忧，也是重要的影

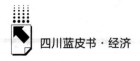

响因素。2023年前三季度民营企业新开工项目数、计划总投资额降幅超过两位数。工业品价格持续下行就是民间投资信心不足明显的信号。

（四）2024年主要经济指标预计

根据以上分析，我们对2024年四川主要经济指标的增长速度有以下预期：

——地区生产总值增长5%~5.5%；

——全社会固定资产投资增长5%~6%；

——社会消费品零售总额增长6.5%~7.5%；

——规模以上工业增加值增长5%~6%；

——第三产业增加值增长6%以上；

——进出口总额实现正增长；

——城镇居民收入增长5%，农村居民收入增长6%以上；

——财政收入增长5%以上；

——失业率控制在6%以内；

——居民消费价格指数增长控制在2.5%以内。

三　实现预期目标需要采取的措施

（一）力争经济增长速度保持在5%以上

预计2023年我国经济增长速度为5%左右，2024年可能略低于5%，这与在工业化任务基本完成后全要素生产率增长速度下降到2%左右有关。从西方国家的实践看，2%的全要素生产率增速只能支撑3%~4%的经济增长速度。在此背景下，2024年四川争取经济增长5%~5.5%，既符合当前加快追赶、缩小与全国人均水平差距的要求，也符合四川省还没有全面完成工业化中期阶段任务、全要素生产率增速略高于全国的实际。

（二）分层次推进现代化产业体系建设

坚持把工业作为建设现代化产业体系的主引擎，争取工业增加值增速回升到6%左右，适应中共四川省委十二届三次全会提出的六大优势产业倍增需要。考虑到工业化占比要达到全国平均水平、制造业增加值占比稳中有升的要求，传统优势产业必须在保持稳定增长的前提下，大力实施技术改造，加快推进高级化、绿色化、品牌化、国际化，加快建设国家级和省级先进制造业集群，发挥好压舱石作用。战略性新兴产业要着力上规模，推出更多像航空、航天器及设备制造业，锂离子电池制造业一类成长快的产业；积极推动生物医药、核技术应用、航空装备、轨道交通、氢能、通用航空等的规模扩张。新赛道要加快部署，前瞻布局先进计算、量子通信、工业元宇宙、类脑智能等产业，不仅要尽快对现有重点产业形成积极影响，还要迅速催生新的增长点。注重发挥服务业稳定性较强的作用，争取增加值增速能够保持在6.5%左右，对经济增长的贡献率约为60%。文化和旅游业要力争保持两位数增长。生产型服务业、数字经济发展要进一步提速。实施服务业融合创新、提能增效等行动，推动服务业数字化转型。

（三）进一步挖掘投资对经济增长的作用

继续以重大基础设施项目、新基建项目、城中村和旧城改造项目为抓手，积极推动城中村改造和"平急两用"公共基础设施建设，力争基建投资不低于6%的水平。大力推动先进制造业和现代服务业投资增长，通过实施"贡嘎计划"和"专精特新"行动，培育一批有发展能力的企业。根据实施招商引资"六大行动"的需要，全面落实中央关于支持民营经济的政策，破除思想、体制、政策等方面的障碍，消除民营企业在投资方面存在的顾虑，争取制造业投资增速不低于8%。精准对接国家政策导向，借助结构性货币政策工具的作用，加强逆周期调节和政策储备，大力支持科技创新、实体经济和中小微企业发展，协助企业解决投资资金问题，争取民营经济投资恢复到增长3%以上水平。更好发挥政府投资带动作用，加快地方政府专项债券发行和使用。适应房地产市场供求关系发生重大变化的新形势，适时调整优化房地产政策，因城施策用好政策工具箱，更好满足居民刚性和改善性住房需求，逐步取消此前市场过热时期出台的限制性措施，加大保障性住房建设和供给力度，帮助房地产投资走出负增长的困境。

（四）依托清洁能源培育先进制造业集群

利用四川集水、风、光、气资源与能源装备制造业优势于一体的优势，推动建设一批先进制造业集群。推进锂电、晶硅光伏、钒钛等产业延伸产业链，加快新技术、新产品和新工艺开发，延伸下游生产环节，提高产业链附加值。按照工信部要求，加快建设先进清洁能源装备制造业集群，带动更多配套企业成链发展。建设以氢获取、氢储运、氢加注、氢应用为主的全产业链，推进相关技术和产品如氢燃料电池系统、电堆、膜电极的发展，打造全国氢能应用示范样板。推动金沙江、雅砻江、大渡河开发风电、光伏、抽水储能系统，构建多能互补的清洁能源集群。推动天然气、页岩气与水电、光伏、风能、储能等的互补利用，构建新的产业链条。

（五）依托城市群推进新型工业化

在深入推进成渝地区双城经济圈建设中，重点抓好人口、要素和产业集聚等关键点；通过强化中心城市功能建设，打造更多有合理集聚规模和宜居的大城市；依托大城市布局建设一批产城融合区，更好地承接产业和人口转移，形成不同层次的都市圈。近期要重点落实成都都市圈发展规划，提升成都极核发展能级和辐射带动力；高标准建设天府新区、成都东部新区、成都高新区、西部（成都）科学城。推动市域（郊）铁路和成资、成眉、成德线以及都市圈外环铁路一期等重大项目建设。支持绵阳、宜宾、泸州、南充、达州、遂宁、乐山、自贡、内江等有承载能力的大城市发展都市圈。

（六）以旅游业为抓手促进服务业发展

利用旅游业关联性强、发展空间大的优势，带动交通、餐饮、酒店、购物、文化娱乐、康养等产业发展。支持研学旅游、营地教育、自然科普、户外运动、亲子度假、康养游、民宿游、"宅旅游"、"云旅游"等新产品门类的发展；加快建设数字旅游、智慧旅游、在线旅游、体验式场景、VR技术等新旅游产品体系；构建基于大数据的营销框架，推动自驾游、家庭游以及体验性旅游的发展。在景区普及一卡通，让游客在景区、酒店及不同服务业态下只需一卡或穿戴式设备就可以解决全部消费需求。积极探索文旅融合，探索"互联网+商业模式""智能化+降低成本""数字科技+内容创新""新媒体+营销"等跨界融合的经营模式；充分运用各类公众号、主流小程序平台等为企业构建立体的品牌展示场景，提升客户对企业的多维度认知；在税收、财政、产业政策、土地政策、要素政策等方面对企业给予一定支持。

分 报 告

B.2

2023~2024年四川省固定资产投资发展分析与预测

陈 好[*]

摘　要： 2023年，四川省固定资产投资规模持续扩大，呈现重点项目投资推进有序、三次产业投资表现各异、工业投资高速增长、房地产开发投资持续下降等特点。展望2024年，固定资产投资平稳增长的压力较大，但随着政府投资和政策激励作用的有效发挥，四川省投资内生动力有望增强，固定资产投资有望恢复稳中向好态势。

关键词： 固定资产投资　房地产　四川省　基建

　　2023年以来，面对错综复杂的经济环境和艰巨的改革发展稳定任务，四川省深入学习贯彻习近平总书记对四川工作系列重要指示精神，全面落实

---

　　* 陈好，四川省社会科学院产业经济研究所助理研究员，主要研究方向为产业经济、计量经济。

党中央和省委各项决策部署，深入实施"四化同步、城乡融合、五区共兴"发展战略，全力以赴拼经济、搞建设，充分发挥项目投资的关键作用，坚持以重大项目为抓手，加快推进重大项目建设，全力抓好国家重大工程项目、省重点项目等建设，以项目牵引投资，以投资拉动增长，扎实推进固定资产投资领域的各项工作，加大有效投资力度。1～8月，四川省全社会固定资产投资同比增长4.3%，投资规模持续扩大，结构进一步优化，稳增长、补短板、强弱项、增动能成效更加明显，在优化供给结构、促进经济增长中的关键作用不断增强。

一　2023年四川省固定资产投资情况

（一）固定资产投资实现稳定增长

2023年1～8月，四川省全社会固定资产投资同比增速为4.3%，增速较上年同期回落2.3个百分点。其中，项目投资同比增长12%，较上年同期提高2.3个百分点；房地产开发投资同比下降20.3%，较上年同期下降17.5个百分点（见图1）。具体来看，2023年一季度，四川全省经济发展统计指标不及预期，其中受房地产市场调整等因素影响，固定资产投资增速较上年有明显回落；二季度，在项目投资增长的带动下固定资产投资增速出现回升态势。值得注意的是，民间投资不足是当前全国经济运行中的一个突出问题，四川也面临同样的问题。2023年以来，四川民营经济虽然实现恢复性增长，但民营经济发展不足仍是全省的短板之一。市场预期偏弱、企业家信心不足等因素导致民间投资不足，鼓励民间投资仍是当前经济工作的重点之一。

（二）重点项目投资推进有序

2023年，四川省抓实抓细项目投资工作，推出700个补短板、强功能、利长远、惠民生的省重大项目，发挥重大项目建设的牵引作用，促进有效投

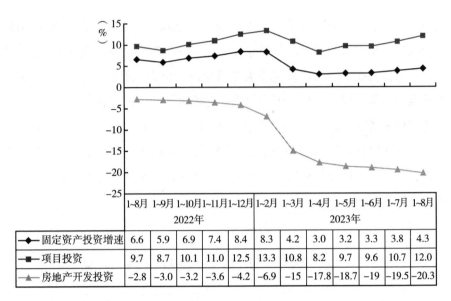

图1　2022至2023年1~8月四川省固定资产投资相关指标增长情况

资，对推动全省经济运行的整体好转发挥了重要的作用。1~8月，四川省700个省重点项目完成投资额达到6360.9亿元，年度投资完成率为90%，较上年同期提高了4.7个百分点。其中，交通投资较上年同期增长17.8%；电网项目完成投资额达404.8亿元；水利项目实际投资额达531亿元；新基建领域开工项目达106个；社会事业领域争取中央预算增长35%，增速保持全国第一；工业投资增长强劲，500个工业领域重点项目年度投资完成率为74.8%，投资额达2247.4亿元。

（三）三次产业投资表现各异

2023年1~8月，四川省第一产业投资同比增长19.6%，较上年同期提高18.7个百分点；第二产业投资同比增长21.6%，较上年同期增长15.8个百分点；第三产业投资同比下降3.1%，较上年同期下降10.4个百分点（见图2），其中交通运输投资同比增长0.9%，较上年同期下降11.6个百分点。从增速变化趋势来看，第一产业投资增速较上年有明显的提高，从5月开始保持20%左右的同比增速；在工业投资强劲增长的带动下，第二产业投资增速也较上年明显提高，从 5 月开始保持 20% 左右的同比增速；2023 年第三产业投资增速持续低迷，进入二季度投资持续负增长，三季度呈现企稳回升态势，其中交通运输投资从二季度开始持续低增长态势（增速分别为 1~4 月 3.7%、1~5 月 1.6%、1~6 月 0.5%、1~7 月 0.3%、1~8 月 0.9%）。

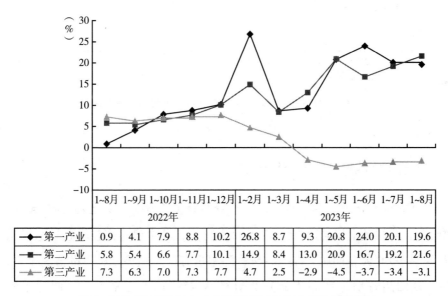

	1~8月	1~9月	1~10月	1~11月	1~12月	1~2月	1~3月	1~4月	1~5月	1~6月	1~7月	1~8月
			2022年						2023年			
第一产业	0.9	4.1	7.9	8.8	10.2	26.8	8.7	9.3	20.8	24.0	20.1	19.6
第二产业	5.8	5.4	6.6	7.7	10.1	14.9	8.4	13.0	20.9	16.7	19.2	21.6
第三产业	7.3	6.3	7.0	7.3	7.7	4.7	2.5	-2.9	-4.5	-3.7	-3.4	-3.1

图 2　2022 至 2023 年 1~8 月四川省三次产业投资增长情况

（四）工业投资呈高速增长态势

2023 年 1~8 月，全省工业投资同比增速为 22.2%，比上年同期提高 15.9 个百分点，较全国工业投资高 13.4 个百分点（见图 3）。四川锚定主攻方向，突出工业当先、制造为重，实施制造强省战略，工业经济有较快的发展，2023 年以来，全省工业投资保持高速增长态势。与此同时，全省工业领域融资难、融资贵的问题仍然没有得到有效解决，且部分工业企业利润受到挤压，2023 年以来，四川规模以上工业企业利润持续负增长（1~8 月同比下降 4%），企业经营面临较大压力，进一步投资的动力不足。

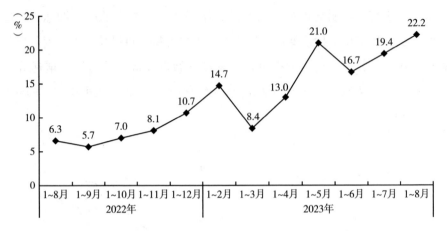

图3 2022至2023年1~8月四川省工业投资增长情况

（五）房地产开发投资持续下降

2023年1~8月，四川省房地产投资累计值为3743.19亿元，同比下降20.3%，降幅较上年同期扩大17.5个百分点，其中房地产住宅投资累计值为2824.60亿元，同比下降18.6%，降幅也有扩大趋势。从建设情况来看，1~8月四川省房地产施工面积累计值为45906.81万平方米，同比下降7.5%；房地产竣工面积累计值2290.17万平方米，同比下降1.2%；作为先行指标的房地产新开工施工面积累计值为3987.47万平方米，同比下降33.6%，形势不容乐观。从销售情况来看，1~8月四川省商品房销售面积累计值为5253.05万平方米，同比下降3.3%，与上年同期26%的降幅相比，降幅明显缩小；商品房销售额累计值为4755.31亿元，同比增长4.5%，相比上年同期25%的降幅，销售情况有明显好转（见图4）。和全国走势基本一致，四川省房地产投资从2022年下半年开始下降，且降幅有不断扩大的趋势，房地产市场持续低迷。2023年，四川省房地产市场整体处于调整阶段，房地产投资和建设整体仍然呈现下行态势，但市场销售情况有所好转，出现回暖迹象。

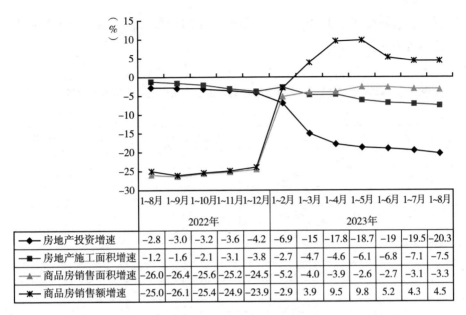

	1~8月	1~9月	1~10月	1~11月	1~12月	1~2月	1~3月	1~4月	1~5月	1~6月	1~7月	1~8月
			2022年						2023年			
房地产投资增速	−2.8	−3.0	−3.2	−3.6	−4.2	−6.9	−15	−17.8	−18.7	−19	−19.5	−20.3
房地产施工面积增速	−1.2	−1.6	−2.1	−3.1	−3.8	−2.7	−4.7	−4.6	−6.1	−6.8	−7.1	−7.5
商品房销售面积增速	−26.0	−26.4	−25.6	−25.2	−24.5	−5.2	−4.0	−3.9	−2.6	−2.7	−3.1	−3.3
商品房销售额增速	−25.0	−26.1	−25.4	−24.9	−23.9	−2.9	3.9	9.5	9.8	5.2	4.3	4.5

图4 2022至2023年1~8月四川省房地产业相关指标变化情况

二 四川省各市州固定资产投资发展情况比较

2023年上半年，四川省全社会固定资产投资同比增长3.3%，较上年同期回落3.8个百分点。从五大经济区来看，区域发展不平衡问题仍然突出，成都平原经济区全社会固定资产投资同比仅增长0.6%，比全省平均水平低2.7个百分点，其中成都、德阳、资阳投资较上年同期下降；川南经济区全社会固定资产投资同比增长2.5%，比全省平均水平低0.8个百分点，其中除自贡投资同比下降2.0%外，其他市投资均实现增长；川东北经济区全社会固定资产投资同比增长3.1%，比全省平均水平低0.2个百分点，其中除巴中投资同比下降5.0%外，其他市投资均实现增长；攀西经济区全社会固定资产投资同比增长6.0%，快于全省平均水平；川西北生态示范区全社会固定资产投资同比增长15.2%，比全省平均水平高11.9个百分点，增速在五大经济区中排名第一，是唯一呈两位数增长的区域，其中甘孜州全社会固定资产投资同比增长 19.9%，是全省唯一呈两位数增长且增速较上年同期加快的市州（见表1）。

表 1　2022 年上半年、2023 年上半年四川省各市州全社会固定资产投资增速

单位：%

区　域		2022 年上半年增速	2023 年上半年增速
全　省		7.1	3.3
成都平原经济区	成都市	4.0	-2.7
	德阳市	10.2	-2.1
	资阳市	10.2	-5.0
	眉山市	11.6	2.9
	绵阳市	11.3	7.8
	遂宁市	10.2	4.5
	雅安市	11.0	5.1
	乐山市	10.7	3.3
川南经济区	泸州市	10.5	3.4
	宜宾市	11.4	0.8
	自贡市	1.5	-2.0
	内江市	10.8	6.5
川东北经济区	南充市	11.1	6.2
	广元市	10.2	0.3
	广安市	-16.9	0.5
	达州市	10.4	3.5
	巴中市	4.3	-5.0
攀西经济区	攀枝花市	10.2	3.8
	凉山州	12.5	7.1
川西北生态示范区	阿坝州	7.4	8.5
	甘孜州	11.3	19.9

资料来源：四川省各市州政府、统计局网站。

三　四川省与其他省份固定资产投资状况的横向比较

2023 年 1~8 月，全国固定资产投资（不含农户）327042 亿元，同比增

长 3.2%，增速较上年同期下降 2.6 个百分点，其中 8 月全国固定资产投资环比增长 0.26%。从区域来看，除东部地区以外，其他区域投资均较上年同期有不同程度的下降。东部地区固定资产投资同比增长 5.6%，较上年同期提高 1.5 个百分点，其中除天津市投资下降 19.8%外，其他省份均实现增长，上海市增长较快，同比增速为 29.5%。中部地区投资下降 1.6%，较上年同期回落 11.5 个百分点，其中安徽、河南、湖北固定资产投资较上年同期有所增长，其他省份固定资产投资均较上年同期减少。西部地区投资下降 0.6%，较上年同期回落 7.9 个百分点，其中内蒙古、重庆、四川、西藏、甘肃、宁夏、新疆固定资产投资较上年同期有所增长，其他地区固定资产投资均较上年同期减少。东北地区投资下降 3.1%，较上年同期回落 3.3 个百分点，其中仅辽宁固定资产投资较上年同期有所增长，吉林、黑龙江固定资产投资均较上年同期减少。四川省固定资产投资（不含农户）2023 年 1~8月同比增长 2.8%，增速较上年回落 2.8 个百分点，增速排名从上年的 20 名提高到 17 名（见表 2）。

表 2　2022 年 1~8 月、2023 年 1~8 月全国及各地固定资产投资（不含农户）情况

单位：%

地　区	2022 年 1~8 月固定资产投资（不含农户）增速	2023 年 1~8 月固定资产投资（不含农户）增速
全国	5.8	3.2
东部地区	4.1	5.6
北京	7.6	5.6
天津	−9.7	−19.8
河北	8.1	6.2
上海	−11.5	29.5
江苏	3.4	5.7
浙江	10.0	8.8
福建	9.1	2.6
山东	6.4	5.6
广东	−1.0	3.4
海南	1.7	2.7

续表

地　区	2022 年 1~8 月固定资产投资 （不含农户）增速	2023 年 1~8 月固定资产投资 （不含农户）增速
中部地区	9.9	-1.6
山西	6.0	-6.9
安徽	8.5	4.2
江西	8.5	-13.2
河南	9.8	1.2
湖北	15.4	5.2
湖南	8.0	-6.1
西部地区	7.3	-0.6
内蒙古	26.7	26.5
广西	2.6	-15.2
重庆	3.2	3.2
四川	5.6	2.8
贵州	7.5	-7.5
云南	7.8	-7.2
西藏	-20.4	42.8
陕西	9.7	-7.2
甘肃	10.7	8.2
青海	-1.1	-6.3
宁夏	11.1	6.5
新疆	13.4	8.4
东北地区	0.2	-3.1
辽宁省	3.1	3.5
吉林省	-8.8	-7.1
黑龙江省	5.9	-13.5
四川省排名	20	17

资料来源：国家统计局网站。

四　2024年四川省固定资产投资发展展望

展望 2024 年，国内外环境仍然错综复杂，四川固定资产投资的平稳发展面临不少挑战。从投资的先行指标看，2023年以来，四川省新开工项目计划总投资额持续低于上年同期，其中1~8月新开工项目计划总投资同比下降16.7%，投资新开工项目接续不足。与此同时，四川省固定资产投资的发展也面临不少有利因素。首先，我国经济长期向好的基本面没有改变，四川经济也有望恢复向好。在此背景下，随着产业转型升级、创新驱动增强，固定资产投资结构将继续优化，全省制造业和基础设施投资仍有望持续保持强劲增长。其次，从房地产投资来看，受到房地产市场调整的影响，四川省房地产开发投资仍然在下降，但随着近期国家和地方适时出台一系列房地产调整优化政策，房地产市场已出现回暖迹象。下阶段，随着稳定房地产市场的政策效应逐步显现，房地产开发投资有望逐步改善。最后，从民间投资来看，相关部门出台了一系列稳定和扩大民间投资的措施，有助于增强民营经济发展动力，提振市场信心，进而推动民间投资恢复向好。综上所述，尽管固定资产投资平稳增长的压力仍然较大，但随着各项稳增长政策作用的有效发挥，新一批重大项目建设加快推进，形成更多有效实物工作量，2024年四川省投资内生动力有望增强，固定资产投资有望延续回升态势。

五 对策建议

（一）扩大有效投资

持续做好扩大有效投资工作，坚持补短板、强弱项和锻长板、增后劲相结合。聚焦经济社会发展的关键领域和薄弱环节，加强社会领域、生态环保、城镇基础设施领域补短板建设，精准有序实施一批既利当前又利长远的投资项目。继续保持基础设施建设良好态势，积极推进水利、交通、能源等重大基础设施建设，加强新型基础设施建设。围绕高质量发展，统筹推进传统产业升级改造和新兴产业培育壮大，推进关键核心技术攻关，实施重点行业节能降碳改造，不断增强投资对优化供给侧结构的关键作用。

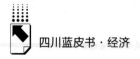

（二）鼓励民间投资

全力推动促进民间投资高质量发展和民营经济发展壮大的各项政策措施实施，让政策红利直达民营市场主体，提振市场主体投资信心，激发民间投资活力。进一步深化"放管服"改革，营造国企民企公平竞争的市场环境，依法保护民营企业合法产权和企业家合法权益，支持民营企业平等参与四川现代化建设进程，提高民间投资便利化水平。针对民间投资短板协同发力，充分发挥政府有效投资引导带动作用，支持各类市场主体根据市场需求精准扩大有效生产，吸引更多社会资本以多种方式参与重大工程建设和补短板项目建设。建立完善与民营企业常态化沟通交流机制，通过建立台账、逐项研究、定期调度等方式，点面结合协调解决问题，推动出台务实举措，切实畅通民间投资问题沟通解决渠道。

（三）稳定房地产投资

推进保交楼、保民生、保稳定工作，稳妥化解房地产企业资金链断裂风险，满足房地产企业合理融资需求，努力提升房屋建设品质，逐步引导房地产回归消费品属性，促进行业自身的可持续发展和金融稳定。紧跟房地产市场的形势，坚持"房住不炒"，把握房地产市场供求关系的变化，优化房地产调控措施，因城施策、精准施策，用好政策工具箱，逐步提振市场信心，更加精准地满足居民刚性和改善性住房需求，推动房地产市场平稳健康发展。

B.3

2023~2024年四川省财政
形势分析与预测

胡建中[*]

摘　要： 2023年1~5月，四川省地方一般公共预算收入增长态势稳定，增值税及附征税费增速较快，制造业税收增长较快，其他行业则以恢复为主。2023年以来，随着美联储的不断加息，利率达到22年来的最高水平，导致全球资金回流美国，中国股市、债市和汇市遭遇暂时困难。预计2024年随着美联储进入降息周期，四川省企业投资会增多，企业发展活力会有大的提升，财政收入也会较2023年有改善。

关键词： 财政　制造强省　工业布局　四川省

2023年，面对复杂严峻的国际国内形势，四川省各级财政部门全面贯彻党的二十大精神，按照中央经济工作会议部署，在省委、省政府的坚强领导下，坚持稳中求进工作总基调，加力提效，实施积极财政政策，加强财政资源统筹，加大重点支出保障，全省财政运行总体较好。1~5月，全省地方一般公共预算收入完成2392.9亿元，同口径增长7.7%；一般公共预算支出完成4972亿元，增长10.3%[①]。

＊　胡建中，管理学博士，四川省社会科学院金融财贸研究所助理研究员，主要研究方向为财政金融、公共经济学。

①　四川省财政厅国库处：《四川省2023年1~5月财政预算执行情况分析》，《四川财政与会计》2022年第6期。

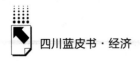

一　四川省财政运行基本情况

（一）四川省财政收支基本情况

1～5月，四川省地方一般公共预算收入完成2392.9亿元，同比增长7.7%，其中全省税收收入完成1669亿元，同比增长7.6%；全省非税收入完成723.9亿元，同比增长8%；一般公共预算支出完成4972亿元，同比增长10.3%；全省政府性基金收入完成1043.2亿元，同比下降20.6%；全省政府性基金支出2343.9亿元，同比增长10.8%。

（二）四川省级财政收支基本情况

1～5月，省级一般公共预算收入完成458.1亿元，同口径增长5.8%；一般公共预算支出完成982.1亿元，增长4.2%；省级政府性基金收入完成39.5亿元，增长23.4%；政府性基金支出22.8亿元，增长16.6%。

（三）四川省财政运行主要特点

1.四川省财政收入总体平稳，市州财政收入持续恢复中

在各项政策措施的持续影响下，1～5月，全省地方一般公共预算收入增长态势稳定，同口径增长7.7%，高于年初预期。一是收入质量有所回升。截至2023年5月，全省税收占比为69.7%，连续两个月持续回升，分别较上年同期和上月提高4.6个和1.7个百分点；非税收入增长8%，但涉及企业等市场主体收费的行政事业性收费收入呈下降趋势，下降8.8%。二是市州收入整体回稳。5月，市州收入同口径增长8.2%，较上月提高0.4个百分点，高于全省0.5个百分点；财政收入负增长的市州从上月的5个减少至3个①。从累

---

① 四川省财政厅国库处：《四川省2023年1-5月财政预算执行情况分析》，《四川财政与会计》2022年第6期。

计增幅看，5月，成都平原经济区、川南经济区、川东北经济区、攀西经济区和川西北生态示范区同口径分别增长8.3%、8.9%、9.1%、4.6%和5.2%，除攀西经济区和川西北生态示范区外，其余3个经济区增速均高于上月，其中自贡市、德阳市和达州市累计增幅分别为18%、14.3%和12.9%，增速位列前三。从税收占一般公共预算收入比重来看，9个市州高于60%，其中成都市、阿坝州和攀枝花市税收占比分别为70%、68%和69.9%，居于全省前列。

2. 税收收入增势平稳，增值税收入增速较快

随着四川省社会经济逐步回稳，2023年1～5月全省税收收入完成1669亿元，同口径增长7.6%，增势平稳。一是增值税及附征税费增速较快。1～5月，全省增值税完成636.3亿元，同口径增长18.4%，对税收收入增长贡献率超过80%，拉高税收收入增幅6.7个百分点，是税收增长的重要动力。伴随增值税较快增长，其附征的税费呈现回升走势，城市维护建设税增长7.2%，教育费附加和地方教育费附加合计增长12.7%。二是5月企业所得税和个人所得税增速均高于上月。企业所得税增长2%，较上月提高2个百分点；个人所得税增长5.6%，较上月提高1.4个百分点，主要是个人工资薪金所得、利息、股息、红利所得和财产转让所得带动增长。三是房地产相关税收持续低迷走势。受房地产市场恢复基础不稳和上年基数较高影响，房产税、城镇土地使用税、耕地占用税、契税依旧处于下行区间，合计下降5.9%①。

3. 制造业税收增长较快，其他行业以恢复为主

在四川省工业经济平稳增长带动下，1～5月制造业税收延续前期较快的增长态势，完成税收354.8亿元，同口径增长32%，增收89.8亿元，占全省增收额的74%，拉动税收增长5.6个百分点，对税收贡献最大；31个制造业细分行业中约九成保持正增长，其中光伏、锂离子电池制造等电气机

① 四川省财政厅国库处：《四川省2023年1-5月财政预算执行情况分析》，《四川财政与会计》2022年第6期。

械和器材制造业，电子器件等计算机通信和其他电子设备制造业税收增长尤为突出。1~5月，受房地产开发投资、销售持续"双降"影响，房地产业完成税收326.5亿元，同口径下降3.8%，但降幅总体呈收窄走势；建筑业完成税收152.3亿元，同口径增长5.5%，增速逐步小幅回升。由于全省社会消费逐渐复苏，5月，批发和零售业、住宿和餐饮业和交通运输、仓储和邮政等商贸流通行业合计税收245.5亿元，同口径增长0.8%，连续3个月实现正增长，但增速处于较低水平。金融业完成税收154.4亿元，同口径增长8.8%，金融业税收一直处于稳定增长中。①

4. 支出保持必要强度，重点支出保障到位

1~5月全省一般公共预算支出完成4972亿元，增长10.3%，连续保持在两位数较快增长区间。一是重要项目支出保障到位。全省科学技术、节能环保、交通运输、商业服务业等支出分别增长24%、20.6%、15.6%、27.3%，为科技创新、生态建设、促进消费等重要政策落实提供有力保障。二是民生支出保障到位。全省民生类支出3403.6亿元，其中卫生健康、社会保障和就业支出进度加快，分别快于序时进度7.1个、15.8个百分点。三是基层支出保障到位。省级调拨市县各类资金2192亿元，同口径增长13.1%，保障基层工资、基本民生等政策的资金需求。全省县级一般公共预算支出2951.9亿元，占全省一般公共预算支出的59.4%。中央下达四川省直达资金2714.7亿元，支出1447.6亿元，惠及企业超7000户次，惠及群众超5600万人次。

二　2024年四川省财政形势预测

2023年，美联储不断加息，利率维持在5.25%~5.5%区间，达到22年来的最高水平，导致全球资金回流美国。特别是从新兴市场流出的资金规模

---

① 四川省财政厅国库处：《四川省2023年1~5月财政预算执行情况分析》，《四川财政与会计》2022年第6期。

不断扩大，引起世界金融市场动荡，世界其他经济体金融条件收紧，外汇市场承压。美联储9月公布的点阵图显示，美联储年内将再加息一次，并可能在更高利率水平上保持更长时间。从以往的美联储紧缩周期看，即使加息接近终点，美联储如果将高利率维持更久也可能引发经济金融风险。经合组织警告称，美西方国家的加息正在造成损失，导致企业和消费者信心下降。货币政策的收紧，将对全球经济产生进一步的负面影响。

受美联储激进加息的影响以及外需不断收缩，我国社会经济生产恢复情况比预期要弱。国家统计局数据显示，6月全国工业生产者出厂价格指数（PPI）同比下降5.4%，降幅比上月扩大0.8个百分点，已经连续6个月负增长，表明我国工业生产仍然稍显疲软，处于恢复阶段。6月全国制造业采购经理指数（PMI）为49.0%，比上月上升0.2个百分点，已连续三个月处于荣枯线以下，表明国内制造业活动持续收缩。此外，受美联储加息影响，国内股市、汇市和债市近一年来一直处于低迷状态。

面对严峻复杂的国际国内环境，各地财政部门坚持以习近平新时代中国特色社会主义思想为指导，加大积极财政政策实施力度，切实提高政策的精准性和有效性。1~6月，全国一般公共预算收入实现119203亿元，同比增长13.3%，有31个省份同比实现正增长。其中，全国税收收入99661亿元，同比增长16.5%；全国非税收入19542亿元，同比下降0.6%；全国政府性基金预算收入23506亿元，同比下降16%；全国国有土地使用权出让收入18687亿元，同比下降20.9%①。财政收入增长较快，一方面是由于我国经济恢复性增长情况较好，另一方面是由于2022年4月我国实施增值税留抵退税政策，企业大规模集中退税较多，拉低基数。全国政府性基金预算收入持续下降主要是由于我国房地产市场低迷，地方政府土地出让金减少。

从四川省内情况来看，2023年1~6月四川省地区生产总值为27901.01亿元，同比增长5.5%，增速与全国平均水平持平。分行业来看，第一产业

---

① 财政部：《2023年上半年财政收支情况》，https://www.gov.cn/lianbo/bumen/202307/content_6893080.htm，2023年7月19日。

增加值为 2105.16 亿元，增长 4.0%，略高于全国平均水平 0.3 个百分点；第二产业增加值为 10109.06 亿元，增长 3.6%，低于全国平均水平 0.7 个百分点；第三产业增加值为 15686.79 亿元，增长 7.0%，高于全国平均水平 0.6 个百分点。1~6 月，四川省地方一般公共预算收入完成 3012.6 亿元，同口径增长 7.2%，低于全国平均水平 6.1 个百分点；税收收入完成 1972 亿元，同口径增长 7%，低于全国平均水平 9.5 个百分点；非税收入完成 1040.6 亿元，增长 7.7%，高于全国平均水平 8.3 个百分点；全国税收收入占一般公共预算收入比重为 83.6%，四川税收收入占一般公共预算收入比重仅为 65.5%。从这些数据可以看出：一方面，四川省第二产业发展增速低于全国平均水平，还需在下半年加快发展第二产业从而完成全年的预定目标任务；另一方面，四川一般公共预算收入质量不高，非税收入占比高于全国平均水平约 18 个百分点。非税收入高，通常表明一个地方的经济缺乏活力，企业运行的质量、效益欠佳；同时，地方经营环境不好，企业负担比较沉重。

2024 年下半年，预计美联储会启动降息周期，对我国经济社会发展会带来较好的宽松环境，据此预计 2024 年四川省的经济社会将有比较大的发展，企业投资增多，发展活力会有大的提升，财政收入也会相应较 2023 年有大的改善。

三 促进四川省财政持续发展的政策措施

（一）探索地市以及区县合并，精简政府机构

一方面，政府部门严格支出管理。按照中央的要求，严控一般性支出，硬化预算执行刚性约束。另一方面，可以考虑适当对地市和人口少的县进行合并，从而达到精简政府机构的目的。四川省有 21 个地级行政区，其中 18 个地级市、3 个自治州，共 183 个县。除去 3 个自治州外，剩下的 18 个地级市共辖 135 个区县。其中，常住人口少于 10 万的区县有 3 个（金口河区 3.8 万人、芦山县 9.9 万人、宝兴县 4.8 万人），常住人口少于 15 万的区县

有 13 个，常住人口少于 15 万的区县有 19 个。18 个地级市中，常住人口少于 300 万的地市有 8 个，常住人口少于 400 万的地市有 12 个，常住人口少于 500 万的地市有 15 个。可以考虑将常住人口 20 万以下的区县以及常住人口 300 万以下的地市合并。合并时应遵循以下三个原则：一是地理位置就近的原则。二是尊重历史习惯，很多区县或者地市在历史上本来就属于一个行政单元。三是资源禀赋相近原则。资源禀赋相近的区县或者地市，在发展的过程中存在同质化竞争的问题，对于区位相邻、资源禀赋相同的区县和地市都可以考虑合并，将外部成本内部化，以降低运行成本。

（二）大力实施制造强省战略，优化全省工业布局

中共四川省委十二届三次全会提出，深入推进新型工业化，加快建设现代化产业体系①。大力实施制造强省战略，加快形成现代化工业发展新格局。

借鉴国内外经济发达地区工业经济发展经验，将工业布局在大通道沿线、港口或者陆地口岸区域附近，便于发挥交通便利优势，降低企业交易费用，从而促进四川省工业跨越式发展。我国东部沿海发达地区的发展主要依靠临近港口优势，因为原来我国商品出口重点市场是欧美地区，到这些地区主要运输方式就只有航空或者海运。从运输费用来看，海运比航空有很大的成本优势，离港口越近的地区商品的运输费用越低，企业也愿意到该地区设厂。四川作为内陆地区，既不邻港也没有陆地口岸，但是随着西部陆海通道、成达万高铁、渝西高铁、渝昆高铁、成渝中线铁路和泛亚铁路的建设，四川到港口或者陆地口岸的距离越来越近。加上中美贸易摩擦、区域全面经济伙伴关系协定（RCEP）全面生效，我国外贸主要市场发生了改变。据海关总署统计，2022 年和 2023 年前 5 个月我国的最大贸易伙伴分别是东盟和欧盟，美国排在第三。面临百年未有之大变局，世界格局正在悄然发生变化，我国的外贸目标市场由原来以美国为主转变为以东南亚和欧洲为主，外

---

① 《四川日报》：《中共四川省委关于深入推进新型工业化加快建设现代化产业体系的决定》，https：//www.sc.gov.cn/10462/c111433/2023/7/3/6c32b1a4f9e04b9d8188f2d27c401360.shtml，2023 年 7 月 3 日。

贸运输的方式也由原来以海运为主转为铁路或者铁海联运等方式。与东部发达地区相比，四川离我国目前外贸目标市场更近，离货物出口到这些目标市场的港口或者陆地口岸更近。所以，四川要抓住我国加快构建以国内大循环为主体、国内国际双循环相互促进的新发展格局带来的机遇，优化省内工业布局。

产业布局主要围绕两条主线，一条是内循环沿线：成达万高铁（主要是遂宁、南充和达州）又称沿江高铁，是四川通往东部地区的快速通道，通过高铁和长江航运将四川与长三角地区联结起来；渝西高铁（主要是广安和达州）是四川北上的快速通道，将四川与京津冀联结起来，同时也是四川经霍尔果斯出境直达欧洲的快速通道；成贵高铁（主要是眉山、乐山和宜宾）是四川南向通道，既将四川与珠三角串联起来，又是四川南向出海的大通道，可以直达北部湾出海口；成渝中线铁路沿线（主要是资阳、资中和内江）主要串联起成渝地区双城经济圈的"两核"。另一条是外循环沿线：渝昆高铁（主要是泸州和宜宾）是四川南向出境的大通道，可以直达磨憨口岸，串联起四川与东南亚。当然还有渝西高铁、西部陆海大通道等。

（三）推动产业竞相发展，培育优质税源

1.传统优势产业

四川传统优势产业包括电子信息、先进材料、装备制造、能源化工、食品轻纺、医药健康等六大万亿级产业，根据其技术先进程度或者优势地位，大致可以分为三类，第一类是在国内外拥有绝对优势的产业，例如食品轻纺（特色消费品）；第二类是在国内国际领先的产业，例如装备制造、能源化工和先进材料；第三类具有比较优势或者属于追赶的产业，规模比较大，但技术上并没有明显的领先优势，例如电子信息和医药健康。

第一类拥有绝对优势的产业，例如食品轻纺（特色消费品），具体涉及优质白酒、精制川茶、饮用水、健康食品、特色轻纺等领域，不管是产业总规模还是技术，这类产业在国内国际都有绝对优势，但是单独一家企业可能

并不是很强。这类产业主要升级方向是向"微笑曲线"两端发展，即向产品品牌、品管、产品设计、市场渠道管理等高附加值的方向提升，从而提高产业整体实力。

第二类国内国际领先的产业，例如装备制造、能源化工和先进材料，其产品和技术已经处于国际领先或者已经接近国际最高水平。这类产业只有依靠自主研发新产品、新技术才能继续保持国内国际领先地位。自主研发又包括两种不同性质的活动：一种是新产品、新技术的开发；另一种是新产品、新技术开发所需的基础科研的突破。企业开发的新产品和新技术可以申请专利，这类活动应当由企业自己来进行。但是基础研究投入大、风险高，企业没有从事基础科研的积极性，这就需要政府支持相关行业组成共同技术研发平台或者鼓励行业领先企业与科研院校协作进行基础研究。

第三类为具有比较优势或者属于追赶的产业，例如电子信息和医药健康。四川省这类产业规模较大，具有一定的比较优势，但是从行业技术上来说并不处于行业前端。对这类产业，一方面要鼓励企业寻找合适的并购机会，直接利用国内外先进技术来推动产业发展；另一方面要通过招商引资，吸引该类产业高端企业来四川设厂，从而带动全省该类产业的发展。

2.战略性新兴产业

战略性新兴产业是新兴科技和新兴产业的深度融合，具有科技含量高、市场潜力大、带动能力强、综合效益好等特征，例如人工智能、卫星网络、生物技术、新能源与无人机等，应完善产业发展所需的配套基础设施等。

3.未来产业

未来产业是面向未来社会需求、由当下尚未成熟的技术突破驱动、可能发展成为战略性新兴产业的产业。未来产业的基本特征包括技术的前沿性、需求的突破性、影响的颠覆性、价值的战略性和前景的暴发性等。根据技术成熟阶段的不同，未来产业有不同的前景，在技术萌芽期的产业可能是未来几十年可以形成产业化的产业（比如侵入式脑机接口、核聚变等），而在技术导入期的产业可能是未来10~15年就有望成长起来的新兴产业。这类产业投入风险高、回报周期长，需要由政府性基金战略性投入扶持其成长。

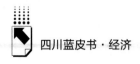

（四）推进区域协调发展，建立国内统一大市场

1. 协调产业园区错位发展

产业园区是全省工业经济的主战场、一二三产业融合发展的重要平台。通过前期调研，我们发现四川省大多数园区存在如下一些问题。一是园区承载能力不足。规模不大，档次不高，存在"重生产、轻生活，重发展、轻配套"现象。二是园区基础配套不优。园区城市功能配套不够完善，交通、餐饮、购物、休闲、娱乐、住宿等城市功能存在短板。三是园区产业聚集效应不强。同一地区园区招商各自为政，为了招商而招商。引进的企业同质化严重，同一产业分散在不同的园区，不利于企业之间相互协作配套，难以形成产业集群。

为了更好地发挥产业园区作为工业高质量发展平台的功能，要以产业园区为主体，设定整体奖励，减少对单个项目的支持，加大对园区提质升级的支持力度。一是分类奖励优质园区。对全省综合贡献大、基础条件好、发展后劲足的产业园区给予重点奖励。二是推动园区提质。鼓励基础设施专项债券向产业园区倾斜，推动园区基础设施和配套服务提档升级，推动省级园区升级为国家级园区、市级园区升级为省级园区。三是加大对园区产业的支持力度。支持一批产业带动强、税收贡献大、就业拉动好的优势产业项目，推动转企升规、产业成链延链补链发展。四是大力奖励园区"链主"企业。鼓励"链主"企业领办产业园区，引领基础工艺就近配套和产业集聚成链。五是支持园区公共平台建设。支持区域重大产业公共服务平台、数字化和绿色化升级服务平台、中试研发平台、新型研发机构和投资促进公共服务平台建设。

2. 推动区域协同发展

按照省委省政府"五区协同"战略部署，为了更好地促进区域协同发展，应建立起梯度培育、分层支持的财政导向政策。省级财政聚焦全省特色优势产业、战略性新兴产业、产业链关键环节、重点产业集群，扶优扶强。鼓励市州、区（市、县）聚焦省委省政府确定的发展定位、目标任务、重点产业和重点项目，加大对辖区内有比较优势的产业、特色产业、支柱产业、中小微企业的支持力度，谋划招引一批延链补链项目，集中力量做优做精做强，培植地方财源。借鉴浙江经验，建立发达地区"一对一"帮扶欠发达地区的财政帮扶制度。发达地区与欠发达地区可以建立合作产业园区或者"飞地"产业园，实现共同富裕。

B.4
2023~2024年四川省金融形势分析与预测

罗志华 *

摘　要： 2023年经济金融形势仍然严峻，社会经济领域仍然在消化疫情、反全球化、房地产风险、地方政府隐债等问题所带来的滞后成本。从2023年上半年四川省经济金融数据来看，银行业、保险业恢复发展情况较好，股市仍处于低迷态势，债市情况尚可，整个金融业发展有喜有忧、总体向好。本报告基于对经济金融相关数据的分析，提出当前社会经济有可能出现"流动性陷阱"问题，值得相关政策部门关注。

关键词： 存贷款　资本市场　证券期货　保险服务

一　2023年上半年四川省金融业运行态势

2023年7月19日四川省人民政府新闻办公室2023年上半年四川经济形势新闻发布会发布的经济数据显示，根据地区生产总值统一核算结果，上半年四川地区生产总值为27901.01亿元，按可比价格计算，同比增长5.5%，与全国平均水平持平。其中，第一产业增加值为2105.16亿元，增长4.0%；第二产业增加值为10109.06亿元，增长3.6%；第三产业增加值为15686.79亿元，增长7.0%。与2022年经济数据相比，2023年经济增速逐步回升，特

---

　　* 罗志华，经济学博士，四川省社会科学院金融财贸研究所副研究员，主要研究方向为金融创新与风险管理。

别是服务业和消费品市场，增速回升较为明显。

2023 年，四川省经济"三驾马车"中，进出口总额出现 2.9% 的小幅下降，其中出口额仍然保持 5.4% 的稳定增长，但进口额下降 15.2%，降幅较为明显；固定资产投资增长 3.3%，主要受第三产业投资下降 3.7% 影响，固定资产投资增速低位运行。而第三产业投资下降的主要因素是房地产开发投资降幅达到 19.0%。

从 2023 年上半年四川省金融业运行数据来看，总体态势较好。银行业存款业务除财政性存款出现负增长外，住户存款、非金融企业存款、机关团体存款均稳步增长；贷款业务除票据融资、各项垫款业务出现负增长外，住户贷款、非金融企业及机关团体贷款均稳步增长；保险业除人身意外伤害险保费收入出现负增长外，财产险、寿险、健康险等主要险种保费收入均稳步增长；资本市场上，尽管四川省在境内上市公司数量从上年同期的 163 家增至上半年的 170 家，但上市公司总市值和证券交易额显著下降；资本市场发债融资额持续增长；私募基金管理人有所减少，但管理规模仍小幅增长。

四川省统计局发布的统计数据显示，2023 年上半年四川省金融业增速为 7.9%，相比上年同期提高 0.8 个百分点，创下近年来的新高。

（一）2023年上半年存款类金融机构业务运行分析

1. 存款业务

2023 年上半年，住户存款继续保持强劲增长，其中定期及其他存款增速达到 17.66%，相比上年同期提升 1.76 个百分点，创下近五年来新高，反映出在当前房市、股市两市低迷态势下，居民较强烈的避险需求；同时，也反映出在当前财政政策与货币政策助力经济恢复环境下，全省居民收入迎来较快增长，储蓄意愿普遍提高。

与住户存款增速继续提升相比，非金融企业存款、活期存款、定期及其他存款增速则全面下降。其中，非金融企业活期存款增速仅为 0.66%，与上年同期增速相比下降 10.77 个百分点，增长几乎停滞；非金融企业定期及其他存款也不容乐观，从上年同期的 14.44% 下降至 10.23%，增速下降 4.21 个百分点。以上数据变化，特别是活期存款增长停滞现象，反映出当前省内非金融企业可能面临现金流不足、经营性资金较为紧张等问题。

机关团体存款增速基本稳定。财政性存款负增长 26.70%，凸显政府大力度运用财政政策扶持、恢复经济的努力与决心（见表1）。

表 1　2023 年上半年四川省本外币存款余额及与 2022 年同期数据比较

本外币存款余额及变化	2023 年 Q2 存款余额（亿元）	2023 年 Q2 各项存款同比增速（%）	2022 年 Q2 各项存款同比增速（%）	增速变化（个百分点）
各项存款	121386.99	10.53	10.64	-0.11
（一）境内存款	121254.25	10.50	10.83	-0.33
1. 住户存款	69872.98	14.92	12.84	2.08
（1）活期存款	18268.29	7.83	5.61	2.22
（2）定期及其他存款	51604.69	17.66	15.90	1.76
2. 非金融企业存款	29224.23	6.42	13.22	-6.80
（1）活期存款	10979.77	0.66	11.43	-10.77
（2）定期及其他存款	18244.46	10.23	14.44	-4.21
3. 机关团体存款	16584.28	7.72	-0.51	8.23
4. 财政性存款	1939.71	-26.70	8.84	-35.54
5. 非银行业金融机构存款	3633.05	5.79	15.67	-9.88
（二）境外存款	132.74	49.89	-64.64	114.53

资料来源：人民银行成都分行，作者分析整理。

从 2018~2023 年四川省非金融企业存款与住户存款余额比值变化趋势看，该比值从 2018 年的 0.5 左右下降至 2023 年的 0.4 左右（见图1），反映出近年来非金融企业存款增长相对乏力，货币资金积累能力较住户相对不足，在社会储蓄总量中占比逐年下降。

2. 贷款业务

数据显示，2023 年上半年四川省住户短期经营贷款与中长期经营贷款、非金融企业及机关团体短期贷款与中长期贷款增速均获稳定提升，以上四类

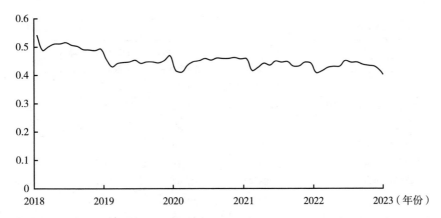

图1　2018~2023年四川省非金融企业存款与住户存款余额比值变化趋势

资料来源：人民银行成都分行，作者分析整理。

贷款增速分别为24.58%、18.97%、17.55%、18.56%，增速均处于历史高位。以上数据变化，反映出全省金融部门支持实体经济恢复增长的坚定决心。

　　与此同时，住户消费贷款、非金融企业及机关团体票据融资增速则出现较大幅度下降，表明包括房地产中长期按揭贷款在内的社会消费贷款意愿明显下降（见表2）。

表2　2023年上半年四川省本外币贷款余额及与2022年同期数据比较

本外币贷款 余额及变化	2023年Q2 贷款余额 （亿元）	2023年Q2各项 贷款同比增速 （%）	2022年Q2各项 贷款同比增速 （%）	增速变化 （个百分点）
各项贷款	101576.81	14.99	14.72	0.27
（一）境内贷款	101183.10	15.28	14.94	0.34
1.住户贷款	31590.25	11.34	11.64	-0.30
（1）短期贷款	5074.28	19.89	20.44	-0.55
消费贷款	2065.49	13.65	20.74	-7.09
经营贷款	3008.79	24.58	20.22	4.36
（2）中长期贷款	26515.97	9.84	10.22	-0.38
消费贷款	20917.90	7.64	9.27	-1.63
经营贷款	5598.08	18.97	14.35	4.62

续表

本外币贷款 余额及变化	2023 年 Q2 贷款余额 （亿元）	2023 年 Q2 各项 贷款同比增速 （%）	2022 年 Q2 各项 贷款同比增速 （%）	增速变化 （个百分点）
2. 非金融企业及机关团体贷款	69401.07	17.12	16.36	0.76
（1）短期贷款	13965.82	17.55	15.07	2.48
（2）中长期贷款	52270.41	18.56	14.79	3.77
（3）票据融资	3033.48	−3.21	51.30	−54.51
（4）融资租赁	88.43	3.02	−13.44	16.46
（5）各项垫款	42.92	−39.67	224.40	−264.07
3. 非银行业金融机构贷款	191.77	32.57	472.46	−439.89
（二）境外贷款	393.72	−30.00	−11.46	−18.54

资料来源：人民银行成都分行，作者分析整理。

通过以上各类存贷款增速比率变化，可以看出 2023 年全省经济恢复与增长所面临的主要问题：一是住户消费需求明显下降，消费性贷款增速明显萎缩；二是尽管非金融企业及机关团体短期贷款与中长期贷款增速均处于历史高位，但非金融企业活期存款增速大幅下滑，定期及其他存款增长乏力且出现明显下滑，反映出实体经济流动性仍然不足；三是基于以上数据判断，当前金融部门为支持实体经济恢复所注入的大量流动性，可能正在转换为住户部门的储蓄存款，而未进入投资和消费。这一现象是否意味着当前经济中正出现"流动性陷阱"，值得关注。

（二）2023年上半年证券期货机构及市场运行分析

2023 年 6 月，四川省地方金融监管局联合 11 部门制定并发布了《四川资本市场高质量发展三年（2023~2025 年）行动计划》，对全省直接融资规模、挂牌上市公司数量、上市公司质量、债券融资规模等提出了三年总体目标和具体行动计划，成为四川省推动资本市场高质量发展的重要规划。

中国证监会四川监管局数据显示，截至 2023 年二季度末，四川省共有170 家公司在沪深交易所和北交所（不含境外，下同）挂牌上市，相比上年同期新增上市公司7家。相关数据显示，截至2023年9月，包括境内外上市公司在内，四川全省有上市公司206家，居全国第八位。

截至2023年二季度末，四川省在沪深交易所挂牌交易的上市公司总市值为2.95万亿元，比上年同期下降0.39万亿元，降幅为11.73%；代理证券交易额10.63万亿元，比上年同期下降0.69万亿元，降幅为6.13%；备案登记私募基金余额2500亿元，比上年同期增长约94亿元，增幅为3.90%（见表3）。

2023年上半年，在上市公司数量增长、上市公司总股本增加背景下，四川省内上市公司市值与券商代理证券交易额均出现较大幅度下降，反映出当前资本市场正处于整体低迷状态。

表3　2023年上半年四川省证券期货行业数据及与2022年同期比较

	项　目	2023年Q2	2022年Q2	增减变化	变化比率(%)
上市挂牌企业情况	上市公司总市值(亿元)	29472.18	33390.44	-3918.26	-11.73
	上市公司总股本(亿股)	1597.03	1548.48	48.55	3.14
	上市公司家数(家)	170	163	7	4.29
	其中：主板(家)	99	102	-3	-2.94
	创业板(家)	43	40	3	7.50
	科创板(家)	19	16	3	18.75
	北交所(家)	9	5	4	80.00
	"新三板"挂牌(家)	181	197	-16	-8.12
证券经营机构情况	省内代理证券交易额(亿元)	106278.71	113214.87	-6936.16	-6.13
	证券公司家数(家)	4	4	0	—
	证券公司分公司家数(家)	78	72	6	8.33
	证券营业部家数(家)	403	418	-15	-3.59
	投资咨询公司家数(家)	3	3	0	—
期货经营机构情况	期货公司家数(家)	3	3	0	—
	期货分支机构家数(家)	56	53	3	5.66
基金经营机构情况	公募基金管理公司(家)	1	—	1	
	公募基金管理公司分公司(家)	20	—	20	
	私募基金管理人(家)	392	448	-56	-12.50
	管理基金规模(亿元)	2499.74	2405.87	93.87	3.90

注：因相关资料局限，本报告未对四川省在境外上市企业进行统计分析。

资料来源：中国证监会四川监管局，作者分析整理。

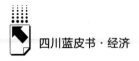
（三）2023年上半年保险类金融机构及业务运行分析

2023年5月，中国银保监会四川监管局印发《2023年四川银行业保险业全面推进乡村振兴重点工作》，落实中国银保监会发布《关于银行业保险业做好2023年全面推进乡村振兴重点工作的通知》精神，支持农业保险"扩面增品"。

中国银保监会四川监管局数据显示，2023年上半年四川省保险业金融机构实现原保险保费收入1591.50亿元，为社会经济提供保险金额523.18万亿元，办理保险保单9.80亿件。

与上年同期相比，四川省保险业金融机构2023年上半年保险金额、保险件数等指标分别大幅增长56.89%和41.82%，说明社会经济中保险意识有较大幅度提升；健康险、寿险保费收入指标分别大幅增长17.37%和12.08%，反映出当前人民群众越来越重视健康与养老保障问题。

2023年上半年，财产险保费收入增长6.93%，比上年同期略有下滑；人身意外伤害险负增长9.31%，其下降原因较多，可能与市场竞争导致的费率下降、出险赔付率上升以及监管政策调整、市场需求下降等因素有关（见表4）。

表4 2023年上半年四川保险业原保险保费收入及与2022年同期比较

收入项目	2023年Q2	2023年Q2同比增速（%）	2022年Q2同比增速（%）	增速变化（个百分点）
原保险保费收入（亿元）	1591.50	11.45	4.03	7.42
1. 财产险	328.60	6.93	7.45	-0.52
2. 人身险	1262.90	12.69	3.13	9.56
（1）寿险	935.50	12.08	3.53	8.55
（2）健康险	299.30	17.37	2.27	15.10
（3）人身意外伤害险	28.10	-9.31	-0.48	-8.83
保险金额（亿元）	5231771.09	56.89	67.21	-10.32
保单件数（亿件）	9.80	41.82	112.86	-71.04

资料来源：中国银保监会四川监管局，作者分析整理。

2023 年上半年，四川省保险业金融机构原保险赔付支出 493.04 亿元，总体赔付率为 30.98%，相比上年同期的 27.85%，上升 3.13 个百分点。其中，财产险赔付率上升 2.91 个百分点，至 60.32%；寿险赔付率上升 4.75 个百分点，至 20.38%；人身意外伤害险赔付率上升 7.36 个百分点，至 36.44%；健康险赔付率相对较为稳定，为 31.38%，相比上年同期略降 0.71 个百分点（见表 5）。

表 5   2023 年上半年四川保险业原保险赔付支出及与 2022 年同期比较

支出项目	2023 年 Q2 赔付支出（亿元）	2023 年 Q2 赔付率（%）	2022 年 Q2 赔付率（%）	赔付率变化（个百分点）
原保险赔付支出	493.04	30.98	27.85	3.13
1. 财产险	198.20	60.32	57.41	2.91
2. 人身险	294.84	23.35	19.75	3.60
（1）寿险	190.69	20.38	15.63	4.75
（2）健康险	93.91	31.38	32.09	-0.71
（3）人身意外伤害险	10.24	36.44	29.08	7.36

资料来源：中国银保监会四川监管局，作者分析整理。

从中国银保监会四川监管局发布的 2023 年上半年保险业数据来看，四川省保险业迎来恢复发展态势，承保金额、办理保单件数、健康险和寿险保费收入均获大幅度增长，保险与社会经济生活融合度进一步深化。人身意外伤害险、寿险、财产险赔付率有较大幅度提升，财产险赔付率稳定在 60% 左右，说明保险在社会经济生活中的分险功能日渐明显。

二 2024年四川省金融业发展研判

在 2023 年上半年四川省经济恢复性增长中，四川省金融业总体展现了较强的增长动力与活力。尽管股市低迷使川内上市企业的股市融资和市场资源配置功能有所下降，但以债市为主的直接融资市场依然为四川省经济增长提供了大量的债市融资。

基于相关数据分析结论和当前经济形势判断，2024 年四川省金融业仍将维持较高增速，以满足全省住户、非金融企业及机关团体在存款服务、贷款支持、资本市场和保险保障等方面的需求。

（一）2024年四川省存款类金融机构及业务发展研判

2024 年，四川省存款类金融机构住户存款较高增速与非金融企业存款增长降速的趋势不会改变，非金融企业与住户存款比值的变化趋势不会改变。贷款方面，为持续做好"六稳""六保"工作，住户经营贷款与非金融企业及相关团体短期贷款、中长期贷款保持较高增速的态势不会改变；住户消费贷款随经济逐步恢复、房地产业支持政策发力和社会就业好转，增速下行态势可能得到一定程度缓解和扭转。

2024 年存贷款增长形势将稳中有增，信贷对企业和住户经营性信贷、消费贷款的支持力度不会减弱，大概率还会继续增强。随着政府性投资托底恢复经济、优化住房限购政策等政策措施的持续发力，经济增长和就业环境可能优于 2023 年。

（二）2024年四川省证券期货机构及市场发展研判

尽管 2023 年 6 月四川省地方金融监管局联合 11 部门制定并发布了《四川资本市场高质量发展三年（2023~2025 年）行动计划》，对全省直接融资规模、挂牌上市公司数量、上市公司质量、债券融资规模等提出了三年总体目标和具体行动计划，鉴于 2024 年证券市场仍面临较大不确定性，完成规划确定的上市公司市值、新增上市公司数量等指标仍面临不小困难。

尽管如此，2024 年全省"债券优先发展战略"依然能有效实现，债券融资等直接融资规模仍将持续增长。此外，私募基金所管理资产规模将继续扩大，REITs 等创新型融资工具大概率会在川内出现。

（三）2024年四川省保险类金融机构及业务发展研判

2024 年，四川省保险业大概率会延续 2023 年上半年的发展态势，在保险金额、保单件数以及健康险、寿险业务上保持较高增速，在财产险业务上继续稳定增长。人身意外伤害险业务，若在市场竞争、产品创新等方面没有大的变革，其负增长的趋势在 2024 年大概率不会发生改变。

在分险方面，2024 年四川省保险业的财产险、健康险、寿险赔付率大概率会基本延续 2023 年上半年的水平，即财产险在 60% 左右，健康险、寿险在 30% 左右，为全省社会经济发展和民生保障发挥其应有的分险功能。

三　对策建议

（一）关注和警惕"流动性陷阱"问题

在当前形势下，非金融企业信贷余额持续较高增长及存款余额较低增长反映出的流动性不足，与住户存款余额持续较高增长及消费信贷增速下行反映出的流动性过剩，显示当前投资、消费动力明显不足，银行体系向实体经济以信贷方式注入的大量流动性，通过住户部门以存款方式重新进入银行储蓄。这一现象可能表明当前经济正面临"流动性陷阱"问题，值得相关政府部门关注和警惕。

在当前低利率环境下，分析数据仍显示住户部门的消费和投资动力不足，表明当前住户部门对消费和投资缺乏信心，消费和投资仍面临持续收缩风险。稳定和恢复住户部门消费与投资信心，激发民间消费和投资动力，关系到 2024 年全省经济的恢复与发展能力。

（二）积极推动资本市场融资，显著提高债券市场融资占比

以《四川资本市场高质量发展三年（2023~2025 年）行动计划》为纲领，坚持"债券优先发展战略"，利用省内大型发债增信机构的增信能力，积极推动全省优质企业通过债券市场融资、上市 IPO 融资、REITs 等创新型金融工具实现融资，显著提升债券市场融资占比，提高资本市场融资规模和能力。

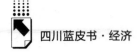

（三）稳定社会经济预期，增强住户消费能力与消费意愿，优化营商环境增强小微企业活力

继续发挥财政性逆周期调节政策的作用。以财政和国有资本支持推进全省住房、婚育、托育、教育、医疗等方面改革，显著减轻居民在住房、婚育、托育、教育、医疗等方面的经济负担，稳定住户对未来的预期，增强住户的消费能力与消费意愿。

此外，在医疗、教育等领域，国有公立机构与民营资本合作形成不公平竞争、营商环境有待优化等问题依然存在。优化营商环境，坚守公平市场竞争机制，保护中小企业生存空间和创新活力，是提升社会资本投资意愿与吸纳就业能力的关键，也是促进经济增长"三驾马车"稳健前行的关键。

B.5

2023~2024年四川省消费品
市场分析与预测

刘艳婷*

摘　要：　2023年以来，四川省经济运行整体恢复向好，消费品市场呈现持续稳步增长态势。2024年，随着四川省继续坚持稳中求进的工作总基调，继续巩固经济恢复的基本面，以及稳增长促消费政策的落实显效，四川省消费品市场有望延续恢复态势，保持平稳增长。促进四川消费品市场发展，需要多措并举提升居民收入、稳定消费信心，消费重点领域要着力推进餐饮、文旅、休闲娱乐等服务类消费，并促进汽车、家居、家电等大宗消费回暖。

关键词：　消费品市场　服务类消费　大宗消费　四川省

一　2023年四川消费品市场运行基本态势

（一）消费品市场呈现持续稳步增长态势

2023年以来，我国疫情防控平稳转段，经济运行整体呈现恢复向好态势。2023年四川省国民经济主要指标持续回升，市场需求逐步恢复，消费品市场呈现持续稳步增长态势。1~8月，四川省累计实现社会消费品零售总额16797.4亿元，同比增长8.2%，比2022年同期增速（0.5%）有显著

---

* 刘艳婷，经济学博士，四川省社会科学院产业经济研究所副研究员，主要研究方向为产业经济、对外经济。

提升，和 2023 年一季度增速（4.3%）、上半年增速（7.6%）相比，1~8 月消费累计增速分别提升 3.9 个和 0.6 个百分点，消费品市场呈现较为显著的恢复态势。同时，四川省消费品市场的恢复快于全国平均水平，前 8 个月消费累计增速比全国增速（7.0%）高 1.2 个百分点。

四川省社会消费品零售总额 2023 年前 8 个月月度同比增速呈现出开局良好、中间略有波动、后期平稳的趋势。2 月实现月度增速 8.7%，反映出我国疫情防控平稳转段对消费的促进作用。3 月出现波动，增速降至-0.2%。4 月开始，随着四川省各项稳经济促消费政策的不断显效，叠加疫情后国内旅游热潮、暑期消费热潮的促进作用，月度社会消费品零售总额呈现持续平稳增长态势，4~8 月月度增速分别为 13.1%、13.1%、6.7%、9%、11.8%，呈现较为高速的增长态势。

（二）服务类及热点类消费市场加快回升

从消费结构看，截至 2023 年 8 月，限上企业商品零售额，16 大类商品中有 11 类增速保持正增长，其中增速较快的热点商品包括：通信器材类（12.7%），化妆品类（11.0%），金银珠宝类（10.8%），体育、娱乐用品类（10.5%），汽车类（6.0%）等。绿色化、数字化消费快速发展，新能源汽车、绿色智能家电、智能家居、可穿戴设备等绿色智能产品销量不断增长，反映出升级类商品市场消费增长较快。

同时，随着我国疫情防控平稳转段，疫情期间深受影响的服务类、接触类、出行类消费呈现加快回升态势。服务行业回升显著，2023 年上半年四川省服务业实现增加值 15686.79 亿元，累计增长 7.0%，增速在三次产业中居首，超出上年同期增速（2.0%）5 个百分点，其中和居民消费联系紧密的批发和零售业，交通运输、仓储和邮政业，住宿和餐饮业分别增长 6.5%、9.4%、8.9%。随着服务类消费场景的不断恢复，餐饮、交通、旅游等服务类消费快速增长。截至 2023 年 8 月，四川省餐饮消费累计增长 14.5%，较同期商品零售增速（7.3%）高出 7.2 个百分点；旅游消费回暖显著，疫情期间受到抑制的出行意愿得到释放，国内旅游市场出现强劲反弹。

2023年"五一"假日期间，四川省接待游客4018.34万人次，实现旅游收入201.23亿元，同比分别增长104.6%、46.6%，均已全面超越2019年同期水平。暑期旅游市场创过去5年来最火热纪录，与2019年相比实现全面增长。

（三）各类消费载体为消费市场注入强劲动能

大运会经济为成都乃至四川消费市场注入了强劲动能。2023年暑期在成都举行的第31届世界大学生运动会，以赛事经济提振消费，极大促进了文体、旅游、餐饮、商贸、娱乐等赛事经济周边产业的发展，扩大了消费市场规模。通过备战大运会，成都积极塑造品质消费场景，建设国际消费目的地，以体育赛事经济聚集人气带动消费，成都城市流量结合成都大运会赛事流量，推动外来消费实现阶段性增长。大运会期间，成都东站客流量高位增长，7月累计发送旅客1077万人次，比2022年同期增长104.8%；成都酒店预订量比2019年同期增长2.7倍；成都餐饮堂食订单量同比增长超150%，休闲娱乐订单量同比增长超250%；体育类消费大幅增长，据劲浪体育成都卖场数据，大运会期间客流量同比增长244%，销售额同比增长90%。

成都国际消费城市建设进展迅速。为逐步增强消费产品国际影响力和消费市场区域辐射力，成都正加快布局国际枢纽、医疗、教育、文创、体育、旅游等功能性中心，以场景构建、主体培育全面提高成都链接全球网络的通达能力。成都已培育各级商圈42个；着力打造成都特色夜间消费场景，已形成5个国家级夜间文旅消费集聚区、32个夜间经济特色示范消费场景、300个夜间经济示范点位；持续壮大文创、旅游、美食、体育、音乐、会展等新兴消费型产业；新型消费平台发展迅速，累计落户各类品牌首店3000余家。随着各类消费业态融合并进，成都综合消费指数已位居全国前列。

（四）物价基本稳定

2023年前8个月，四川省居民消费价格呈现基本稳定态势。1~8月居民消费价格指数累计增长0.4%，比上半年、1~7月增速分别下降0.3个、0.1个百分点。随着我国疫情防控平稳转段，经济社会全面常态化运行，

2023年以来全省物价总体保持平稳。

从商品结构角度来看，2023年1~8月，8大类商品与服务中有6大类居民消费价格指数呈现正增长，其中食品烟酒类（1.2%）价格指数保持温和增长；居住类（0.3%）、生活用品及服务类（0.3%）、医疗保健类（0.6%）价格指数保持基本平稳；价格指数涨幅较为显著的是教育文化和娱乐类（2.3%）以及其他用品和服务类（2.5%）；衣着类（-1.1%）、交通和通信类（-2.3%）则呈现价格指数下降趋势（见表1）。总体来看，居民基本生活刚需商品与服务（如食品类、生活用品与服务类、衣着类、居住类等）价格指数基本保持平稳甚至下降。教育文化和娱乐类的价格指数上涨，则是近年来居民对教育消费需求上涨与相关商品消费升级的表现。

表1 2023年四川省居民消费价格指数增长速度

单位：%

指 标	1~6月 累计增长	1~7月 累计增长	8月 同比增长	1~8月 累计增长
居民消费价格指数	0.7	0.5	-0.2	0.4
1. 食品烟酒	2.1	1.7	-1.6	1.2
2. 衣着	-1.1	-1.1	-1.4	-1.1
3. 居住	0.2	0.3	0.7	0.3
4. 生活用品及服务	0.6	0.5	-0.6	0.3
5. 交通和通信	-2.0	-2.3	-1.9	-2.3
6. 教育文化和娱乐	1.9	2.0	3.9	2.3
7. 医疗保健	0.6	0.6	0.7	0.6
8. 其他用品和服务	2.4	2.5	3.0	2.5

二 2024年四川省消费品市场发展环境与展望

（一）中央高度重视消费的基础性作用

当前的国际宏观经济环境较为严峻，世界经济复苏总体乏力，全球贸易低迷，我国对外贸易规模有所收缩。经济增长从过去较为依赖出口，转为以内需为主，拉动内需特别是发挥消费对我国经济增长的稳定支撑和拉动作用尤为关键。消费是稳定经济增长的最终动力，也是优化国民经济结构、促进经济转型的重要环节，消费提升更是改善民生、提升人民生活品质的重要体现，对于疫情后我国经济恢复至关重要。2023年1～6月全国最终消费对GDP增长的贡献率为77.2%，明显高于2022年的水平。其中受疫情影响较大的服务类消费恢复尤为显著，1～7月，我国服务零售额同比增长20.3%，明显快于商品零售额增速，服务业对经济增长的贡献率超过60%，对经济增长的支撑作用显著。

国家高度重视促消费稳经济，出台了一系列促进消费的政策措施，积极提升消费。优化消费统计内容，针对近年来服务类消费比重不断增高的趋势，弥补传统统计模式中只统计"餐饮消费"这一种服务类消费的不足，专门增设了"服务零售额"这一统计指标，统计交通住宿、餐饮、教育、卫生、体育、娱乐等领域服务活动的零售额，获取的消费数据更加科学。国家相关部门密集出台促消费政策：国家发改委发布《关于恢复和扩大消费的措施》，围绕提升消费环境、促进服务消费等提出20条措施；商务部等部门提出要加强商务信用体系建设，加强大宗消费品领域的消费信贷力度，积极打造面向消费者的信用应用场景。

（二）四川省积极夯实消费发展的条件与基础

一是四川传统消费热点领域将持续发力。2023年以来服务类消费恢复常态化和快速回升为消费扩张提供了有力支撑。餐饮业、旅游业、商贸业等四川省传统优势服务业本身具备较为扎实的产业基础，2023年以来迎来快速恢复性增长，上半年全省服务业产值增长7%，在三次产业中居首，超出四川省GDP增速1.5个百分点；前8个月餐饮业产值基本保持两位数的增速。下一阶段，四川省餐饮、旅游、商贸、文创、娱乐等消费型服务产业仍将快速发展，促进消费增长。

二是新型消费领域有较大发展潜力。2023年以来，顺应消费者消费升级需求，以及响应国家促消费政策部署，四川省形成一些新消费重点领域，如绿色环保用品、有机食品、数字智能类产品等正加快形成新的消费增长点。四川省积极促进绿色生产生活方式转型，加快能源绿色化发展步伐，继续加大对新能源汽车的消费促进政策力度，出台加快充电基础设施建设的政策措施；借助大运会对各类会场设施建设的促进作用，促进会展产业发展。四川省文化体育、赛事举办、演唱会、各类会展等新兴消费产业将持续壮大；消费新业态仍然发挥重要作用，线上消费保持较快增长。1~7月，四川网上零售额同比增长11%，高于社会消费品零售总额增速3.2个百分点。

三是消费载体建设较为扎实。成都市国际消费中心城市建设初见成效，消费设施、消费场景打造初具基础。四川省发布《关于支持成都加快打造国际消费中心城市的意见》，提出到2027年成都国际消费中心城市营商环境支撑功能与消费制度体系基本完善。依托大运会赛事经济带来的场馆与消费场景设施建设，成都继续促进"体育+会展+消费"融合，依托大运会场馆、社区运动空间等，开展各类体育消费促进活动与赛事活动，利用大运会场馆，为会展经济、演唱会经济搭建良好基础。一系列消费促进活动积极开展，全国金秋购物节作为商务部六大消费主体活动之一，与中国（四川）国际熊猫消费节一体举办，以"乐购金秋·蜀里安逸"为主题，推出"成渝双城消费节""川货电商节""味美四川"餐饮汇等一系列富有四川特色的促销活动，为消费搭建载体平台。

（三）国内外经济环境存在诸多不确定性

国际经济环境依然复杂严峻，我国经济发展的外部环境不容乐观。全球经济增长放缓，低迷下行压力较大；国际性通胀水平依然较高，金融市场存在较高动荡性；地缘政治冲突与不确定性仍旧凸显；国际经济摩擦不断，我国在全球供应链分工中面临较大挑战；全球贸易低迷，我国对外贸易规模有所收缩。

国内经济恢复仍面临多项挑战，对四川省经济增长以及消费市场的平稳恢复也带来挑战。疫情防控平稳转段后，服务类消费呈现较快的恢复性增长，但商品零售消费增速仍有待提高，总需求仍有待提升；国内结构性矛盾与周期性问题交织，经济恢复基础仍有待巩固；中小企业、民营经济缺乏抗风险能力，经营风险增高；需求端面临较大的收入下滑风险，制约消费信心的恢复。

综上，2024年四川省消费品市场发展拥有消费热点领域、新型消费领域、消费载体支撑等促进因素，以及政府促消费政策支持等积极因素，同时也面临国内外经济环境的诸多不确定性，市场需求仍有待提升，全省经济恢复的基础仍有待进一步巩固。下一步，四川省将继续坚持稳中求进的工作总基调，着力推动经济高质量发展，促进稳增长促消费各项政策的落实显效，巩固四川经济恢复的基本面。2024年四川省消费品市场有望延续恢复态势，保持持续平稳增长。

三 促进消费品市场发展的对策建议

（一）多措并举提升居民收入，稳定消费信心

扩大内需，稳定与提升消费信心，关键仍然是提升居民收入和消费能力。根据四川省"3·15"消费者调查，在为增强消费信心与意愿所提供的几类选项中，消费者选择"完善社会保障体系"作为政策措施的比例最高，达到60.6%；其次是"增加就业机会和收入"，达到60.4%，高于"提升产品和服务质量，强化售后保障"50.6%的比例。而"创新消费模式，使消费更便捷""举办购物节、主题消费等促销活动"选项，选择比例则分别仅有19.6%、13.2%，可见提高居民收入与社会保障水平对提振消费的决定性作用。因此，需要加大收入分配改革力度，实现"扩中、限高、提低"，切实缩小非效率性因素收入差距；完善社会保障体系，扩大覆盖面与提升科学性，降低居民在医疗、教育方面的预防性储蓄；落实落细就业优先政策，将就业优先提升至战略层面，扎实推进政策性岗位招录工作，加强就业相关的培训与服务工作；优化民营经济、中小企业营商环境，深化"放管服"改革，促进助企纾困政策措施的落实。

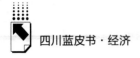
（二）加强四川消费重点热点领域建设

借力服务业快速发展、服务类消费快速恢复的良好契机，积极开展产业创新，提升服务质量，继续提升四川省餐饮、文旅、商贸、休闲娱乐等服务性产业的良好品牌效益，擦亮金字招牌；顺应消费升级需求，加强绿色有机食品消费产业建设；着力推动智能家电、智能家居、新能源汽车等大宗消费品市场回升，积极制定新能源汽车消费促进相关配套政策措施，补齐基层充电基础设施短板，提升二手车交易规范性，制定统一的评估标准和价格标准；完善县域与农村消费设施，加强新基建对农村市场的延伸和覆盖，促进农村市场互联网销售及其他新消费模式的应用；大力提升"家门口"经济活跃度，允许社区、小区在公共闲置空地设置跳蚤市场、微型集市，满足居民就近购物需求；针对消费人群进行细分，加强老龄化人群消费需求研究，针对小家庭与单身人群提供餐饮、旅游、娱乐服务等。

（三）着力营造良好消费环境

着力营造公平诚信的消费环境。消费新模式、新业态的涌现，使得消费市场形态呈现多元化，对市场监管提出更高需求。广告虚假宣传、虚假促销、诱导交易、销售伪劣产品等不诚信经营现象较多，需要监管部门加大监管力度，完善监管体系，创新适应互联网领域的监管手段等。对于消费者关心的食品安全、农村市场假冒商品等重点领域，加强监管与整治。加强消费维权相关知识的宣传，进一步健全消费者维权机制，使消费者合法权益得到有效保障。

参考文献

四川省统计局：《2023 年 1～8 月四川省国民经济主要指标数据》，http：//tjj. sc.

gov. cn/scstjj/c105849/2023/9/18/100eb5a43f844ffbba74d7af8c429cc4. shtml，2023 年 9 月
18 日。

四川省统计局：《提质升级促消费　增收降负强信心——2023 年四川"3. 15"消费
者权益日专项调查报告》，http：//tjj. sc. gov. cn/scstjj/c105849/2023/3/14/d04904eb8b45
40ecab30205afe5b9ef8. shtml，2023 年 3 月 14 日。

B.6
2023~2024年四川省进出口贸易发展分析与预测

袁　境[*]

摘　要： 2023年，四川省进出口贸易发展的特点表现在以下几个方面：民营企业持续发挥"稳大盘"作用，贸易额增长超两成；一般贸易的占比增加，外贸方式结构优化；积极开拓新兴市场，外贸市场结构优化；16个市州外贸保持增长，外贸区域结构优化；新兴产业加快布局，外贸发展新动能不断涌现；综保区彰显稳外贸实力，物流通道发挥重要作用；恢复和扩大消费政策作用显现，消费品进口连续两个月增长超七成。但是随着国际政治经济环境不确定性增加以及经济周期来临，四川进出口贸易也面临一些困难，存在下行趋势。2024年，为促进四川对外贸易发展，应积极开拓发展新的贸易产品，持续推进贸易新区域的拓展，加大民营企业支持政策落实力度。

关键词： 四川　对外贸易　进出口贸易

　　国际形势复杂多变，地缘政治冲突、气候变化，以及迅速变化的宏观经济环境，都使得全球经济前景充满了变数。通货膨胀的持续、利率的不断攀升以及各种不确定因素的增加，都对全球经济可持续发展构成了严重的阻碍。2023年上半年以来，全球经济总体仍处于下行期。根据世界银行报告的预测，全球经济增长率2022年为3.1%，2023年将放缓为2.1%，2024年

---

　　* 袁境，经济学博士，四川省社会科学院产业经济研究所副研究员，主要研究方向为产业经济。

将缓慢升至2.4%①。根据国际货币基金组织报告的预测，全球经济增速将从2022年3.5%的估计值下降至2023年和2024年的3.0%。这显示全球经济的增长动能在减弱。我国经济虽然在疫情防控政策优化调整后加速转好，但当前依旧面临诸多不利外部因素，全球经济复苏乏力、外需不足、订单流失等现象难以在短期内迅速改观，经济处于下行期。作为西部经济大省的四川，面临同样的问题。

一 2023年四川省进出口贸易的概况及特点

近年来，四川省进出口贸易经历了快速增长与平稳发展，贸易结构不断调整。根据成都海关2023年前8个月的进出口贸易统计数据，四川货物贸易进出口总值达到6022.9亿元，居全国第8位。其中，出口额达3826.7亿元，进口额达2196.1亿元②。

（一）民营企业持续发挥"稳大盘"作用，贸易额增长超两成

2023年以来，四川省打出政策"组合拳"，做优营商环境，畅通道、搭平台，聚焦民营经济高质量发展，并助力民营企业向外开拓新市场、拓展新空间，使其成为四川外贸的主力军。随着民营经济发展，民营企业进出口活力不断释放，前8个月四川全省民营企业进出口额达到2723.6亿元，创历史同期新高，同比增长26.6%；在四川所有贸易主体中增速最快，占四川外贸总值的45.2%，比重较上年同期提升12个百分点，主体地位进一步凸显③。2023年1~8月四川进出口企业性质具体数据见表1。

---

① 沙晗汀：《世行预计2023年全球经济将增长2.1%》，http://news.sohu.com/a/682772307_119038，2023年6月7日。
② 资料来源于成都海关。
③ 资料来源于成都海关。

表1　2023年1~8月四川进出口企业性质

企业性质	实绩企业数（家）	进出口		出口		进口	
		总额（万元）	同比增速（%）	总额（万元）	同比增速（%）	总额（万元）	同比增速（%）
外商投资企业	549	28093596	−26.4	16335984	−23.3	11757612	−30.2
民营企业	6171	27235745	26.6	19812044	26.2	7423701	27.9
国有企业	276	4884077	−4.2	2112115	11.7	2771962	−13.6
临时企业	46	15271	−4.0	7246	−0.5	8025	−7.0
总计	7042	60228689	−7.0	38267389	−1.6	21961300	−15.1

（二）一般贸易占比增加，外贸方式结构优化

一般贸易占比进一步提升，四川贸易方式结构进一步优化。2023年1~8月四川进出口贸易方式总值见表2。前8个月，四川一般贸易进出口额达到2402.5亿元，同比增长14.6%，占同期四川进出口总额的39.9%，占比相较于上年同期提升7.4个百分点。对外承包工程出口货物达26.7亿元，同比增长36.4%①。

表2　2022年1~8月和2023年1~8月四川进出口贸易方式总值

单位：万元，%

贸易方式	出口			进口		
	2023年1~8月总值	2022年1~8月总值	同比增速	2023年1~8月总值	2022年1~8月总值	同比增速
一般贸易	16033044	14205105	12.9	7992032	6754065	18.3
国家间、国际组织无偿援助和赠送的物资	622	1073	−42.0	—	—	—
其他捐赠物资	—	9	—	15	—	—
来料加工贸易	4119753	5419445	−24.0	5771277	9128707	−36.8
进料加工贸易	9775740	10833669	−9.8	5113816	6115654	−16.4

①　资料来源于成都海关。

续表

贸易方式	出口			进口		
	2023年 1~8月总值	2022年 1~8月总值	同比 增速	2023年 1~8月总值	2022年 1~8月总值	同比 增速
加工贸易进口设备	—	—	—	1266	116	991.4
对外承包工程出口货物	267229	195888	36.4	—	—	—
租赁贸易	165	600	−72.5	17302	792	2084.6
外商投资企业作为投资进口的设备、物品	—	—	—	42	1195	−96.5
出料加工贸易	3539	1843	92.0	3003	3495	−14.1
保税监管场所进出境货物	226909	97082	133.7	428733	556933	−23.0
海关特殊监管区域物流货物	5862565	6616649	−11.4	2305084	2699165	−14.6
海关特殊监管区域进口设备	—	—	—	296830	581534	−49.0
其他	1977823	1525864	29.6	31901	32210	−1.0
总　计	38267389	38897227	−1.6	21961300	25873864	−15.1

（三）积极开拓新兴市场，外贸市场结构优化

四川企业努力拓展外贸朋友圈，大力开拓新兴市场。2023年前8个月，四川对"一带一路"共建国家的进出口贸易保持增长，进出口总额达到2548亿元，同比增长4.3%，占四川总进出口额的比重接近一半，达42.3%；四川对非洲的进出口总额为216.7亿元，同比增长21.3%；四川对沙特、埃及、阿联酋等新加入金砖国家的进出口额分别增长38.7%、29%和4.7%；四川对韩国进出口总额为306.1亿元，增长5.5%；四川对东盟、美国、欧盟等长期贸易地区与国家的进出口总额分别为828亿元、748.8亿元和642.8亿元；因为发展新能源产业，在锂矿石等产品的推动下，四川对澳大利亚的进出口总额为305.1亿元，增长155.4%[①]。澳大利亚超越中国台湾地区和日本，成为四川第五大贸易伙伴。

---

① 资料来源于成都海关。

（四）16个市州外贸保持增长，外贸区域结构优化

随着四川稳外贸政策红利逐步释放，各市州凭借优势产业竞相发力，相应地，对外贸易实现高速增长。2023年1~8月，四川各市州进出口总值见表3。2023年前8个月，在全省进出口总额下降的情况下，四川16个市州外贸保持增长，特别是遂宁进出口总额达到64.27亿元，相比上年同期增长约1.2倍，增速领跑全省。江油进出口总额达到1.28亿元，同比增长约1.09倍。宜宾在锂电材料、新能源汽车等产业推动下，进出口额达244.37亿元，同比增长20.5%，占全省外贸比重提升至4.06%。南充、内江、广汉等地进出口持续发力，进出口总额分别为56.47亿元、42.4亿元、30.07亿元，分别同比增长66.0%、92.4%、97.6%；成都进出口总额为4829.7354亿元，同比下降11.7%，占同期全省外贸总额的80.19%。四川外贸区域结构不断优化。

表3　2023年1~8月四川部分城市、开发区进出口总值

单位：万元，%

地区名称	进出口		出口		进口	
	总额	同比增速	总额	同比增速	总额	同比增速
成都市	48297354	-11.7	29916718	-6.6	18380646	-18.9
成都高新技术产业开发区	6628314	32.6	3227144	32.9	3401170	32.2
成都经济技术开发区	1183857	-8.8	801358	-3.5	382499	-18.2
都江堰市	37669	-72.1	31195	-75.7	6474	2.9
宜宾市	2443709	20.5	1512978	21.5	930731	18.9
宜宾临港经济开发区	632756	0.2	493272	17.4	139484	-34.0
绵阳市	1656652	-2.4	1098712	0.0	557940	-6.8
绵阳高新技术产业开发区	624147	29.0	309332	43.3	314816	17.5
绵阳经济技术开发区	195986	-52.1	181120	-53.7	14866	-18.2
江油市	12813	109.1	11541	93.9	1271	619.4
德阳市	1329720	26.5	874526	15.1	455194	56.0
广汉市	300697	97.6	150311	107.3	150386	88.7
泸州市	935239	11.2	643389	99.0	291850	-43.6

续表

地区名称	进出口		出口		进口	
	总额	同比增速	总额	同比增速	总额	同比增速
泸州高新技术产业开发区	35143	-15.0	35143	-15.0	0	—
眉山市	841285	36.0	614987	30.3	226299	54.2
达州市	660622	23.4	637253	30.8	23369	-51.4
遂宁市	642717	124.3	306620	41.1	336097	385.2
南充市	564707	66.0	535399	73.2	29308	-5.8
乐山市	487200	-44.1	370658	-52.1	116541	17.9
乐山高新技术产业开发区	463	-26.9	250	-26.7	213	-27.1
峨眉山市	21165	-42.9	17703	-49.8	3462	92.1
雅安市	471877	37.6	187876	84.3	284001	17.9
内江市	423996	92.4	401755	116.5	22241	-36.1
自贡市	332977	5.9	256036	35.8	76941	-38.9
广安市	316964	51.8	278643	41.0	38321	242.4
攀枝花市	292408	4.5	210610	37.6	81798	-35.4
资阳市	263323	20.7	198451	34.5	64872	-8.3
凉山州	119065	72.6	118088	72.9	977	49.2
巴中市	67412	18.2	58094	2.9	9318	1569.6
广元市	54924	-30.6	22983	-59.6	31941	43.4
广元经济技术开发区	7067	-83.5	6861	-84.0	206	3302.3
阿坝州	18333	-9.9	15432	-9.8	2901	-10.8
甘孜州	8196	62.8	8182	62.5	15	3633.3
总值	60228689	-7.0	38267389	-1.6	21961300	-15.1

（五）新兴产业加快布局，外贸发展新动能不断涌现

得益于新兴产业加快布局，四川外贸发展新动能不断涌现。四川高端制造业和服务业正成为四川外贸的新支撑点，绿色产业也成为四川外贸领域重要支撑，并取得快速发展。四川省外贸"新三样"（太阳能电池、电动载人汽车、锂离子蓄电池）持续释放新动能。成都海关数据显示，锂电材料、

"新三样"出口继续保持增长，碳酸锂出口额、锂矿石进口额均位列全国第一。2023 年前 8 个月，四川"新三样"产品出口额为 109.5 亿元，同比增长 61.3%；氢氧化锂、锂镍钴锰氧化物等锂电材料分别出口 84 亿元和 41.3 亿元，分别同比增长 1.1 倍和 28.5%①。

（六）综保区彰显稳外贸实力，物流通道发挥重要作用

2023 年上半年，四川省内综合保税区稳定发力，充分发挥四川外贸"稳定器"的作用。上半年，成都高新综合保税区实现外贸总额 1873.9 亿元，在全国 149 个有实绩的综合保税区中重返第一。自国际客运航班顺利转场至天府国际机场以来，四川国际客运航线快速恢复，货运航班持续稳定运行，成都海关累计在两个机场验放进出境人员 92.3 万人次、进出境飞机 8903 架次，同比分别增加 517.2%、51.1%。中欧班列（成都）累计开行 1436 趟次，增加 68.9%②。2023 年 1~8 月四川进出口运输方式总值见表 4。

表 4　2023 年 1~8 月四川进出口运输方式总值

单位：元，%

运输方式	进出口值	同比	出口值	同比	进口值	同比
航空运输	27371209	−29.7	13996230	−31.0	13374979	−28.4
水路运输	25766902	28.3	19245866	29.5	6521036	24.8
公路运输	3517312	10.6	2003144	19.6	1514168	0.7
铁路运输	3124625	38.3	2580284	42.5	544341	21.3
其他运输	439337	58.3	438373	61.3	964	−82.9
邮件运输	9304	2.9	3493	145.7	5812	−23.7
总计	60228689	−7.0	38267389	−1.6	21961300	−15.1

---

① 资料来源于成都海关。
② 资料来源于成都海关。

（七）恢复和扩大消费政策作用显现，消费品进口连续两个月增长超七成

随着国家和四川省一系列促消费政策的实施效果进一步显现，2023年7月、8月四川省消费品进口增速分别达84.5%、74.3%。2023年1~8月，四川省消费品进口75.9亿元，增长10.6%，其中乘用车、食用油、干鲜瓜果及坚果分别进口9.7亿元、12.5亿元、10.1亿元，分别增长79.9%、36.3%、24.4%。此外，进口铁矿砂22.6亿元，增长63%；进口煤炭37.5亿元，增长49.6%；进口锂矿石261.3亿元，增长131%[①]。

二　四川对外贸易发展形势分析

（一）四川对外贸易环境与政策分析

1. 经济整体面临下行风险

进出口贸易不仅会受到外部经济环境的影响，同时也会受到省内经济发展的影响，当前经济基本面面临下行风险。进出口贸易作为整体经济的一部分，不可避免地面临向下调整的风险。

2. 外部政治经济环境不确定性风险

当前国际政治环境风云变幻，存在比较大的不确定性风险；同时，各个国家采取利于其国内经济发展的政策，对于国际进出口贸易产生不确定性风险。这些因素将会影响四川进出口贸易发展。

3. 四川推出一系列稳外贸政策

四川省针对外贸给予全方位的支持。2023年2月，四川省印发《聚焦高质量发展推动经济运行整体好转的若干政策措施》，其中特别提出对外贸的支持政策措施，如：为大力推动企业开拓国际市场与"出海"，对超100

[①]　资料来源于成都海关。

场重点国际性展会和经贸活动给予支持，并对参加境内外国际性展会的企业给予支持；加快实施"1000 户重点外贸企业培育工程"，帮助企业解决实际难题，以不断壮大四川外贸企业群体；围绕绿色低碳外贸、二手车出口、特色单品进口集散中心等方面给予明确支持，加速培育外贸竞争新优势和新增长点，并促进标志性外资项目落地。此外，成都海关出台 13 条措施促进四川外贸保稳提质。以上政策措施对全省外贸"增量"和"提质"具有关键性的支撑作用。

4. 多种措施优化企业进出口环节，助力企业便捷通关

四川采取多种措施为企业优化进出口环节，主要表现在以下几个方面。一是为随时响应企业急货急料调配需求，切实解决企业进出口环节的实际困难，成都海关建立区内重点企业沟通和问题呼应机制，大力推行"数智综保"建设，先后推出"同企跨片""一般纳税人""空箱识别""数字卡口""掌上园区"等数字化应用场景和创新业务应用，切实为驻区企业提供更多智慧保障。二是交通物流为稳外贸发挥了重要作用。2023 年 3 月以来，四川省国际客运航线快速恢复，国际客运航班转场至天府国际机场，且货运航班持续稳定运行。至此，成都"两场一体"实现高效协同运行，持续发挥中欧班列（成都）、中老铁路物流通道优势。三是全省积极推动通关效率更高的"车边直提""抵港直装"等业务改革，率先在中老铁路应用"铁路快通"业务模式，节约货物通关时长 24 小时以上。

（二）四川进出口贸易发展趋势

2023 年四川进出口贸易总额继续位居全国第八。国际政治经济环境的不确定性风险对四川省进出口贸易的负面影响还将存在，但是基于美元升值、人民币贬值的国内外货币政策环境，对四川的对外贸易又将产生一定积极影响。

第一，受国际贸易环境的影响，且随着四川对外贸易政策实施与作用发挥，四川的对外贸易势能将得到释放。但在国际贸易环境没有根本改观的条件下，2024 年四川进出口贸易实现正增长的可能性很小。

第二，四川贸易市场持续拓展。在四川对外贸易产品结构中，机电产品、装备制造占比较高。作为我国向西向南开放的重要窗口，四川向"一带一路"国家和非洲等发展中国家和地区出口的产品将会持续增长。

第三，随着四川对外贸易市场与贸易产品种类的拓展，四川轻工业产品与特色农产品将更多走出国门。例如攀枝花市芒果出口销量有望快速增长，其中九成芒果出口地为"一带一路"沿线国家和地区。

三 四川促进对外贸易发展的对策建议

（一）积极开发新的贸易产品，优化贸易产品结构

除了原有贸易产品，四川应该积极开发新的贸易产品，特别是要发挥四川特色优势产业的作用，继续巩固原有贸易产品的市场，更要利用四川特色优势产业，开拓新的贸易产品市场。比如，四川可以积极开展有机农产品、绿色食品和良好农业规范认证，助力企业开拓国际市场。同时，四川还需继续扩大其他轻工业产品的进出口贸易，一方面推动国内轻工业产品拓展海外市场，另一方面也通过进口海外的轻工业产品丰富老百姓的日常生活，满足人民提升生活品质的需要。

（二）持续拓展贸易新区域，多元化贸易对象

四川需要拓展除发达经济体之外的其他国家和地区的贸易市场，特别是要加强与"一带一路"国家和非洲等发展中地区的对外贸易，继续拓展四川制造和四川特色产品的海外国际市场。一方面，政府从政策方面给予支持，搭建贸易平台；另一方面，企业应提升自身产品的吸引力与品质，加强自身品牌建设。

（三）加大对民营企业支持力度，促进四川对外贸易发展

民营企业在四川对外贸易中的占比越来越大，增长速度也较快。四川需

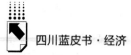
要加强对民营经济的支持，刺激民营经济发展。特别是在国际经济环境日益复杂的今天，需要从尽可能多的方面为民营经济发展和民营企业走出国门提供支持。不仅需要出台扶持政策，从税收优惠、金融支持等方面给予中小企业帮助；还应该积极拓展四川对外贸易区域，增加对外贸易产品种类，优化对外贸易结构。

区域篇

B.7

2023~2024年成都平原经济区
经济形势分析与预测

陈 映　肖治涵*

摘　要： 2023年是国际形势复杂多变、不确定因素增多、经济下行压力增大的一年，也是疫情防控政策迎来重大调整、经济区加快实施"十四五"规划的关键的一年。成都平原经济区全面贯彻落实党中央、国务院和省委、省政府决策部署，全力推动经济社会全面恢复常态化运行，经济发展活力不断增强，经济运行稳中有进。2024年，成都平原经济区将持续紧抓多重国家重大战略实施的契机，稳信心、优结构、抓项目、促消费，努力推动经济实现量的稳定增长与质的有效提升。

关键词： 成都平原经济区　经济运行　稳定增长

---

* 陈映，经济学博士，四川省社会科学院产业经济研究所副所长，研究员，《经济体制改革》常务副主编，主要研究方向为区域经济、产业经济；肖治涵，四川省社会科学院产业经济学硕士研究生。

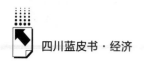
一 经济区经济运行现状及对比分析

成都平原经济区（以下简称"经济区"）涵盖成都、德阳、绵阳、遂宁、乐山、雅安、眉山和资阳八市，总人口接近全省一半，经济总量占全省比重超过六成。经济区区位条件优越、产业基础雄厚、开放水平领先、科技优势突出。近年来，成都平原经济区紧抓"一带一路"建设、成渝地区双城经济圈建设、长江经济带发展以及新一轮西部大开发等国家重要战略机遇，深入实施四川"五区共兴"等发展战略，充分释放成都"主引擎"作用，着力推动经济区一体化发展，成为四川经济高质量发展的强力支撑。2023年上半年，成都平原经济区地区生产总值为17389.53亿元，半数城市经济总量超千亿元。

（一）2023年上半年经济运行情况

2023年上半年，成都平原经济区全面贯彻新发展理念，积极稳增长、稳就业、稳物价，生产生活秩序加速恢复，经济运行稳中有升。

1. 经济增速有所提升

2023年上半年，成都平原经济区八市GDP达17389.53亿元，占全省的62.3%，同比增长5.5%，与全省的平均水平持平。相较于2022年同期，经济区经济总量增加1145.37亿元，经济增速上升2.1个百分点。其中，成都市地区生产总值（10705.49亿元）稳居全省第一，但其增速（5.8%）仅名列经济区第五。绵阳市经济增速（8.5%）位列经济区第一，资阳市经济增速（2.7%）为经济区最低（见图1）。

2. 经济结构持续优化

2023年上半年，成都平原经济区三次产业结构为4.8∶34.3∶60.9，与上年同期相比，第一产业发展基本稳定，第二产业下降2.1个百分点，第三产业上升2.3个百分点。第一产业占比中，仅雅安较上年同期增加0.3个百分点，其余各市均小幅下降。经济区八市第二产业占比较上年同期均有所下

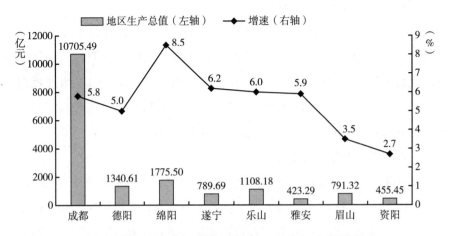

图1 2023年上半年成都平原经济区八市GDP及增速

资料来源：各市州统计局网站，若无特殊说明，图2~图9资料来源均如此，不再赘述。

降，其中成都降幅最大，为2.4个百分点；德阳占比最大，达47.8%。第三产业占比较上年同期均有所上升，其中成都上升幅度最大，为2.6个百分点，且其第三产业占比以68.3%位列经济区榜首，紧随其后的是资阳、绵阳、雅安和眉山，4市的占比均超过50%（见图2）。

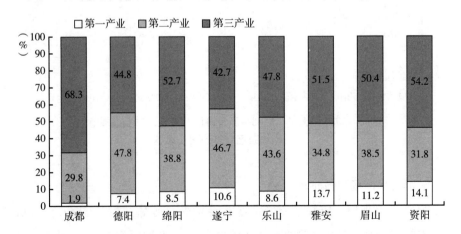

图2 2023年上半年成都平原经济区八市三次产业结构

3. 规上工业增加值增速平稳

2023 年上半年，成都平原经济区八市中，除资阳规模以上工业增加值呈负增长（-5.3%）外，其余 7 市均呈正增长。其中，德阳、眉山增速较缓，分别为 3.1% 和 0.4%，未达到经济区平均水平（4.1%）。增速最高的是绵阳，为 8.3%；乐山以 8.1% 的同比增速排名第二。经济区八市规上工业增加值相较上年同期（4%）增长平稳（见图3）。

4. 固定资产投资增速放缓

2023 年上半年，成都平原经济区八市中固定资产投资除资阳（-5.0%）、成都（-2.7%）、德阳（-2.1%）呈负增长外，其余 5 市增速均高于经济区平均水平。其中，绵阳固定资产投资增速以 7.8% 位列经济区第一，高于全省平均水平 4.5 个百分点。相较于上年同期，经济区八市固定资产投资增速均大幅下降，平均增速从 9.9% 下降为 1.7%（见图3）。

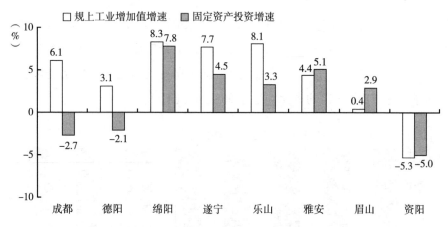

图3　2023 年上半年成都平原经济区八市规上工业增加值增速及固定资产投资增速

5. 消费品市场回暖向好

2023 年上半年，成都平原经济区社会消费品零售总额达 7847.1 亿元，占全省的 62.1%，较上年同期增加 617.2 亿元，平均增速从 1.1% 大幅上升至 7.2%。其中，成都社会消费品零售总额最高，达 4960.2 亿元，其增速

（8.8%）排名经济区第三；绵阳社会消费品零售总额以892.1亿元位列经济区第二，但其增速最快，为12.4%（见图4）。

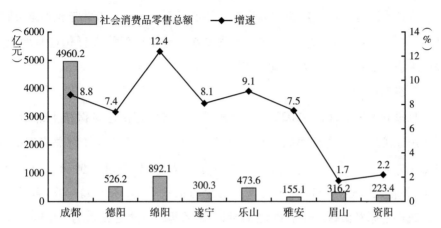

图4　2023年上半年成都平原经济区八市社会消费品零售总额及增速

6. 城乡居民收入持续增长

2023年上半年，成都平原经济区城镇及农村居民人均可支配收入分别为23651元、11621元，同比增长4.2%、7.1%。其中，成都城乡居民收入以29997元和18138元领跑经济区（见图5）。雅安城镇居民人均可支配收入增速最高，同比增长5.1%；乐山农村居民人均可支配收入增速最高，同比增长7.7%，二者分别高于全省平均水平0.9个百分点和0.6个百分点。

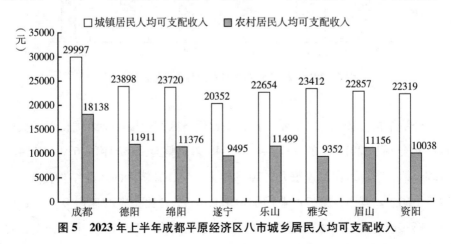

图5　2023年上半年成都平原经济区八市城乡居民人均可支配收入

（二）经济运行纵横对比

成都平原经济区是四川省高质量发展的活跃增长极，近几年虽遭遇疫情冲击、罕见高温、缺电保供等多重因素影响，经济区经济发展仍迎难而上、稳中求进，展现了强有力的经济韧性。

1. 纵向对比

总量和速度。2017~2022 年，成都平原经济区经济总量保持上升趋势，对四川经济增长的贡献率始终稳超 60%。2021 年，经济区经济总量突破 3 万亿元大关。2022 年经济区经济增速虽有所放缓，但经济总量较 2021 年提高 1743 亿元，达到 34670.8 亿元，占全省的比重为 61.1%。2023 年上半年，成都平原经济区经济总量达 17389.53 亿元，占全省比重为 62.3%（见图 6）。

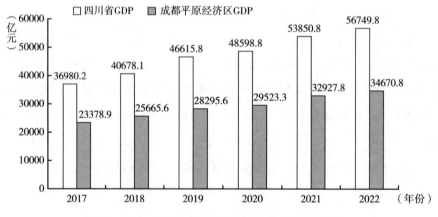

图 6　2017~2022 年四川省及成都平原经济区 GDP

经济结构。2017~2022 年，成都平原经济区产业结构持续优化，三次产业结构分别从 2017 年的 7.5∶44.3∶48.2 调整至 2022 年的 6.9∶35.4∶57.7，第三产业占比快速攀升。2023 年上半年，经济区的产业结构为 4.8∶34.3∶60.9。其中，第三产业增加值增长 6.9%，比全省增速慢 0.1 个百分点，第三产业占 GDP 的比重为 60.9%，比第二产业高出 26.6 个百分点，对经济增长的贡献率高达94.0%。

固定资产投资。2017~2022年，成都平原经济区固定资产投资规模不断扩大，2018~2021年其增速保持较为平稳的态势，2022年增速有所下滑：经济区固定资产投资平均增速为7.7%，比全省平均水平低0.7个百分点（见图7）。2023年上半年，经济区固定资产投资增速放缓（1.7%），低于全省平均水平1.6个百分点。

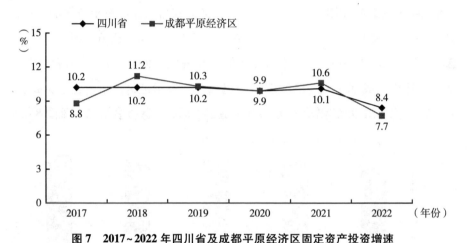

图7　2017~2022年四川省及成都平原经济区固定资产投资增速

消费品市场。2022年，成都平原经济区社会消费品零售总额达14605.3亿元，总量在全省占比超过六成，总额较2021年减少124.5亿元，但与2017年相比增加3889.3亿元，增幅达36.3%。2023年上半年经济区消费市场持续恢复，四川省和成都平原经济区社会消费品零售总额增速分别达到7.6%和7.2%，有明显回升之势。

2. 横向对比

成都平原经济区作为四川五大经济区之首，其产业发展基础最好、经济发展动能最足、创新能力最强、开放程度最高，在推动四川"五区共兴"中发挥着重要的引领和支撑作用。

经济总量稳居第一。2023年上半年，成都平原经济区、川南经济区、川东北经济区、攀西经济区、川西北生态示范区分别实现地区生产总值

17389.53 亿元、4401.13 亿元、4065.07 亿元、1634.64 亿元和 427.21 亿元，成都平原经济区 GDP 是其余 4 大经济区 GDP 总和的 1.65 倍，为全省的经济稳增长做出了重大贡献。全省经济增长增速排名前十的市州中，成都平原经济区占据了一半，分别为成都、绵阳、遂宁、乐山、雅安，其中绵阳经济增速全省第一。

经济结构优化调整。2023 年上半年，成都平原经济区的三次产业结构为 4.8∶34.3∶60.9，川南、川东北、攀西经济区和川西北生态示范区的三次产业结构分别为 9.7∶43.5∶46.8、14.4∶35.6∶50.0、12.6∶41.7∶45.7、9.9∶27.8∶62.3。第一产业比例成都平原经济区最低，川东北经济区最高；第二产业比例成都平原经济区仅高于川西北生态示范区，川南经济区最高；第三产业比例川西北生态示范区最高，成都平原经济区排名第二（见图 8）。

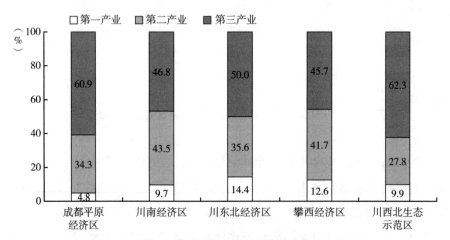

图 8　2023 年上半年四川省五大经济区三次产业结构

固定资产投资增速稳定。2023 年上半年，五大经济区中川西北生态示范区、攀西经济区固定资产投资增速高于全省平均水平，分别为 14.2%、5.5%。成都平原经济区整体固定资产投资增速虽低于全省平均水平（3.3%）1.6 个百分点，但绵阳（7.8%）、雅安（5.1%）、遂宁（4.5%）3 市表现良好。

消费品市场十分活跃。2023 年上半年，成都平原经济区的社会消费品零售总额达 7847.1 亿元，是其余四大经济区总量之和的 1.64 倍。其中，绵阳市社会消费品零售总额同比增速最高，以 12.4% 排名全省第一。川东北经济区、川西北生态示范区、攀西经济区社会消费品零售总额虽然相对较低，但其增速亮眼，分别为 8.1%、11.5% 和 9.4%，均高于全省平均水平（7.6%）；川南经济区增速最低，为 1.5%。

城乡居民收入水平全省最高。2023 年上半年，成都平原经济区城乡居民人均可支配收入均领先于其他四大经济区。城镇居民人均可支配收入及增速方面，成都平原经济区中成都以 29997 元遥遥领先于其他市州，德阳以 23898 元排名全省第二。成都平原经济区整体增速居中，其中雅安（第一）、乐山（第六）、绵阳（第九）和德阳（第十）4 市增速进入全省前十（见图 9a）。农村居民人均可支配收入及增速方面，成都平原经济区的成都以 18138 元位列全省榜首，经济区整体增速为 7.1%，与全省平均水平持平；川西北生态示范区农村居民收入虽然在五大经济区中排名最末位，但其增速最快，为 8.1%，高出全省平均水平 1 个百分点（见图 9b）。

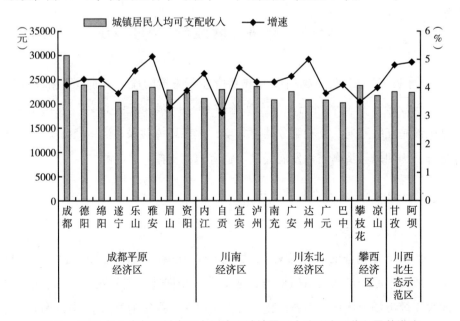

图 9a　2023 年上半年四川省五大经济区城镇居民人均可支配收入及其增速

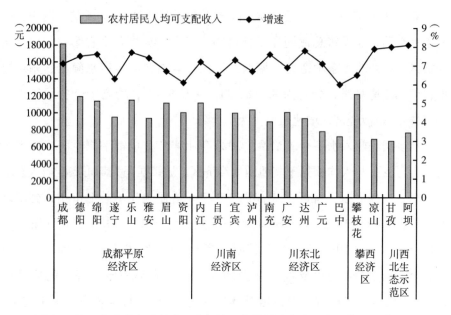

图9b　2023年上半年四川省五大经济区农村居民人均可支配收入及其增速

二　经济区经济发展成效与提升困境

"十四五"以来，成都平原经济区立足新发展阶段，全面贯彻新发展理念，积极融入新发展格局，深入实施"四化同步、五区共兴"发展战略，基础设施互联互通、公共服务共建共享、生态环境共保共治，经济实力持续提升，为四川经济高质量发展提供了强有力的支撑。

（一）经济区经济发展成效

1.经济实力提升

作为全省经济的"顶梁柱"，面对错综复杂的国际国内环境的不断冲击，成都平原经济区八市抓机遇、强动力、铸韧性，充分发挥产业、创新、超大规模市场等优势，不断优化调整政策措施，提振消费需求，抓项目促投资，帮扶企业，促进经济快速恢复和持续向好。2023年上半年，成都平原经济区地区生产总值由 2022 年上半年的 16244.16 亿元增加至 17389.53 亿元，占全省比重稳超六成。其中，成都极核充分发挥主引擎作用，2023 年上半年经济总量突破万亿元，以 10705.49 亿元上榜中国 GDP 十强市，排名第七；经济区中的绵阳、德阳、乐山 GDP 达到千亿级，分别为 1775.50 亿元、1340.61 亿元、1108.18 亿元。经济区城乡居民人均可支配收入不断增加，城乡居民收入比缩小至 2.04：1。

2. 基础设施互联互通

成都市域铁路 S3 线已实现全部站点封顶、全线贯通，转入加快推进全线铺轨、机电安装等阶段，预计将于 2024 年通车运营。四川省 2022 年第三季度重大项目现场推进活动中，市域 S5 线眉山段宣布正式开工，市域 S11 线也于 2023 年 3 月正式启动建设。随着这些项目的不断推进、建成，资阳、眉山、德阳等地都将进入成都"1 小时通勤圈"，将有力推动成德眉资同城化发展。2022 年 10 月，成都铁路枢纽环线正式实现公交化运营，成都成为国内首个依托既有铁路枢纽环线实现公交化运营的城市，成都至经济区其他城市城际通勤班列增至 356 对，平均发车间隔缩短至 22 分钟。"环+射"的公交化开行方案，与干线铁路网、城市轨道交通网络形成有效良性互补。德遂高速全面建成通车，成都平原经济区又添一条新的高速通道。四川推动成雅、成温邛等高速扩容，新开工成都到峨眉高速等项目，提升五大经济区的联动能力。数字基础设施建设成效明显，5G 基站已实现乡镇及以上区域全覆盖，国家超级计算成都中心、成都智算中心建成投运，初步形成了"超算+智算+云计算"的数据中心一体化发展格局。

3. 现代产业协作共兴

经济区积极推进科技创新，以成都、绵阳及重庆为先行启动区的西部科学城于 2023 年 3 月正式进入实操阶段，成渝综合性科学中心加快建设；成都深化与清华大学等顶尖高校的合作交流，建成电子科大国际创新中心；中电科九所"宽频带同轴探针"等核心技术突破国外掣肘。经济区持续巩固优势领域，打造电子信息万亿级产业集群，启动建设成德高端能源装备集群，700 余家企业已实现产业配套；着力发展新兴领域，雅安大数据产业园成为全国首个"碳中和"绿色中心，资阳临空经济区内高仙机器人40万能级生产基地一期项目产业升级进行中。经济区推进物流、文体旅游等现代服务业集聚发展，加快建设西部金融中心，做强"大遗址""大熊猫"等旅游品牌，推进三星堆文化旅游发展区建设；设立"三百工程"专项资金，对服务业重大项目给予奖励补助。经济区以科技赋能农业，用自动水肥一体化灌溉系统为农作物准确提供营养，用智能监测系统实现全天候作物病虫害监测，做强现代种业。中国天府农业博览园于2022年9月正式开园，围绕川菜、川茶、川果等实施产业化项目，基本覆盖"10+3"现代农业产业体系。

4. 公共服务共建共享

教育方面，截至2022年11月底，成德眉资四市学校结对245对，其教育"八大共享平台"向全域拓展，成都、德阳、资阳针对高三年级学生实现"二诊"同步监测；四川音乐学院临空经济区校区在资阳建成开学，为资阳填补本科高等院校的空白；成德眉资雅乐阿职教联盟在标准共研、评估共测、平台共用等方面取得积极成效。医疗方面，突发公共卫生事件联防联控机制不断完善，成德眉资居民就医"一码通"基本实现，四市25家三甲医院检查检验结果互认达99项，超2万家定点医药机构开通异地就医结算；德阳20余家医疗机构与省人民医院、华西医院等展开深度合作；2023年7月，成都中医药大学附属医院德阳医院入选国家区域医疗中心项目，建成后将进一步提升区域医疗救治水平。社会保障方面，养老保险、失业保险实现成都平原经济区内无障碍转接，养老、工伤待遇领取资格可异地核查认证，截至2023年6月，各市办理认证逾4万人次；经济区率先探索医保长护险异地待遇保障试点；户籍登记实现标准化管理、迁移一站式办理。

5. 生态环境共保共治

成都平原经济区开展污染防治联防联控，设置"区域协同"章程，对大气污染防治政策制度、协作执法、资源共享等方面进行规定，签署了一系列协议。同时，通过科学技术手段开展成德眉资四市环境质量预报预警工作，持续实时共享相关信息，为预警应急响应、环境质量管理等提供科技支撑。2022年，成都平原经济区环境空气质量总优良率为85.1%，二氧化硫年均浓度八市均达国家一级标准。区域内河流水质持续改善，国考、省考断面水质全面达到优良标准。在居民供水端，城市、农村监测水样 31 项评价指标的合格率分别达到 97% 以上和 80% 以上。建立"1+5"国土空间规划体系，进一步明确各片区的空间发展规划，保护平原地区集中成片的现有优质耕地，全面加强对龙门山区的生态保护保育。土壤环境质量总体稳定，化肥农药使用量零增长行动目标顺利实现。

（二）经济区经济发展提升困境

虽然成都平原经济区经济高质量发展已经取得了一定成效，但仍然面临内部发展差距大、科技创新实力不强、一体化总体发展水平不高等制约。

1. 内部发展差距大

成都作为新一线城市，在全国的战略地位不断提升，对经济区经济实力提升起着重要的支撑作用。但长期以来"一城独大"的局面没有改变，且其辐射作用没有充分发挥出来，经济区内又缺乏副中心城市以弥补成都辐射之不足。2023 年上半年，成都 GDP 达 10705.49 亿元，占成都平原经济区GDP 的 61.6%，而排名最末位的雅安 GDP 仅为 423.29 亿元，占经济区经济总量的 2.4%，两者之间差距十分大。此外，仅有绵阳市 GDP 占比达经济区的 10.2%，其余城市占比均未超 10%，与成都相比均呈现较低水平的发展态势。同时，成都在电子信息、生物医药、金融服务等方面拥有绝对发展优势，对其他地区的人才、资本、资源有着强劲的吸引力，而其他七市的产业相对单一且发展动力不足，亟须进一步发挥成都极核的引领作用，优化发展结构，缩小发展差距。

2. 科技创新实力不强

在 2022 年中国城市科技创新发展指数排名中，成都居全国第 13 位，绵阳居第 47 位，但德阳、乐山、雅安、眉山、资阳分别居第 89 位、第 180位、第 196 位、第 258 位、第 262 位，区域整体科技创新实力较弱。成都R&D 投入强度为 3.52%，与一线城市北京（6.83%）、上海（4.44%）、深圳（5.49%）相比差距仍然较大。同时，经济区内的科技创新空间布局有待进一步优化。经济区内的科技创新资源主要集中于成都和绵阳两市，2021年两市的 R&D 经费内部支出占经济区的 85.3%，有效发明专利数占经济区的 80.4%，科学研究与技术服务从业人员数占经济区的 94.0%，其余六市缺乏高层次研发平台及高水平的科研团队。此外，关键核心技术"卡脖子"等现象仍然突出，需进一步提升基础研究能力，强化以工艺为核心的技术创新能力。

3. 一体化总体发展水平不高

虽然四川省已出台《成都平原经济区"十四五"一体化发展规划》《成德眉资同城化综合试验区总体方案》等文件，但其中所谋划的项目目前尚未取得实质性进展，且在实施一体化发展战略时，各市更加顾及自身发展战略，合力形成较难，延缓了经济区一体化高质量发展进程。体制机制方面，各市的利益共享和成本共担机制不健全，跨区域的考核体系未建立且反馈评估标准尚不完善，缺乏针对不同主体功能区的差异化考核制度。产业方面，产业同构与地方性保护仍然存在，表现为产业结构不协调、布局不合理，中心城市产业未能与周边城市产业有机融合、错位发展，未能真正形成"成链成群"的联动发展格局。行政壁垒阻碍了经济要素的充分、自由流通。

三 2024年成都平原经济区经济形势展望

目前，"一带一路"倡议，以及新时代西部大开发、成渝地区双城经济圈建设等一系列国家重大战略为成都平原经济区高质量发展注入了强劲动力。2024 年，成都平原经济区将继续保持经济稳定增长，不断提升经济发展质量。

（一）经济总量平稳增长

2023 年上半年，成都平原经济区 GDP 同比增长 5.5%，与四川省及全国平均水平持平，经济运行整体恢复向好，为 2023 年下半年及 2024 年继续保持经济高质量发展奠定了坚实基础。2024 年，经济区将充分发挥成都的引领辐射带动作用，加快推进内圈同城化、全域一体化进程，深入实施"四化同步、城乡融合、五区共兴"发展战略，充分释放内需潜力，发展特色产业和战略性新兴产业，提升数字化发展水平，经济区经济总量将保持平稳增长。

（二）经济结构不断优化

2023年上半年，经济区农业生产形势稳定，工业生产回升向好，服务业加快增长，高技术产业发展势头迅猛。2023年下半年及2024年，经济区将做好粮食、蔬菜等农产品保供稳价工作；在重点工程项目中，以工代赈促进农民工就业增收，建设成都平原"天府粮仓"核心区；支持联合打造千亿级无人机及产业集群、世界级清洁能源装备产业集群、世界级新型显示产业集群等，做强优势制造业；推动服务业数字化转型，推动5G、千兆光网等规模化部署，开展智慧商圈、智慧商店示范试点，培育电商直播基地，促进现代服务业提质升级，经济结构将不断优化。

（三）消费品市场回暖向好

2023年上半年，成都平原经济区实现社会消费品零售总额7847.1亿元，城乡市场均恢复有序，出行类和食品类商品保持较快增长，汽车类、石油及制品类消费发挥着"稳大盘"的作用，网购热度不减。2023年下半年及2024年，经济区将调整制约消费的过时政策，扩大新能源汽车、文化体育服务、教育医疗等消费。实施品质供给，加快打造国际消费目的地。实施消费新场景五年培育计划。健全县乡村三级物流体系，推进乡村客运"金通工程"、"天府交邮通"等。以青城山—都江堰、峨眉山—乐山大佛等为重点景区，加快推进世界级旅游景区的建设。2024年，经济区消费品市场将持续恢复向好，消费刺激经济增长的作用将进一步增强。

（四）数字经济加快布局

截至2022年底，成都平原经济区数字经济发展迅速，仅成都数字经济核心产业增加值就高达 2779.51 亿元，占全省比重为 64.3%。2023 年上半年，作为四川省最大的在建数据中心，云上天府云计算中心一期项目正式封顶。德阳广日股份数字化示范产业园开园，助推成都都市圈智能装备产业发展。成都技术运行中心投入使用，全链路智慧加持，为大运会数"智"化保驾护航。2023 年下半年及 2024 年，经济区将进一步实施国家"东数西算"等重点工程，推进数字基础设施建设，加快突破人工智能、大数据等关键技术，有序推进数据开发利用。2024 年，数字经济核心产业竞争力将不断增强，数字经济对经济区经济总量的贡献率将稳定提升。

四 推进成都平原经济区经济高质量发展的对策建议

成都平原经济区作为五大经济区之首，承载着带动四川全省经济转型提质、探索一体化发展新路、提升区域发展能级的重大使命，必须充分发挥成都的极核引领作用，强化其余七市的责任担当，深化一体化体制机制改革，协同发展经济区特色优势产业，构建创新共同体，打造绿色发展引领区。

（一）深化一体化体制机制改革

一是建立一体化协同机制。加强顶层设计，从全局谋一域，以一域服务全局，促进经济区各市空间规划、区域规划等的有效衔接。强化各市关于产业、人才、科技、财税等政策协同性，促进经济区内各类资源要素有序流动。统筹一体化发展的重大事宜，开展联合调研、督导、办公，推行重大决策联合听证、公示，并探索建立一体化发展评估指标体系。二是完善一体化市场监管机制。推进市场监管标准统一化、检验检测结果互认及监管数据共享，以实现智慧监管和综合监管。在知识产权、公平竞争等重点领域加快建立完善综合执法联动机制。三是创新一体化利益分配机制。支持开设一体化发展投资开发基金等投融资平台，拓宽重点项目融资渠道，逐步推行跨区域财政协同投入、税收征管，合理划分各行政区合作项目所产生的财税收入，形成共建共享的长效机制。四是搭建一体化要素交易平台。联通人力资源服务平台，畅通劳动力流动渠道。加快建设整体联动、部门协同的政务服务平台，提高政务服务质量和实效。推动建设知识产权评估平台，扩大知识产权跨区域交易市场。

（二）协同发展特色优势产业

一是促进产业集聚发展、协作配套。以四川天府新区为引领，共建成眉高新技术产业带，打造高新技术产业聚集地；以成都国际铁路港经济技术开发区为支撑，共建成德临港经济产业带，强化物流枢纽功能；以成都东部新区为支点，共建成资临空经济产业带，推进临空经济产业专业化分工体系形成。促进产业园区功能复合性转型，并开展"亩均论英雄"考核，鼓励集约化、特色化发展。推进联合招商引资，招引影响力大、创新能力强的企业，并根据布局引导其合理落地建设，推动产业聚链成群。二是培育先进制造业。主攻优势产业和战略性新兴产业，打造装备制造、电子信息万亿级产业集群，培育食品饮料、生物医药等千亿级产业集群。促进制造业数字化智能化转型，实施"上云用数赋智"行动，建设一批数字化车间及智能工厂。加快建设新一代人工智能创新发展试验区，发展智能经济，探索建设智能社会。三是壮大现代服务业。加快发展健康、养老、旅游等生活性服务业，推动其向品质化、多样化升级。加快建设成都、遂宁陆港型国家物流枢纽，大力发展科创金融、绿色金融和消费金融等，提升现代物流、科技服务等现代服务业发展水平。协同塑造行业服务典范与标杆，提升服务品牌核心竞争力。四是发展现代都市农业。促进农村一二三产业深度融合，建设成德眉资高效特色农业示范区，培育四川泡菜等产业集群，做强雅乐名优茶等产业带，携手推进川酒、川茶等高质量发展。强化现代农业科技和物质装备支撑，提升农机装备自主研制能力，创新推广服务方式，打造智慧农业。

（三）构建区域创新共同体

一是深化科技体制改革。支持企业与四川大学、电子科技大学等一流高校及科研院所合作，围绕网络安全、轨道交通等重点领域，布局建设实验室、研发机构和技术研究中心，推动建设科技智库联盟。按照能放尽放原则赋予科研人员更多人财物自主支配权，激活创新动力。推动扩大科技创新券跨市购买科技服务范围。二是促进科技成果转移转化。建设成德绵国家科技成果转移转化示范区，引进、培育示范企业，探索具有地方特色的科技成果转化机制和模式。依托"一带一路"建立科技创新合作区，承办2024年第七届电子技术国际会议等科技交流大会，促进国际科技成果转移转化。鼓励各创新联合体共同研发需求互通平台，组建天府实验室，建设成资协同创新中心、德阳科技成果转移转化中心等高水平研发机构及成果转化基地。三是攻关破解"卡脖子"难题。加快产学研融合，助力填补技术空白，聚焦航空航天、集成电路等领域开展共性技术协同攻关。深化多学科交叉创新，强化战略性、前沿性技术创新能力。四是强化人才资源共享。出台人才协同发展支持政策，打破地域、人事关系等限制，逐步推动经济区内高层次人才在职称、技能证书等方面互认。建立一体化人才保障服务标准，为符合条件的高端人才颁发"天府英才卡"，探索高端人才柔性流动机制。

（四）打造绿色发展引领区

一是塑造"三生"空间。构建"五区两山、一轴三带"的国土空间总体格局，优化生产生活生态空间，打造形态丰富的城市公园绿地体系。严格保护平原地区集中连片的优质耕地，全面加强对西部龙门山区的生态保护保育，建设沱江流域绿色发展示范带，提高经济区综合承载能力。二是生产生活方式绿色化。发展节能环保产业，以清洁能源代替传统能源，开发绿色产品，支持乐山打造以光伏全产业链为重点的"中国绿色硅谷"。推广新能源汽车，以电动公交车淘汰老旧车辆，加快布局合理、高效、稳定的充电基础设施体系。倡导生活方式绿色化，引导居民践行绿色消费，推行文明用餐，抵制餐饮浪费行为，鼓励居民使用地铁、自行车等交通工具绿色出行。三是打好蓝天、碧水、净土、青山"四大保卫战"。跨区域协调推进大气污染防治，加强城市大气质量达标管理；推进水污染防治，开展污水处理差别化精准提标；推进土壤污染防治，管控修复受污染耕地及建设用地；保护天然林资源，推进成都全国林业改革发展综合试点城市建设。系统治理山水林田湖草沙，协同实施生物多样性保护工程，建设生物多样性基地，提升生态系统稳定性。

B.8

2023~2024年川南经济区
经济形势分析与预测

龚勤林　乔　涛[*]

摘　要： 2023年上半年，川南经济区顶住经济下行压力，经济总量稳中有进，产业结构持续优化，工业经济逐步恢复，消费市场稳步回升，全社会固定资产投资增幅收窄，财政收支显著增长。2024年，川南经济区有望继续保持经济稳中有进的发展趋势，经济实力与工业经济稳步提升，产业结构持续优化，消费品市场回暖，四市之间以及四市内部的差距将进一步缩小。

关键词： 川南经济区　经济增长　区域协调

一　川南经济区发展现状

川南经济区包括自贡、泸州、内江、宜宾四市，共28个县（区），地处川渝滇黔接合部，区域面积达3.5万平方公里，占四川省总面积的7.3%，2022年末常住人口1532.1万人，占四川省总人口的18.3%。川南经济区定位为川渝滇黔接合部区域经济中心、现代产业创新发展示范区、四川南向开放重要门户、长江上游绿色发展示范区，肩负着提升区域发展能级，打造"全省第二经济增长极"的使命，是四川省积极响应"十四五"规划，以"四化同步、城乡融合、五区共兴"为总抓手，积极融入成渝地区双城经济

---

* 龚勤林，博士，四川大学经济学院副院长、教授、博导，主要研究方向为区域与城市经济、产业经济；乔涛，四川大学经济学院区域经济学硕士研究生。

圈建设,提升南向开放水平,助力"五区共兴"和"成渝地区中部崛起",支撑四川全省高质量发展的重要引擎。2023年上半年,川南经济区经济稳步向好。

(一)经济增长稳中有进

2023年上半年,川南经济区立足于自身的优势,推动落实"十四五"规划,经济增长总体处于稳中有进的良好发展态势。2023年上半年,川南四市实现GDP4401.09亿元,占四川省2023年上半年GDP的15.8%,同比增长5.5%,与四川省上半年GDP同比增速持平。川南经济区2023年上半年一二三产业增加值分别为429.04亿元、1913.62亿元、2058.43亿元,分别占全省的20.4%、18.9%、13.1%。在川南经济区四市中,宜宾市经济体量最大,为1571.2亿元,占川南经济区上半年GDP比重为35.7%,并且增长势头也最为强劲,增速为6.4%,高于四川省GDP增速0.9个百分点。川南地区经济体量排名第二的是泸州市,上半年GDP为1218.8亿元,但GDP增速仅为2.7%,为川南地区最低水平。另外,内江市和自贡市2023年上半年GDP分别为813.33亿元、797.76亿元,增速分别为5.6%和3.8%。其中,宜宾和内江的GDP增速均超过四川省总体水平(见表1)。

表1 2023年上半年川南经济区地区生产总值及增速

单位:亿元,%

地 区	生产总值	增速	一产增加值	二产增加值	三产增加值
自 贡	797.76	3.8	77.42	304.19	416.15
泸 州	1218.80	2.7	95.8	572.30	550.7
内 江	813.33	5.6	102.95	278.23	432.15
宜 宾	1571.20	6.4	152.87	758.90	659.43
川 南	4401.09	5.5	429.04	1913.62	2058.43
四川省	27901.01	5.5	2105.16	10109.06	15686.79

资料来源:四川省统计局网站、川南四市统计局网站。如无特殊说明,本章图表资料来源均为此,不再赘述。

（二）产业结构持续优化

2023 年上半年，川南经济区三次产业结构进一步调整为 9.7∶43.5∶46.8。按产业类型来分，第一产业占比有所波动，自 2020 年后开始稳步下降，2023 年上半年降为 9.7%；第二产业整体呈现占比下降的趋势，至 2023 年上半年达到 43.5%；第三产业占比 2016 年以来总体稳步提升，至 2023 年上半年达到 46.8%，成为三次产业中增加值占比最高的产业（见图 1）。可见，近年来，川南经济区的产业结构优化整体来说取得了较为显著的成效，但相较于全省水平（7.5∶36.2∶56.3）仍存在差距，还有进一步发展的空间。

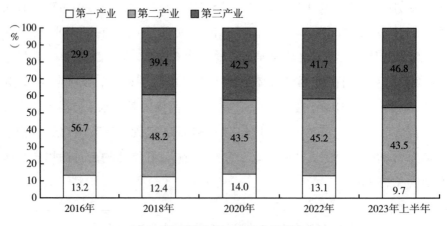

图 1　川南经济区三次产业结构变化

（三）工业经济企暖回升

川南经济区作为四川省重要的工业基地，近年来也在积极寻求改革创新，促进工业转型发展，优化工业结构。分市来看，自贡市 2023 年上半年工业生产稳步恢复，规模以上工业增加值同比下降 2.3%，5 个大类行业中有 14 个细分行业增加值保持增长；泸州市 2023 年上半年全市规模以上工业增加值同比下降 4.2%，为川南经济区增速最低水平；内江市 2023 年上半年全市规模以上工业增加值同比增长 2.5%，增速提高 1.9 个百分点，34 个工业大类行业中有 21 个行业增加值实现增长，其中化学原料和化学制品制造业增长 79.9%，医药制造业增长 35.1%；宜宾市 2023 年上半年工业积极向好，全市规模以上工业增加值同比增长 9.8%，增速提高 4.4 个百分点，继续位居川南经济区增速第一（见图 2）。从主要工业产品分类产量来看，发电量同比下降 19.3%，天然气产量下降 17.9%，汽车产量增长 161.6%，电子计算机整机产量增长 57.8%，移动通信手持机（手机）行业产量增长 19.1%。

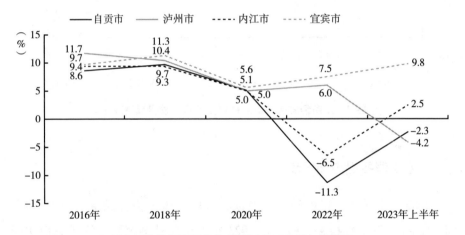

图 2　川南经济区各市规模以上工业增加值增速

（四）全社会固定资产投资增幅收窄

2023 年上半年，四川省全社会固定资产投资增速为 3.3%，相较于 2022 年同期下降 3.8 个百分点，川南经济区整体增速高于全省平均水平。近年来，川南经济区整体全社会固定资产投资增速变化趋势与全省水平相似，呈现下降趋势。在川南经济区内部，自贡市 2023 年上半年固定资产投资降幅持续收窄，同比下降 2%，分产业看，第一产业固定资产投资额同比增长 150.9%，第二产业固定资产投资额同比增长 50.9%，第三产业固定资产投资额同比下降 6.1%；泸州市上半年全市全社会固定资产投资同比增长

3.4%；内江市上半年固定资产投资出现较快增长，同比增长 6.5%；宜宾市固定资产投资呈现小幅增长，上半年全市全社会固定资产投资同比增长0.8%（见图3）。

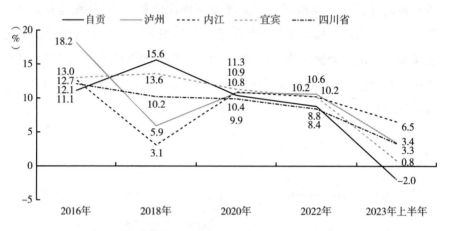

图3 川南经济区各市全社会固定资产投资增速变化

（五）消费品市场稳步提升

2023 年上半年，川南经济区消费品市场总体平稳且保持小幅度增长，同比增速与 2022 年持平。四川省 2023 年上半年社会消费品零售总额实现12639.3 亿元，同比增长 7.6%，相较于 2022 年，增速提升 7.7 个百分点。川南经济区 2023 年上半年实现总额 1827.49 亿元，增速与 2022 年持平，为1.1%。川南经济区内部，自贡市消费市场逐步恢复，2023 年上半年全市实现社会消费品零售总额 346.49 亿元，同比下降 0.9%，为川南四市中唯一同比增速为负的地区；泸州市社会消费品零售总额完成 579.10 亿元，同比增长 0.4%；内江市消费品市场持续向好，上半年全市实现社会消费品零售总额 310.86 亿元，同比增长 5.8%；宜宾市消费市场保持稳定，上半年全市社会消费品零售总额 591.04 亿元，同比增长 0.7%（见表2）。川南经济区2023 上半年消费市场总体稳步提升，但相较于四川省整体水平仍存在较大差距，具有一定的发展空间。

表 2　2022 年及 2023 年上半年川南经济区社会消费品零售总额及增速

单位: 亿元，%

地　区	2022 年		2023 上半年	
	总额	同比增速	总额	同比增速
自　贡	712.14	3.1	346.49	-0.9
泸　州	1244.40	3.3	579.10	0.4
内　江	641.81	-2.8	310.86	5.8
宜　宾	1210.00	0	591.04	0.7
川　南	3808.35	1.1	1827.49	1.1
四川省	24104.60	-0.1	12639.30	7.6

资料来源: 四川省统计局网站、川南经济区四市统计局网站。

（六）财政收支显著增长

2023 年上半年，川南经济区财政收支有显著增长。四市地方一般公共财政预算收入共计 429.13 亿元，同比增长 28.8%；地方一般公共财政预算支出共计 960.23 亿元，同比增长 17.5%。具体来看，自贡市上半年全市地方一般公共预算收入完成 41.63 亿元，同口径增长 10.4%，全市一般公共预算支出实现 154.64 亿元，增长 21.5%。泸州市上半年全市地方一般公共预算收入完成 126.7 亿元，同口径增长 9.2%，其中税收收入 70.7 亿元，同口径增长 6.2%；一般公共预算支出 287.3 亿元，同比增长 13.6%。内江市上半年全市地方一般公共预算收入完成 50.32 亿元，同口径增长 9.4%，一般公共预算支出实现 155.64 亿元，增长 25.6%。宜宾市财政总体运行良好，2023 年上半年全市地方一般公共预算收入达到 210.48 亿元，同口径增长 25.4%，其中税收性收入 105.91 亿元，增长 19.4%；一般公共预算支出 362.65 亿元，增长 15.6%（见表 3）。

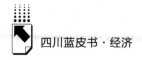

表3　2023年上半年川南经济区财政预算收支情况

单位：亿元，%

地　区	预算收入	同比增速	预算支出	同比增速
自　贡	41.63	10.4	154.64	21.5
泸　州	126.70	9.2	287.30	13.6
内　江	50.32	9.4	155.64	25.6
宜　宾	210.48	25.4	362.65	15.6
川　南	429.13	28.8	960.23	17.5
四川省	3012.57	7.2	6740.26	9.2

二　2024年川南经济区发展面临的机遇和挑战

当今世界正经历百年未有之大变局，国际竞争格局深刻变化。我国在注重自身发展、内部经济循环的同时积极寻求开放合作，制定了一系列战略及政策。川南经济区作为四川省第二大增长极，对于成渝地区双城经济圈建设具有重大意义。机遇与挑战并存。把握机遇，做好准备迎接挑战，对于川南经济区内部发展与外部协同具有重大意义。

（一）川南经济区发展面临的机遇

1. 国家战略与政策目标为川南经济区发展指明方向

近年来，国家推进共建"一带一路"、助力长江经济带发展、推进新时代西部大开发形成新格局、加快西部陆海新通道建设等，有利于川南经济区充分发挥自身区位优势，积极寻求开放合作，大力发展外向型经济，打造全方位开放新动能。国家加快构建以国内大循环为主体、国内国际双循环相互促进的新发展格局，进一步推动创新环境发展、制度建设与完善，畅通生产、分配、流通、消费各环节，加快川南经济区内部循环流转和关联配套产业协同合作。加快推动成渝地区双城经济圈建设，有利于川南经济区内部各区域间及区域内部深化分工协作和功能互补，利用自身资源要素优势，拓展发展空间，提升自身发展水平与周边服务能力。

2. 成渝地区双城经济圈助力川南经济区快速发展

2011年，国务院批复实施《成渝经济区区域规划》，要求成渝经济区建设成为西部地区重要的经济中心；2016年，国家发改委印发《成渝城市群发展规划》，提出到2020年成渝城市群要基本建成经济充满活力、生活品质优良、生态环境优美的国家级城市群；2020年，成渝地区双城经济圈建设上升为国家战略，为助力成渝地区双城经济圈宜居性城市建设，中央和地方出台大量相关的具体措施，在金融、科技、财政、土地、人才、政府服务等方面给予极大的便利。川南经济区作为四川省第二大经济增长极，且地处成渝地区发展中轴，能够更好地发挥针对成渝双城的产业承接及产业间协同配套的功能，且川南经济区自身具有要素成本低、区位条件好、产业基础好等优势，对于转移企业有较大吸引力。

3. 川南经济区四市一体化发展各有优势

近年来，川南经济区积极融入成渝地区双城经济圈建设，一体化发展取得显著成果，经济发展也保持稳中有进，与成都平原经济区经济差距明显缩小。川南四市各有优势，自贡作为成渝中轴线上的重要节点城市，主动对接成渝"双核"，聚焦打造成渝区域性综合交通枢纽，目前已基本形成内自半小时通勤圈、川南半小时通达圈和成渝双核1小时联动网。泸州市正着力提升城市能级和核心竞争力，充分发挥自身优势，进一步推进自身优势产业发展。内江正加快建设成渝发展主轴产业强市和区域物流枢纽。宜宾正聚焦数字经济、绿色新能源，加快构建具有宜宾特色、助推川南发展、服务全省大局的现代化产业体系，全力推进筑城聚人，全力打造开放高地，助力川南经济区内联外畅取得新突破①。未来，川南四市需要继续把握自身优势，积极协同，共同推动川南经济区一体化发展。

---

① 付丹丹：《川南经济区：协同发展　打造全省经济增长第二极》，https：//kscgc.sctv-tf.com/sctv/h5/v6/newsShare.html？spm＝0.0.0.0.sSEyLS&id＝2867507，2023年5月10日。

（二）川南经济区发展面临的挑战

1. 区域间及区域内差距依旧明显

近年来，川南经济区虽发展趋势总体稳中向好，但受区位条件、资源禀赋、产业基础等差异影响，省内区域间差距仍然明显，川南经济区经济增速与川东北经济区共处四川省五大经济区最低水平。川南经济区作为全省第二大经济增长极，其经济体量仅为第一大增长极成都平原经济区的26.6%。区域内部发展亦不均衡，川南经济区内部各市之间GDP增速最大差距达到3.7个百分点，其中川南经济区中的泸州、自贡GDP增速分别低于川南地区平均水平2.8个、1.7个百分点。川南经济区经济体量最大的城市是宜宾，宜宾的GDP为经济体量最小的内江的1.93倍，而在宜宾市内，经济先发区翠屏区是乌蒙山区深度欠发达地区屏山县的11.5倍。① 进一步缩小区域间及区域内的经济差距仍是川南经济区未来发展的重点。

2. 经济发展与资源环境冲突日益显著

2023年上半年，川南经济区工业增加值占GDP的比重达到34.8%，但工业经济的大体量与高增长带来的环境问题也日益严峻。川南四市近年来一直积极采取相应环境规制措施，以推进节能减排，生态环境共治也取得一定成效，但川南经济区的工业化与城镇化发展使得其大气污染物排放量整体呈现上升趋势，且空气质量低于全省平均水平。2021年川南四市的空气质量优良率相较2020年整体下降，且下降幅度均高于全省平均水平。川南经济区作为长江经济带上游生态屏障区，资源环境约束力度大，平衡好经济发展与生态环境之间的关系，成为川南经济区未来发展的一项重大挑战。

3. 消费市场动力不足

2023年上半年，川南经济区消费市场总体稳步提升，但相较于四川省

---

① 张杰、江娅、林雪：《川南经济区如何一体化发展？》，《四川省情》2023年第4期。

整体水平仍存在较大差距。上半年社会消费品零售总额同比增长1.1%，增速低于全省平均水平6.5个百分点，四市内部增速最大差距达到6.7个百分点，总额最高值宜宾为总额最低值内江的1.9倍，其中自贡上半年增速为-0.9%，为四市最低水平。可见，川南经济区消费市场受经济下行影响较大，处于全省五大经济区较低水平。如何刺激川南经济区消费品市场，提升市场活力，又是一大挑战。

三 2024年川南经济区经济形势预测

2023年川南经济区经济总体回暖。2023年上半年，川南四市实现GDP4401.09亿元，占四川省GDP的15.8%，同比增长5.5%，与四川省GDP同比增速持平。预计2024年川南经济区经济总量将保持稳中有进的发展趋势。

（一）经济实力进一步提升

2023年上半年，在经济下行压力下，川南经济区经济仍呈现稳中有进的良好发展态势，川南四市均实现正增长，其中宜宾和内江的GDP增速均超过四川省总体水平。川南经济区抓住发展机遇，加快推动转型升级，打造经济高质量增长基础。预计2024年川南经济区的经济总量将继续保持增长，并且增速会有小幅度提升，仍将处于全省领先地位，经济仍有望保持稳中有进的发展趋势。

（二）产业结构进一步优化

2023年上半年，川南经济区产业结构进一步调整为9.7∶43.5∶46.8。近年来，川南经济区产业结构持续向好，优化成效显著，但相较于全省平均水平仍有差距，具体体现为第二、第三产业比重较高。预计2024年，伴随川南经济区产业结构转型升级进程加快，第三产业占比将进一步提升，第二产业占比将有所下降。川南经济区将继续把握自身产业优势，推动创新链与产业链深度融合，完善食品饮料、装备制造、新材料、电子信息等一批优势产业集群，区域产业竞争力和影响力进一步提升①。

（三）工业经济稳定回升

2023年上半年，川南经济区工业经济企暖回升，除泸州外，内自宜三市工业经济增速均有不同程度回升。由于"十四五"期间四川工业经济发展需要进一步向绿色、低碳转型，短时期内川南四市将面临产业转型的阵痛期。但从长期看，工业经济附加值会因为产业转型升级而有一定程度的提升，进而实现工业经济增速不断回升。

（四）消费品市场持续回暖

2023年上半年，川南经济区消费品市场总体平稳且保持小幅度增长，同比增速与2022年持平，且低于全省平均水平6.5个百分点。预计2024年川南经济区消费品市场将持续回暖，川南四市都将实现同比增速为正且有明显提升。随着经济总量提升，居民收入增加，消费意愿增强，有效需求提升，消费对于经济的支撑力将进一步增强。

（五）区域内及区域间差距缩小

近年来，川南经济区内部在基础设施、医疗保健、产业关联等方面的互通协作取得了显著成效，一体化程度不断提高。目前，四川省积极支持宜宾—泸州组团建设川南省域经济副中心，推动内江加快建设为成渝地区区域物流枢纽，全力将宜宾打造成为川南开放高地，支持自贡打造成渝区域性综合交通枢纽。2023年上半年，川南经济区经济体量与全省差距较2022年上半年有所缩小，且川南四市间差距也在缩小。预计2024年，川南经济区经济体量整体提升，占全省比例增大，区域间及区域内部差距以及城乡差距将会进一步缩小。

---

① 四川省政府办公厅：《川南经济区"十四五"一体化发展规划》，https://www.sc.gov.cn/10462/csqygh/2021/6/9/94edb409642b471c94195c038902d057.shtml，2021年6月9日。

四　对策建议

（一）深化区间合作，强化区内协同

作为全省第二大增长极、向南开放的重要门户，川南经济区需全方位深化区间合作，推进川滇黔接合部城市合作，助力打造我国西南地区经济增长极。同时，加强与国内其他重点区域协同，积极寻求开放合作，主动对接长三角一体化发展、京津冀协同发展；积极与川内另外四大经济区协同，统筹产业布局，协调互通基础设施、公共服务等，实现合作共赢。

（二）坚持绿色发展，推进环境治理

川南经济区是四川省重要的工业基地，工业发展不可避免地带来资源环境问题。近年来经济区积极进行产业转型升级、推进绿色发展并取得一定成效。2024年，川南经济区应当协同加强生态文明建设，继续践行绿水青山就是金山银山的理念，严格进行生态空间管控，继续推进产业绿色转型。同时，进行区域间及区域内合作，联合推进环境治理，强化大气污染综合防治，筑牢长江上游生态保护屏障，践行绿色发展理念。

（三）增强民生保障，完善公共服务

川南经济区应当坚持以人民为中心，增强民生保障与完善公共服务，以提升人民群众的生活幸福感与安全感，进而刺激消费市场，促进经济回暖。加强公共服务互联互通协同共享，便利人民生活。积极寻求区域间及区域内合作，创造良好的创业就业环境，积极打造就业服务信息平台、加大劳动保障监察力度；同时加强区域安全治理，完善社会安全治理体系。

（四）坚持创新发展，驱动经济增长

以创新提高川南经济区各方面的可能性与多样性，进而满足居民多样化

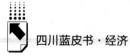

生活需求，形成多元化发展趋势。积极推动政产学研、企业之间、地区之间的创新合作，着力打造创新高地。把握数字经济时代，深入推进数字化改革。积极进行制度创新，倡导全民治理、共治共享，打造"政府引导""民众自治"的社会治理氛围，提升民众的幸福感以及归属感。

B.9

2023~2024年川东北经济区
经济形势分析与预测

摘 要： 2023年上半年，川东北经济区经济运行进入疫情后恢复时期，总体表现平稳，但经济增长动力不足，具体体现为投资增长乏力、消费面临约束。面对内外部发展环境的诸多不确定性，2023年下半年及2024年，经济区内各地方政府应积极推进内需空间拓展、市场主体预期以及消费者信心恢复工作，研究制定更为精准的政策以服务民营经济和增加居民收入，从而增强市场主体预期和提振居民消费信心。预计2023年全年以及2024年川东北经济区GDP增速分别为4.9%和4.7%。

关键词： 川东北经济区 区域经济 区域协调

2023年川东北经济区经济运行进入恢复时期。2023年上半年地区产业增长较为平稳，投资增速逐渐恢复，但市场价格低位运行，工业增长预期不稳，居民收入水平提升缓慢，显示地区经济增长仍然存在动力不足问题。实际上，经济增速放缓和市场走向不确定是国内外当前经济运行面临的普遍状态。面对经济领域多年未见的困难和挑战，2023年下半年及2024年，川东北经济区面临的一项重要工作就是稳定市场主体预期以及提振市场主体信心。

---

* 曹瑛，经济学博士，四川省社会科学院区域经济研究所副研究员，主要研究方向为区域经济理论与实践。

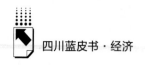

一 2023年上半年川东北经济区经济运行总体情况

2023年上半年川东北经济区经济产出增速落后于全省均值，居民消费价格低位运行，区内城乡居民收入增长乏力，但经济增长动力正在逐步开始恢复。

（一）地区经济总体运行状态

1.地区经济产出增长情况

表1数据显示，川东北经济区2023年上半年地区生产总值为4065.1亿元，同比增长4.7%，低于四川省和全国的5.5%同比增速0.8个百分点。三次产业增加值增速仅第一产业高于四川省0.5个百分点和高于全国0.8个百分点，第二产业和第三产业增加值增速皆落后于四川省和全国水平，其中第二产业增加值增速落后0.7个和1.4个百分点，第三产业增加值增速落后1.0个和0.4个百分点（见表1）。

表1 川东北经济区2023年上半年GDP及三次产业增加值及增速

单位：亿元，%

地区	GDP		第一产业		第二产业		第三产业	
	绝对值	同比增速	绝对值	同比增速	绝对值	同比增速	绝对值	同比增速
全 国	593034.0	5.5	30416.0	3.7	230682.0	4.3	331937.0	6.4
四 川	27901.0	5.5	2105.2	4.0	10109.1	3.6	15686.8	7.0
川东北	4065.1	4.7	585.1	4.5	1447.7	2.9	2032.3	6.0
广 元	549.1	5.3	87.4	4.1	214.9	4.0	246.8	4.6
南 充	1264.1	4.3	173.3	4.8	455.1	0.9	635.7	6.5
广 安	670.5	5.0	83.6	4.6	248.6	4.2	338.3	5.7
达 州	1180.9	5.6	162.9	4.6	413.3	3.4	604.6	7.3
巴 中	400.5	4.5	77.9	4.2	115.8	4.0	206.8	3.0

资料来源：四川省及川东北经济区五市统计局网站。本表中川东北经济区GDP和三次产业增加值均为现价，是广元市、南充市、广安市、达州市和巴中市的加总；川东北经济区GDP同比增速源于四川省统计局网站，三次产业同比增速为作者基于2022年上半年价格测算所得。

　　川东北经济区五市地区生产总值2023年上半年增速仅达州市高于全省和全国0.1个百分点。第二产业增加值增速虽有广元、广安和巴中高于全省均值3.6%，但仍低于全国4.3%的增速，尤其是川东北工业重镇南充，2023年上半年仅实现0.9%的增长，显然是川东北经济区第二产业增加值增速滞后的主要因素。第三产业增加值增速方面，仅有达州市高于全省和全国0.3个和0.9个百分点，南充市高于全国0.1个百分点，但仍落后于全省0.5个百分点。

　　上述2023年上半年的产业数据，结合表2所显示的2017~2022年年度GDP增速，显示川东北经济区及五市仍处于经济恢复时期，但恢复情况不及全省平均水平。

表2　2017~2022年川东北经济区及各市GDP指数（上年=100）

年份	地区						
	广元	南充	广安	达州	巴中	川东北经济区	四川
2017	108.1	108.6	108.2	108.3	108.1	108.3	108.1
2018	108.3	109.0	108.0	108.3	108.1	108.4	108.0
2019	107.5	108.0	107.5	107.9	106.0	107.6	107.4
2020	104.2	103.8	103.6	104.1	102.5	103.8	103.8
2021	108.2	107.8	108.1	108.3	103.3	107.6	108.2
2022	100.3	101.3	100.3	103.5	101.3	101.6	102.9

资料来源：《四川统计年鉴2021》及川东北经济区五市2022年经济社会发展统计公报。本表内川东北经济区增长指数根据2022年价格的五市地区生产总值加总后测算所得。

　　表2数据显示，2017~2019年川东北经济区地区生产总值尚能取得高于全省均值的增速，2020年之后，川东北经济区及五市进入了低于全省均值的增长时期，经济恢复速度显然不及全省平均水平。

2.居民消费价格运行态势

　　居民消费价格指数指标（CPI）方面，川东北经济区各市之中仅达州市有月度数据公开。作为川东北经济区的经济和人口大市，其价格走势在一定程度上可以反映地区整体情况，基于此，本文以达州市月度 CPI 与四川省和全国走势进行对比观察。图 1 和图 2 分别是达州市、四川省和全国 2023 年前 8 个月 CPI 的环比和同比增速走势。

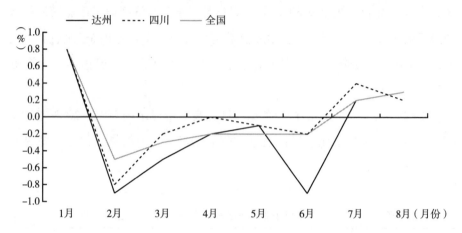

图 1　达州市 2023 年 1~8 月 CPI 环比增速与四川省和全国的对比

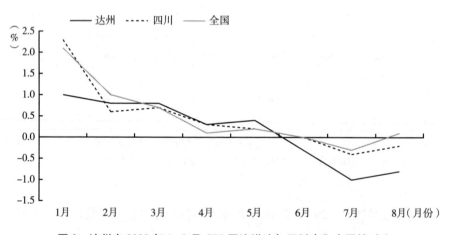

图 2　达州市 2023 年 1~8 月 CPI 同比增速与四川省和全国的对比

数据来源：达州市 CPI 数据源于达州市政府网站公开数据并经整理汇总所得；四川省 CPI 数据源于四川省统计局网站；全国 CPI 数据源于国家统计局网站。

图 1 中 CPI 环比走势显示，达州市 2023 年上半年除 1 月之外其他月份全部负增长，进入 7 月后方转为正增长，1~8 月的整体走势与四川省

和全国类似。图 2 同比走势显示达州市与四川省和全国走势也基本一致，即 2023 年上半年月度 CPI 同比增速都处于持续下跌状态之中，并于 6 月份跌破横轴转为负增长，在进入 7 月到达年内谷底之后，8 月有所回升，但只有全国的月度同比 CPI 转为正增长，达州市和四川省仍在横轴之下。综合观察上述走势，预估达州市 CPI 三季度转入正值区间的概率较大。

3.城乡居民收入增长情况

表 3 数据显示，川东北经济区各市（南充市数据空缺）2023 年上半年城乡居民人均可支配收入均低于全省和全国均值。增速方面，除广安的城镇居民人均可支配收入、广元和达州的农村居民人均可支配收入增速略高于全省增速 0.2 个和 0.3 个百分点，其他全部低于全省和全国平均增速。

表 3 川东北经济区 2023 年上半年城乡居民人均可支配收入及其增速

单位：元，%

地区	城镇居民人均可支配收入		农村居民人均可支配收入	
	绝对值	增速	绝对值	增速
广 元	20905	3.9	7838	7.4
广 安	22518	4.4	10070	6.9
达 州	21545	3.0	9990	7.4
巴 中	20221	4.1	7206	6.0
四 川	23237	4.2	10683	7.1
全 国	26357	5.4	10551	7.8

资料来源：广元市、广安市、达州市和巴中市数据来源于各市统计局网站，四川省数据来源于四川省统计局网站，全国数据来源于国家统计局网站。南充市城乡居民收入数据未公开发布。

另外，川东北经济区各市（南充市空缺）城镇居民人均可支配收入增速均低于同期 GDP 同比增速，而农村居民人均可支配收入增速则均高于同期 GDP 同比增速。用于对比的各市 GDP 增速参见表 1。

（二）经济增长动能

2023 年上半年川东北经济区五市全社会固定资产投资逐渐恢复，消费保持中速增长，规模以上工业走出一季度增长低谷，地区经济增长动能向好发展。

1. 投资与消费：投资逐渐恢复，消费继续增长

投资方面，2023 年上半年在全省和全国投资增速都较一季度放缓的背景下，川东北经济区各市投资增速总体上展现逐渐恢复的态势，其中巴中市降幅收窄，广安市由负转正，南充市提升 2.2 个百分点，广元市和达州市则出现放缓迹象（见表 4）。

表 4 川东北经济区五市 2023 年一季度和上半年投资与消费增速

单位：%

地区	全社会固定资产投资增速		社会消费品零售总额增速	
	一季度	上半年	一季度	上半年
广　元	4.9	0.3	0.8	1.5
南　充	4.0	6.2	5.1	9.5
广　安	-3.4	0.5	7.6	10.4
达　州	7.1	3.5	8.6	11.3
巴　中	-6.6	-5.0	5.2	7.7
四　川	4.2	3.3	4.3	7.6
全　国	5.1	3.8	5.8	8.2

资料来源：四川省及川东北经济区五市统计局网站。

投资增速放缓在很大程度上源于房地产开发投资的低迷状态。2023 年上半年，川东北各市（达州市房地产数据未公开发布）房地产开发投资均为负增长，其中广元同比陡降 45.8%，南充下滑 11.2%，广安市下跌 10.2%，巴中市降为-7.3%。总体而言，投资下降程度除广元市外，多数较同期全省的-19.0%略窄[1]。

---

[1] 数据来自广元市、南充市、广安市和巴中市统计局网站及四川省统计局网站。

消费方面，2023年上半年，川东北经济区内各市消费市场逐渐恢复，对GDP增长贡献持续提升。南充、广安、达州上半年消费市场同比增速高于全省和全国，其中达州和广安取得两位数增长，分别高出全省增速3.7个和2.8个百分点，南充以9.5%的增速高出全省平均增速1.9个百分点。

2.规上工业运行：由负转正，逐渐走出低谷

2023年上半年，川东北经济区各市规模以上工业产出表现不佳，但相比一季度的两位数负值已大有改观。其中，表现最为突出的是南充市和巴中市，规上工业增加值增速分别由-35.6%和-33%收窄至-2.8%和-3.0%，广安市和广元市则由-15.5%和-10.7%转正至4.7%和3.0%，达州市也由-6.0%转正至0.2%（见表5）。

表5　川东北经济区五市2023年一季度和上半年规上工业企业增加值增速

单位：%

地　区	一季度	上半年
广　元	-10.7	3.0
南　充	-35.6	-2.8
广　安	-15.5	4.7
达　州	-6.0	0.2
巴　中	-33.0	-3.0
四　川	0.4	4.3
全　国	3.0	3.8

资料来源：四川省及川东北经济区各市统计局网站。

总体来看，作为体现地区经济运行活跃与否的重要部门，川东北经济区各市规模以上工业企业增加值由一季度的全部下降转为上半年的降幅收窄乃至转正，或预示着川东北经济区工业生产正逐渐走出萎靡状态。

二　经济运行中的问题归因

总体上看，川东北经济区2023年上半年经济运行仍处于恢复期，但整

体恢复程度落后于全省均值，特别是在全社会固定资产投资、规模以上工业产出以及城乡居民人均可支配收入等重要指标方面。其原因，或可从经济增长动力和未来发展预期两个方面进行探究分析。

（一）经济增长动力恢复不足

川东北经济区增长动力不足问题，首先是投资动力下降。2023年上半年五市全社会固定资产投资增速全部位于10%以下的情形（见表4），属多年来首次出现。比较2020年至2023年上半年各市投资增速数据①，投资增速低于10%的情形仅出现在部分地区，如2020年川东北除巴中4.6%和广安8%外，其他市都实现了10%的投资增速；2021年则仅巴中下降18.7%，其他市都取得10%以上的增速；2022年增速则是广安1.2%，广元和巴中均为7.1%，南充和达州仍为10%以上；而2023年上半年增速全部降到10%以下，最高的南充仅实现6.2%的增长。综合来看，投资增速在2023年上半年呈低迷状态，市场动力不足是主要原因。

相比投资，经济增长的另一关键动力是消费，2023年上半年在增速指标上已开始有所恢复。尽管如此，制约因素和隐忧仍在，如消费理性趋强、消费意愿和消费能力趋弱等。如表6川东北各市2019年至2023年上半年城镇居民人均可支配收入增速对比，显示新冠疫情之后增速出现明显下滑。实际上，在2019年之前，川东北经济区城镇居民人均可支配收入增速多年维持在9%上下，而2023年上半年仅在4%上下浮动。单一时间点的收入下滑影响有限，但如果下滑形成趋势，则可能对居民未来收入预期产生无形压制，进而对居民当下消费信心造成严重打击。

川东北经济区各市的农村居民人均可支配收入增速近年来呈现类似趋势，参见表7所示。

---

① 全社会固定资产投资数据源于川东北经济区各市统计局网站。

表6 2019~2023 年上半年川东北经济区各市城镇居民人均可支配收入增速

单位：%

地 区	2019 年	2020 年	2021 年	2022 年	2023 年上半年
广 元	9.4	6.7	9.1	4.3	3.9
南 充	9.5	6.8	8.9	4.7	—
广 安	8.8	5.7	8.5	4.3	4.4
达 州	9.5	6.4	9.0	5.0	3.0
巴 中	9.2	6.4	8.8	4.6	4.1
四 川	8.8	5.8	8.3	4.3	4.2

资料来源：四川省及川东北经济区 5 市统计局网站。其中，南充市欠缺 2023 年上半年数据。

表7 2019~2023 年上半年川东北经济区各市农村居民人均可支配收入增速

单位：%

地 区	2019 年	2020 年	2021 年	2022 年	2023 年上半年
广 元	10.7	9.4	10.8	6.0	7.4
南 充	10.6	9.3	11.0	6.7	—
广 安	10.1	8.6	10.5	6.1	6.9
达 州	10.3	8.8	10.4	6.8	7.4
巴 中	10.2	9.0	10.6	6.3	6.0
全 省	10.0	8.6	10.3	6.2	7.1

资料来源：四川省及川东北经济区五市统计局网站。其中，南充市欠缺 2023 年上半年数据。

　　总体而言，尽管城乡收入不断增长，但收入增速仍未恢复至疫情前水平，加上全省范围内经济增速自"2021 年上半年以来逐季下滑[①]"，城乡居民审慎储蓄倾向趋强，理性消费现象增多，如此情景的出现是有其合理性和必然性的。且心理预期一旦形成，则可能需要较长时间来平复修正，而作为经济增长的基础动力之一——消费，其恢复也必然需要一定的时间。

[①] 四川省统计局：《四川省统计局新闻发言人就 2023 年上半年四川经济形势答记者问》，http://tjj.sc.gov.cn/scstjj/c106378/2023/7/20/5078658c22324984abb957ad06d84b4d.shtml，2023 年 07 月 20 日。

（二）未来发展预期尚需提升

未来发展预期不稳和信心不足主要体现在企业和消费者两个层面。企业信心和预期方面。中国制造业采购经理指数（PMI）在2023年8月为49.7%，位于荣枯线下方。该指标自2023年4月跌入50.0%之后缓慢上行，但至今仍未向上冲破荣枯线。非制造业商务活动指数则自2023年3月的58.2%高点下降至8月的51.0%。综合产出PMI指数自2023年1月开始一直位于荣枯线上方，2023年8月为51.3%，继续保持在扩张区间，表明我国企业生产经营活动总体稳定扩张①。就四川省内相关指标的表现而言，2023年6月全省综合PMI在年内首次低于荣枯线，制造业PMI连续3个月在荣枯线以下，非制造业商务活动指数连续3个月回落②。总体而言，国内和四川省制造业和非制造业企业信心，当前仍然如PMI指标显示的那样，在荣枯线上下徘徊，一定程度上表明企业对未来发展预期的不确定。

消费者预期和信心方面。全国消费者信心调查显示，自2022年4月开始中国消费者信心指数就处于低位运行状态，最新数据为2023年4月的87.1③，远低于2017~2021年持续位于100以上水平。其原因，前述如川东北经济区各市城乡居民人均可支配收入增速持续下降或可解释。

价格是市场供需两方面相对变化的结果，信心不足也反映在市场价格变动上。投资和消费增速下降，出口增速受限于世界经济减速，国内整体处于内需不足状态。在此背景下，居民消费价格指数CPI能够更多地反映实体需

---

① 国家统计局：《2023年8月中国采购经理指数运行情况》，http://www.stats.gov.cn/sj/zxfb/202308/t20230831_1942429.html，2023年8月31日。

② 四川省统计局：《四川省统计局新闻发言人就2023年上半年四川经济形势答记者问》，http://tjj.sc.gov.cn/scstjj/c106378/2023/7/20/5078658c22324984abb957ad06d84b4d.shtml，2023年7月20日。

③ 中经网：《消费者信心指数（2023年4月）》，https://www.cei.cn/defaultsite/s/article/2023/08/09/4b4ff607-89cef64c-0189-d906a1a7-1ab7_home.html?referCode=hgzsxf&columnId=4028c7ca-37115425-0137-115646c5-00ec，2023年8月9日。

求发生的边际变化——低位运行即信心不足的间接反映。如图1和图2所显示的全国、四川省及达州市2023年1~6月CPI增速走势，环比多为负值，同比趋势下降，总体上看就是市场信心（包括企业信心和消费者信心）不足的价格体现。另外，若观察全国CPI近年来的均值，2023年前8个月月度CPI增速均值为0.5%，远低于2016~2019年（共48个月）的月度均值2.1%（见图3），这是对当前市场信心不足的另一个说明。

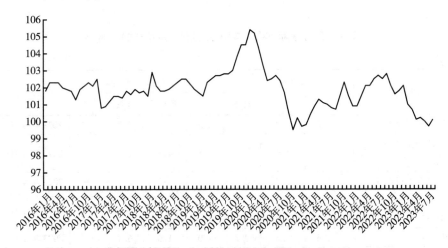

图3　2016年1月至2023年8月全国居民消费者价格指数月度走势

资料来源：国家统计局网站。

三　2024年经济形势展望与产出指标预测

受制于国内外经济发展环境较以往有更多的不确定性，川东北经济区未来经济增长压力较大。预估川东北经济区经济产出潜在增速2023年位于3.8%上下，2024年或降至3.0%。实际增速方面，预估2023年全年为4.9%，2024年全年为4.7%。

（一）国内外经济环境和发展形势展望

全球经济方面。面临低增速、高利率、高通胀以及不确定的地缘政治风险，2023 年全球经济相比 2022 年将继续放缓。2023 年上半年，国际货币基金组织（IMF）等国际组织发布了全球及主要经济体增长预期及其调整数值。如 IMF2023 年 1 月发布的全球经济增速预测值为 2.9%，4 月调降至 2.8%，7 月又调高至 3.0%，但仍远低于 3.8% 的历史（2000～2019 年）年均水平①。对于 2024 年的全球经济增长，IMF 继续维持其 3.0% 的预测。其余国际机构预测参见表 8。

表 8 部分国际机构对 2024 年世界经济增长的预测

单位：%

国际机构	世界经济	发达经济体			新兴市场和发展中国家				发布时间
		美国	欧元区	日本	中国	俄罗斯	印度	巴西	
联合国	2.5	1.0	1.4	1.0	4.5	1.4	6.7	2.1	2023 年 5 月
国际货币基金组织	3.0	1.1	1.4	1.0	4.5	1.3	6.3	1.5	2023 年 4 月
亚洲开发银行	—	1.3	1.4	0.8	4.5	—	6.7	—	2023 年 4 月
经济合作与发展组织	2.9	0.9	1.5	1.1	4.9	-0.5	7.1	1.1	2023 年 3 月
世界银行	2.7	1.6	1.6	0.7	5.0	1.6	6.1	2.0	2023 年 1 月

注：表格内对世界经济增长率的估算值中，除国际货币基金组织和经济合作与发展组织估算值为按购买力平价法计算外，其他机构估算值均为按汇率法计算。

资料来源：转引自国家发展和改革委员会《部分国际机构对 2024 年世界经济增长的预测》，https://www.ndrc.gov.cn/fggz/fgzh/gjzzychyjdt/gjzzyc/202305/t20230531_1357072.html，2023 年 5 月 31 日。

国内经济方面。2023 年初以来，国内众多降息降准减税等稳经济政策措施出台。2023 年 7 月，中共中央政治局会议进一步明确"下半年宏观调控将加大力度，积极的财政政策将进一步发挥效力"。部分国际组织和机构则于 2023 年第三季度调高中国经济增长预期，显示对中国经济发展前景的

---

① 郑青亭：《IMF 最新预测：全球经济活动正在失去动力，今明两年增速为 3%》，https://m.21jingji.com/article/20230725/herald/82e88a40e93ea4bd8a86af91c9d00b9f.html，2023 年 7 月 25 日。

信心。世界银行2023年6月发布的《全球经济展望》报告上调2023年中国经济增长预期至5.6%，较2023年1月的预测上调1.3个百分点①。IMF也调高其对2023年中国经济增长预期至5.2%，同时维持其对2024年4.5%的预期，并称中国将继续发挥其亚太地区及全球经济增长引擎的作用②。综合来看，2023年极有可能成为国内经济新冠疫情之后的转折年，而2024年则大概率进入稳定增长期。

（二）2024年川东北经济区经济产出趋势预估

综合考察国际国内经济发展环境变化，结合四川全省经济近年来的走势走向，预计川东北经济区将在2024年走出恢复期，进入新的稳定发展期。经测算，2023年全年川东北经济区GDP增速预计为4.9%左右，2024年全年预计为4.7%。随着2023年下半年及2024年国内和省内稳经济政策逐渐发力，且地方政府拼经济的努力持续产生效果，2024年川东北经济区整体增长环境或将有更大改观，经济产出增速有望超出上述预期。

四 政策建议

2023年下半年至2024年川东北经济区经济运行将面临更多机遇和挑战，对于地方政府而言，首要工作是修补和拓展内需空间，其次要积极落实好国家和四川省稳经济各项政策，管理好市场微观主体包括消费者心理预期以提振信心，继续为地区经济社会中长期发展奠定基础。

（一）研究制定更精准的政策措施，为民营经济发展创造良好环境

2023年7月19日《中共中央 国务院关于促进民营经济发展壮大的意

---

① 新华社：《世行上调今年全球和中国经济增长预期》，https://www.gov.cn/yaowen/liebiao/202306/content_6885073.htm，2023年6月7日。

② 第一财经：《IMF：将今年全球经济增速预期调升回3%，再次维持中国增速预期不变》，https://finance.sina.com.cn/roll/2023-07-25/doc-imzcxcqp7816701.shtml，2023年7月25日。

见》提出，"民营经济是推进中国式现代化的生力军，是高质量发展的重要基础，是推动我国全面建成社会主义现代化强国、实现第二个百年奋斗目标的重要力量"，将民营经济和民营企业定位提升到新的高度。叠加本次会议议题和内容，党和政府支持民营经济发展和民营企业成长用意表露无遗，为市场微观主体信心恢复和预期改善提供了根本上的保证，可以预见国内就业和内需将很快获益。

就川东北经济区各市党委和政府而言，应尽快研究和制定更精准的结构性政策措施，服务民营经济发展以拓展内需空间，从而助推川东北经济恢复。比如在民营企业的融资方面，国内银行信贷多集中于国资国企、头部企业以及地方投融资平台，一直被质疑存在较高的空转可能性，无法真正服务于民营经济发展。省内和川东北经济区存在同样的问题。建议川东北经济区各市对民间投融资领域进行更深入调研，在符合国家政策法律的基础上，出台更切合地方实际的、有利于民营经济发展的政策措施，让金融更精准地服务于民间投资和民营企业生产经营活动。

（二）提升收入水平以增强城乡居民长期消费信心

增强消费动力的直接方式是提高消费者收入水平。建议川东北各市从城乡居民收入的四大组成部分入手制定相关政策措施：工资性收入的增加，以努力促使本地居民充分就业为主；经营净收入的增加，以持续加强对本地区小微企业的帮扶为主；财产净收入的提升，以本地区的房地产行业稳定发展为基础；转移净收入的增加，则需在国家层面实施更大力度更积极的财政政策。

除直接的政策措施之外，改善消费者预期、提升消费者信心才是地方政府提振消费的中长期工作重点。提振消费以及改善消费者预期，核心在于资产负债表的修复[1]，这是一个相对缓慢的过程。这一过程关注居民收入的持

---

[1] 刘尚希：《资产负债表修复应当成为当前政策的一个着力点》，https://finance.sina.com.cn/hy/hyjz/2022-07-30/doc-imizirav6062071.shtml，2023 年 7 月 30 日；刘元春：《从资产负债表角度分析中国经济复苏路径》，https://finance.sina.com.cn/jjxw/2023-05-24/doc-imyuwsmz7605366.shtml，2023 年 5 月 24 日。

续性提升，包括当前收入和未来预期收入的持续性提升。短期的措施是有必要的，包括消费券等一次性的消费托举活动，以此措施和方法来提升本地区消费者预期和信心，或可引发杠杆效应。但更应该尽快研究出台调整预期的政策措施，对市场主体分类、分层、分区域有针对性地引导预期。信心是黄金，市场主体和消费者预期稳定、信心有增，是地区经济中长期向好企稳发展的基线。建议川东北经济区五市地方政府安排制定长短结合的政策措施，并加强落实，帮助正经历困境的小微企业等部分市场主体渡过难关，同时提升企业和消费者预期，提振市场主体信心。

参考文献

蓝定香主编《2023 年四川经济形势分析与预测》，社会科学文献出版社，2023。

达捷主编《2022 年四川经济形势分析与预测》，社会科学文献出版社，2022。

B.10
2023~2024年攀西经济区经济形势分析与预测

段 莉 陈沙沙*

摘 要： 2023年上半年，攀西经济区经济发展持续向好、产业结构继续优化、规上工业发展增速较快、全社会固定资产投资平稳增长、消费品市场回暖、外贸进出口增势明显、财政支出涨幅明显、城乡居民收入增速放缓。2024年，经济区面临多重发展机遇，可通过促进民营经济高质量发展、持续提升消费信心、打造更高水平天府第二粮仓等发展举措，促进经济发展提速。

关键词： 攀西经济区 区域经济 高质量发展

2023年，攀西经济区（以下简称"经济区"）积极贯彻落实四川省委、省政府决策部署，围绕"以中国式现代化引领四川现代化建设"，坚持高质量发展，上半年经济运行稳中向好的形势越发明显。

一 2023年上半年攀西经济区经济运行情况

经济区两市州深入实施"四化同步、城乡融合、五区共兴"的发展战略，扎实推进产业发展转型升级，持续扩大有效投资，加快恢复服务消费，努力实现经济量的合理增长和质的有效提升。

---

* 段莉，经济学博士，四川省社会科学院公共管理研究所副研究员，主要研究方向为宏观经济、公共政策与公共管理；陈沙沙，四川省社会科学院公共政策与公共管理专业硕士研究生。

（一）经济发展持续向好

上半年，经济区实现地区生产总值1634.64亿元，占全省地区生产总值的5.86%①。两市州中，攀枝花市实现地区生产总值623.61亿元，居全省第15位，位次与上年同期持平；按可比价格计算，同比增长5.5%，发展增速与全省水平持平，与甘孜州并列居于全省第10位。其中，实现第一产业增加值43.84亿元，同比增长4.2%，增速高于全省0.2个百分点；实现第二产业增加值325.82亿元，同比增长5.2%，增速高于全省1.6个百分点；实现第三产业增加值253.95亿元，同比增长6.2%，增速低于全省0.8个百分点。凉山州实现地区生产总值1011.03亿元，突破千亿元大关，居全省第9位，低于成都市、绵阳市、宜宾市、德阳市、南充市、泸州市、达州市、乐山市；同比增长6.5%，增速高于全省1个百分点，低于绵阳市，居全省第2位。其中，实现第一产业增加值162.53亿元，同比增长4.4%，增速高于全省0.4个百分点；实现第二产业增加值355.42亿元，同比增长5.4%，增速高于全省1.8个百分点；实现第三产业增加值493.08亿元，同比增长8.1%，增速高于全省1.1个百分点（见表1）。在一系列打造天府粮仓、促进实体经济发展、促进消费等政策措施综合作用下，攀西经济区产业发展的基础得到进一步夯实，特别是工业加快发展的势头较足。

表1　2023年上半年攀西经济区GDP及三次产业情况

单位：亿元，%

地区	GDP		第一产业		第二产业		第三产业	
	绝对值	增速	增加值	增速	增加值	增速	增加值	增速
攀枝花市	623.61	5.5	43.84	4.2	325.82	5.2	253.95	6.2
凉山州	1011.03	6.5	162.53	4.4	355.42	5.4	493.08	8.1
四川省	27901.01	5.5	2105.16	4.0	10109.06	3.6	15686.79	7.0

资料来源：四川省统计局、攀西经济区两市州统计局网站。

---

① 本报告数据主要来源于四川省统计局与攀西经济区的攀枝花市和凉山彝族自治州两市州的人民政府网站、统计局网站。

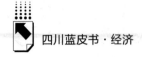

（二）产业结构继续优化

2023 年上半年，经济区三次产业结构由上年同期的 13.1∶43.3∶43.6 调整为 12.62∶41.68∶45.70，第一产业、第二产业比重略有下降。两市州中，攀枝花市的三次产业结构由上年同期的 9.5∶52.1∶38.4 调整为 7.03∶52.25∶40.72。随着成昆铁路复线、丽攀高速相继通车，攀枝花市的交通条件得到极大改善，以旅游业为代表的第三产业发展良好，产业比重上升较快。同时在工业强市战略带动下，以先进钒钛钢铁材料和清洁能源为代表的特色优势产业持续发展壮大，继续巩固和拉动第二产业的发展。凉山州的三次产业结构则由上年同期的 24.3∶31.3∶44.4 调整为 16.08∶35.15∶48.77。在工业强州、农业强州、文旅强州"三大强州战略"指引下，凉山州着力发展资源能源、特色农业和文化旅游，拉动第二产业、第三产业实现较快发展，产业比重明显上升。

（三）规上工业发展较快

2023 年上半年，经济区两市州规上工业的发展速度均较快。上半年攀枝花市规上工业增加值同比增长 9.8%，增速高于全省（4.3%）5.5 个百分点。分行业看，增幅排前三位的是废弃资源综合利用业、金属制品业、黑色金属矿采选业，分别增长 50.6%、24.0%、16.8%；降幅排前三位的是电力、热力生产和供应业，非金属矿物制品业，有色金属矿采选业，分别下降 18.3%、6.1%、1.4%。凉山州规模以上工业增加值同比增长 9.0%，增速高于全省 4.7 个百分点。分行业看，增幅排前三位的是电气机械和器材制造业，金属制品业，酒、饮料和精制茶制造业，分别增长 235.1%、42.1%、39.7%；降幅排前三位的是计算机通信和其他电子设备制造业、造纸和纸制品业、通用设备制造业，分别下降 37.5%、37.4% 和 26.7%[①]。

（四）全社会固定资产投资平稳增长

2023 年上半年，经济区全社会固定资产投资增速放缓。上半年攀枝花市全社会固定资产投资同比增长3.8%，增速高于全省（3.3%）0.5个百分点。从产业情况看，第一产业和第二产业的投资有较大增长，第三产业则有所下降。具体表现为：第一产业增长24.9%，第二产业增长20.7%，第三产业下降8.5%。从类型情况看，工业投资增长20.9%，民间投资增长7.5%，项目投资增长1.7%。凉山州固定资产投资同比增长7.1%，增速高于全省3.8个百分点。从产业情况看，三大产业的投资均有不同程度下降，特别是第一产业下降幅度最大。具体表现为：第一产业下降38.3%，第二产业下降6.5%，第三产业下降4.8%（其中交通运输业增长8.6%）。从类型情况看，技改投资下降48.9%，新增固定资产投资下降22.4%，民间投资下降20.6%。

（五）消费品市场回暖发展

2023年上半年，经济区消费品市场总体上呈现较为平缓的发展态势。上半年攀枝花市累计实现社会消费品零售总额142.85亿元，同比增长8.3%，增速高于全省（7.6%）0.7个百分点。从经营地来看，城镇实现128.45亿元，同比增长8.2%，增速高于全省（7.9%）0.3个百分点；乡村实现14.40亿元，同比增长8.9%，增速高于全省（5.9%）3个百分点。从消费形态来看，餐饮收入实现23.52亿元，同比增长10.4%，增速低于全省（13.0%）2.6个百分点；商品零售实现119.33亿元，同比增长7.9%，增速高于全省（6.8%）1.1个百分点。从限上企业的商品类别看，15大类主要商品中有7类商品实现不同程度的增长，其中日用品类、石油及制品类、建筑及装潢材料类商品的增幅比较明显，分别增长14.5%、10.6%、10.0%；有8类商品出现不同程度的下降，其中金银珠宝类、家具类、书报杂志类商品的降幅比较明显，分别下降81.4%、77.5%、35.5%。

上半年凉山州累计实现社会消费品零售总额406.41亿元，同比增长10.4%，增速高于全省2.8个百分点。从经营地来看，城镇实现294.53亿元，同比增长10.3%，增速高于全省2.4个百分点；乡村实现111.88亿元，同比增长10.8%，增速高于全省4.9个百分点。从消费形态来看，餐饮收入实现56.09亿元，同比增长9.8%，增速低于全省3.2个百分点，其中通过互联网实现的餐饮收入为0.11亿元，同比下降32.1%；商品零售实现350.32亿元，同比增长10.5%，增速高于全省3.7个百分点；其中通过互联网实现的商品零售额为4.44亿元，同比增长7.8%。从限上企业的商品类别看，15大类主要商品中有11类商品实现不同程度的增长，其中增幅超过30%的有4类，分别是中西药品类（38.8%）、服装鞋帽针纺织品类（37.8%）、体育娱乐用品类（36.9%）、粮油食品饮料烟酒类（30.7%）；有4类商品出现不同程度的下降，分别是建筑及装潢材料类、家具类、文化办公用品类、家用电器和音像器材类商品，分别下降63.6%、28.7%、8.1%、4.8%。

从总体上看，经济区消费品市场恢复性发展的势头良好，相关指标中仅有餐饮收入的增速低于全省水平。比较两市州，无论是攀枝花市还是凉山州，乡村的消费品市场发展均略快于城镇；在消费形态上，攀枝花市的餐饮发展速度快于商品零售，而凉山州则是商品零售快于餐饮；在商品类别上，攀枝花市的基本生活相关类、出行相关类和居住相关类商品的消费增长较快，凉山州则是医疗保健类、基本生活相关类、教育文化娱乐相关类商品的消费增长较快；从2~6月的增速变化情况看，攀枝花市在3月快速下降后呈恢复性发展的态势，而凉山州的消费市场发展则相对平稳，且增速保持在10%以上（见表2）。

表2　2023年2~6月攀西经济区社会消费品零售总额与增速

单位：亿元，%

地区	2月		3月		4月		5月		6月	
	总额	增速	总额	增速	总额	增速	总额	增速	总额	增速
攀枝花市	47.40	10.2	69.08	6.0	91.84	6.1	117.12	8.1	142.85	8.3
凉山州	131.16	11.5	200.62	11.8	270.67	12.3	335.80	11.6	406.41	10.4

资料来源：四川省统计局、攀西经济区两市州统计局网站。

（六）外贸进出口增势明显

2023年上半年，经济区外贸进出口同比增长较快。上半年攀枝花市外贸进出口总额达到 25.34 亿元，同比增长 17.0%。其中，出口总额达到 18.31 亿元，同比增长 57.4%；进口总额达到 7.03 亿元，同比下降 29.8%。从 2~6 月外贸进出口增速来看，攀枝花市从 3 月开始企稳回升，增幅有小幅波动。上半年凉山州外贸进出口总额达到 10.13 亿元，同比增长超过 70%，达到 71.3%。其中，出口总额达到 10.06 亿元，同比增长 71.6%；进口总额达到 0.07 亿元，同比增长 33.4%。从 2~6 月外贸进出口增速来看，凉山州也是从 3 月开始发力，增速超过 45%，4~6 月更是保持在 70% 以上（见表 3）。近年来，随着经济区不断挖掘出口增长点、培育特色外贸业务、发展外贸企业、拓展国际市场，经济区的农产品、钒钛钢铁产品占国际市场的份额有所扩大，表现出较强的市场竞争力。

表 3　2023 年 2~6 月攀西经济区外贸进出口总额与增速

单位：亿元，%

地区	2 月		3 月		4 月		5 月		6 月	
	总额	增速	总额	增速	总额	增速	总额	增速	总额	增速
攀枝花市	5.65	−18.7	14.7	29.8	17.64	13.1	20.34	15.9	25.34	17.0
凉山州	3.90	−2.7	6.70	45.8	8.70	73.0	9.50	74.9	10.13	71.3

资料来源：攀西经济区两市州统计局网站。

（七）财政支出涨幅明显

2023 年上半年，经济区财政预算执行较为平稳。上半年攀枝花市一般公共预算收入累计实现 42.08 亿元，同比下降 4.5%。其中，税收收入 27.58 亿元，同比下降 9.3%；非税收入 14.50 亿元，同比增长 6.1%。一般公共预算支出达到 81.61 亿元，同比增长 16.2%，其中一般公共服务支出 9.31 亿元，同比增长 10.1%；教育支出 13.14 亿元，同比下降 7.8%；社会保障和就业支出 12.59 亿元，同比增长 24.5%。

从 2~6 月一般公共预算收入和支出的增速来看，攀枝花市一般公共预算收入的降幅已从两位数缩窄至个位数，但 3~6 月降幅有所扩大；支出增速呈现出先升后降之势。上半年凉山州一般公共预算收入累计实现 105.10 亿元，同比增长接近 20%，达到 19.1%。其中税收收入实现 58.72 亿元，同比增长 34.9%；一般公共预算支出达到 355.95 亿元，同比增长 9.2%，其中一般公共服务支出 32.20 亿元，同比增长 10.4%。从 2~6 月一般公共预算收入和支出的增速来看，凉山州一般公共预算收入增速基本保持上扬态势，而支出则基本保持稳定（见表 4、表 5）。

表 4   2023 年 2~6 月攀西经济区一般公共预算收入总额与增速

单位：亿元，%

地区	2 月		3 月		4 月		5 月		6 月	
	总量	增速	总量	增速	总量	增速	总量	增速	总量	增速
攀枝花市	11.11	-12.2	22.77	-0.2	28.73	-1.2	35.71	-2.9	42.08	-4.5
凉山州	33.53	5.8	57.81	11.5	71.07	18.8	83.76	19.5	105.10	19.1

资料来源：攀西经济区两市州统计局网站。

表 5   2023 年 2~6 月攀西经济区一般公共预算支出总额与增速

单位：亿元，%

地区	2 月		3 月		4 月		5 月		6 月	
	总量	增速	总量	增速	总量	增速	总量	增速	总量	增速
攀枝花市	25.84	24.0	45.32	34.2	54.14	24.9	64.65	23.2	81.61	16.2
凉山州	81.39	14.1	171.87	15.4	232.50	12.8	281.37	12.4	355.95	9.2

资料来源：攀西经济区两市州统计局网站。

（八）城乡居民收入增速放缓

2023 年上半年，除凉山州的农村居民人均可支配收入外，经济区城乡居民人均可支配收入的增速均低于全省水平。上半年，攀枝花市城镇居民人均可支配收入为 23766 元，高于全省（23237 元）529 元，同比增长 3.5%，增速低于全省（4.2%）0.7 个百分点。其中，人均工资性收入 15335 元，同比增长 3.0%；人均经营净收入 2649 元，同比增长 3.7%；人均财产净收入 1011 元，同比增长 2.9%；人均转移净收入 4771 元，同比增长 5.2%。农村居民人均可支配收入为 12197 元，高于全省（10683 元）1514 元，同比增长 6.5%，增速低于全省（7.1%）0.6 个百分点。其中，人均工资性收入 4967 元，同比增长 8.0%；人均经营净收入 6004 元，同比增长 5.2%；人均财产净收入 295 元，同比增长 9.6%；人均转移净收入 931 元，同比增长 5.8%。凉山州城镇居民人均可支配收入为 21682 元，低于全省 1555 元，同比增长 4.0%，增速低于全省 0.2 个百分点。凉山州农村居民人均可支配收入为 6907 元，低于全省 3776 元，同比增长 7.9%，增速高于全省 0.8 个百分点。[②]尽管两市州城乡居民人均可支配收入增长有所放缓，但是两市州农村居民人均可支配收入增速仍高于城镇，城乡居民收入差距继续缩小（见表 6）。

表 6   2023 年上半年攀西经济区城乡居民人均可支配收入及增速

单位：元，%

地区	城镇居民人均可支配收入		农村居民人均可支配收入	
	总量	增速	总量	增速
攀枝花市	23766	3.5	12197	6.5
凉山州	21682	4.0	6907	7.9
四川省	23237	4.2	10683	7.1

资料来源：四川省统计局、攀西经济区两市州统计局网站。

二   攀西经济区经济运行面临的
有利因素与制约因素

未来一段时间内，经济区将迎来习近平总书记来川视察、攀枝花市被列为国家现代流通战略支点城市、省委省政府对两市州发展提出新定位新要求等带来的诸多发展机遇，但也需要注意消费信心下滑、实体经济发展面临压力所带来的不利因素影响。

（一）有利因素

1. 习近平总书记来川视察提出"四个发力"等重要指示

2023 年 7 月，习近平总书记来川视察，赋予四川经济发展新的时代重任，提出四川工作"四个发力"①的重要指示，突出强调四川在科技创新能力提升中的着力方向、在生产力布局优化中的突出重点、在乡村振兴推进中的发展要求、在区域生态安全维护中的建设使命，对四川更高水平推进科技创新、构建富有四川优势的现代化产业体系、奋力推进农业农村现代化、坚持生态绿色发展提出更为明确的方向指引。

2. 攀枝花市被列为国家现代流通战略支点城市

2023 年 8 月，国家发展改革委、自然资源部等部门联合印发《关于布局建设现代流通战略支点城市的通知》，将攀枝花市列为国家现代流通战略支点城市。这将为攀枝花市下一步对内优化物流产业发展格局，加快推进现代物流体系和商贸流通体系建设，促进物流业与先进钒钛钢铁材料、清洁能源、现代特色农业、电子商务等产业协同发展；对外发挥区域优势，促进经济区生产消费更加紧密衔接，密切与成渝地区双城经济圈、川滇金沙江流域区域联系，为将传统的交通区位优势转化为枢纽经济发展优势提供新的机遇。

3. 四川省委省政府对两市州发展做出新定位新要求

2022 年 11 月，中共四川省委十二届二次全会明确提出，支持攀枝花市和凉山州建设"两区三地一粮仓"②。在以中国式现代化引领四川现代化建设发展的新时期，省委省政府赋予攀枝花市、凉山州新的发展定位，这将为经济区发展带来新的政策窗口期，两市州将紧密围绕各自与共建

---

① 四个发力：在推进科技创新和科技成果转化上同时发力，在建设现代化产业体系上精准发力，在推进乡村振兴上全面发力，在筑牢长江黄河上游生态屏障上持续发力。

② 两区三地一粮仓：支持攀枝花高质量发展建设共同富裕试验区和世界级钒钛产业基地、凉山建设脱贫地区乡村振兴示范区和全国优质特色农产品基地，共建"天府第二粮仓"、阳光康养旅游目的地和国家战略资源创新开发试验区，推动安宁河流域高质量发展。支持"三州一市"共建全国重要清洁能源基地。

的发展定位积极谋划发展，有序梳理、推动一批重大基础设施项目、产业支撑项目、"天府第二粮仓"打造项目等，为经济区高质量发展增添新动能。

（二）制约因素

1. 居民消费信心恢复仍需时间

尽管2023年上半年经济区经济发展呈现持续向好的态势，但经济区的居民收入增速有所放缓，致使居民的消费意愿、消费能力都有一定程度的下降。

2. 部分实体经济发展仍面临生存压力和发展困境

受前期国内外经济发展不确定性的影响，经济区部分企业经营困难，面临现金流紧张、库存积压、融资困难等诸多问题，发展信心不足。以攀枝花市为例，2023年1~5月规模以上工业企业中亏损企业达到119家，占规模以上工业企业总数（468家）的25.43%；亏损额达到4.77亿元；而2022年1~5月，规模以上工业企业中亏损企业只有72家，占规模以上工业企业总数（421家）的17.10%，亏损额只有2.03亿元。尽管攀枝花市规模以上工业企业总数从2022年5月的421家扩增到2023年5月的468家，但是企业的亏损面和亏损额均有所扩大。

三　2024年攀西经济区经济形势预测

展望2024年，经济区在新的发展机遇下经济发展增速将有望得到较大幅度提升，将在稳中求进的过程中展现新的发展活力。

（一）经济发展增速有望跑赢全省水平

2023年上半年经济区两市州的经济发展增速与全省水平保持一平一高。2024年，经济区两市州将持续贯彻习近平总书记来川视察的重要指示精神，按照省委省政府的发展新部署和要求，着力围绕各自独特的资源禀赋、产业发展基础，以"两区三地一粮仓"建设为战略引领，统筹布局重大产业化项目矩阵，推动产业发展能级和综合实力不断跃升，经济发展较2023年将有较大幅度提升。

（二）产业结构不断优化

2024年经济区抢抓发展机遇，不断推进工业强市、强州建设，工业内生增长动能不断积聚，在三次产业结构中的比重将有望持续上升。同时，随着《攀枝花市支持服务业发展若干政策》《凉山州支持服务业发展十二条政策（试行）》的出台、实施，经济区服务业恢复将明显加快。服务业对经济发展的拉动作用进一步增强，在三次产业结构中的比重也有望上升。而农业将在推进"天府第二粮仓"建设中持续保持合理的发展增速。

（三）投资继续拉动经济增长

在新的发展形势下，经济区将迎来新一轮的经济发展。两市州将结合发展新定位，发挥政府投资带动作用，加大优质项目、重大项目、关键项目招商引资力度，鼓励和吸引更多民间资本参与项目建设，加快推进项目落地建设，继续依靠高质量投资拉动经济高质量发展。截至2023年6月底，攀枝花市聚焦共同富裕试验区、战略资源开发、交通基础设施、重大清洁能源等重点领域共储备项目1921个，总投资1.15万亿元；协调金融机构对省市重点项目投放42.6亿元。仅2023年重点项目暨高质量发展建设共同富裕试验区重大项目就有213个，年度计划投资约273亿元，上半年已完成投资151亿元。2023年9月，凉山州委州政府印发《关于提升招商引资质效的十六条措施》，进一步加大对招商引资工作的政策支持力度。2023年8月，凉山州在第八届凉山彝族火把节招商引资推介会上，仅工业产业招商引资推介会就签约项目13个，投资金额达125亿元。同时，在8月举行的第二次重大项目集中开工仪式上，凉山州集中开工195个重大项目，涵盖产业类、基础设施类、民生及社会事业类、房地产类和其他类，总投资384亿元。2023年计划投资147.4亿元。

（四）消费市场持续回暖

随着经济区乃至国内经济持续向好发展，市场主体的发展预期和信心将逐渐提振，就业形势逐渐好转，城乡居民收入稳步提高，消费信心得到进一步增强，消费需求得到进一步释放，经济区消费市场稳步恢复、回暖的发展势头比较明显。社会消费品零售总额增速有所提升，重新成为拉动经济增长的主要力量。

四 对策与建议

（一）着力促进民营经济高质量发展

抓实民营经济发展，引导更多人才、资金、技术、劳动力、信息等要素投向民营经济。不断完善民间资本推介项目平台。结合经济区两市州"两区三地一粮仓"发展定位和实际建设需求，定期统筹发布重大项目、产业项目、特许经营项目清单，明确鼓励民间资本投资参与的重点产业领域和细分行业，搭建线上、线下民间投资政策咨询、融资对接、问题反映、意见反馈等便企服务渠道，不断降低民间资本投资风险，拓展民营企业发展空间，做大增量。持续加强民营经济支持政策供给，定期开展涉企政策实施成效评估，不断优化、丰富惠企支持政策矩阵，定期开展政策清理和政策辅导，加强各部门惠企政策集成联动，着力提升惠企政策实效。建立健全常态化政商恳谈机制，聚焦民营企业和民营企业家关心的重点环节、领域和具体发展过程中遇到的新情况、新问题、新诉求，务实举措，不断稳定、提升民营经济长期向好发展的预期。增强民营企业质量意识，围绕企业生产绿色低碳智能化改造、产品创新研发、有效发明专利创造、产品技术标准提升等，持续加大科技研发投入，主动与高校、科研院所开展研发载体共建、行业核心技术联合攻关、科技人才联合培养、科研课题联合申报等多种形式合作，探索"科技副总"柔性引才机制，有效助力更多科技人才向民营企业流动，推动更多科研成果成功落地转化。积极帮助民营企业降本增效,持续深化"保姆式"营商服务,编制民营企业减税降费政策清单及相关指引,健全涉企收费长效监管机制,进一步激发民营经济发展活力。

(二)持续提升消费信心

将扩大消费放在经济区经济工作的优先位置。持续出台稳就业政策,鼓励自主创业和灵活就业,加强对高校毕业生、退役军人、残疾人、零就业家庭、易地扶贫搬迁家庭、脱贫家庭等重点群体的就业服务,不断拓宽就业渠道,充分挖掘公益性岗位,开展高质量职业技能培训,不断提高城乡居民收入,着力保障和增强消费能力。稳定和提升重点领域消费,依托消费季、购物节、美食节、"黄金周"以及攀枝花市、凉山州特色节庆活动等,策划系列特色消费活动,重点围绕汽车、家装家居、电子产品等出行相关类、居住相关类、教育文化娱乐相关类商品等实施刺激政策,优化消费供给,通过发放消费优惠券、提供小额消费信贷、财政补贴等方式激发城乡居民消费需求和消费潜力。不断创新线下消费场景,丰富消费体验,改善消费条件,积极扩大餐饮服务、文旅、运动休闲等接触性、聚集性消费。积极开展放心舒心消费环境建设,加强市场秩序、产品质量安全、食品安全监管,在毁约侵权纠纷、限制消费、强制购物、食品安全、虚假宣传等重点领域加大消费维权执法力度,不断净化城乡消费市场环境。

(三)着力打造更高水平"天府第二粮仓"

根据全省"一带、五区、三十集群、千个园区"的天府粮仓整体推进布局,锚定攀西特色高效农业优势区建设目标,以经济区独特的光热气候资源优势为依托,再造特色优势农业,稳步提高粮食产业竞争力,加快其从数量增长型向提质增效型转变。坚持上下联动,层层压实耕地保护责任,健全耕地保护长效机制,严格耕地用途管控,进一步守牢耕地保护红线。着力耕地增量提质,根据区域地形地势特点加快推进不同类型高标准农田建设和农田水利建设,挖掘耕地潜力,推进撂荒地整治利用;定期开展耕地质量调查评估，持续开展耕地修复治理，不断提升地力水平。实施科技赋能，依托"中国凉山·安宁河现代农业硅谷"，加大与四川农业大学、中国农业科学院等高校和科研院所在高产、优质品种和节本节劳、病虫害防治、测土配方施肥、低碳绿色生产等技术领域的产学研合作，推进农业科技成果在经济区先行先试。突出小农户主体地位，丰富各类农技推广机构与小农户的利益联结形式，不断提高小农户农业技术应用的组织化程度，加强先进、适用农业技术的推广应用。深度发掘农业多功能复合价值，以农文旅融合为核心，因地制宜，不断催化农业教育、农耕文化、农耕体验、农耕文创等新业态、新场景，不断延伸农业价值链。

参考文献

凉山州统计局综合科：《2023年上半年凉山经济形势》，http：//tjj.lsz.gov.cn/xxfx/xxfx_19274/index.html，2023年7月20日。

《上半年，凉山居民收入增幅居全省第三》，《凉山日报》2023年8月24日。

《重点项目建设跑出"加速度"——2023年重点项目暨高质量发展建设共同富裕试验区重大项目建设实现"双过半"》，《攀枝花日报》2023年8月10日。

《凉山发展质效稳中向好，新的发展动力和有利因素加速集聚》，《四川日报》2023年8月19日。

《2023年凉山州第二次重大项目集中开工仪式举行》，《凉山日报》2023年8月26日。

B.11
2023~2024年川西北生态示范区经济形势分析与预测

贾兴元[*]

摘　要： 2023年上半年，川西北生态示范区清洁能源产业、文化旅游产业、高原特色农牧业均呈现良好发展势头，"生态+"的经济发展根基逐步夯实，呈现生态保护和经济发展齐头并进的发展趋势。2024年，川西北生态示范区将继续按照全国重点生态功能区生态保护和高质量发展典范的导向和要求，服务国家"双碳"战略全局，扎实推进共同富裕，促进高质量发展。

关键词： 川西北生态示范区　绿色发展　高质量发展

一　川西北生态示范区经济发展概况

根据《川西北生态示范区国土空间规划（2021~2035年）》，川西北生态示范区范围包括阿坝藏族羌族自治州（以下简称阿坝州）和甘孜藏族自治州（以下简称甘孜州），共31个县（市），总面积约23.3万平方公里。四川省五大经济区中，川西北生态示范区是唯一以"生态"为关键词的区域，也是唯一没有提出经济总量目标的经济区，其战略定位是全国民族团结进步示范区、国家生态文明建设示范区、国际生态文化旅游目的地、现代高

---

* 贾兴元，四川省社会科学院社会学研究所助理研究员，主要研究方向为四川民族地区经济和社会发展。

原特色农牧业基地和国家重要清洁能源基地，肩负着建设"全国重点生态功能区生态保护和高质量发展典范"的重大使命。

（一）2023年上半年经济运行总体情况

2023年上半年，川西北生态示范区实现地区生产总值427.21亿元，比上年同期增加32.36亿元。甘孜州实现地区生产总值214.03亿元，居全省第20位，同比增长5.0%（按不变价格计算），第一产业增加值增长3.4%，绝对额为15.01亿元；第二产业增加值增长8.0%，绝对额为61.21亿元；第三产业增加值增长4.0%，绝对额为137.81亿元；一般公共预算收入同比增长20.5%，绝对额为32.21亿元。阿坝州实地区生产总值213.18亿元，位于全省第21位，同比增长5.5%（按可比价格计算），第一产业增加值增长2.9%，绝对额为27.41亿元；第二产业增加值增长7.8%，绝对额为57.38亿元；第三产业增加值增长5.0%，绝对额为128.39亿元；一般公共预算收入增长6.9%，绝对额为18.5亿元。

总的来说，川西北生态示范区经济发展可圈可点，特别是第一季度增速亮眼，甘孜州实现地区生产总值109.79亿元，同比增速9.8%，居全省第一；阿坝州工业增加值增长23.7%，增速居全省第一位。川西北生态示范区呈现生态保护和经济发展齐头并进的良好势头。

（二）生态农牧业实现稳步增长

2023年上半年，甘孜州农牧业稳中有升，农林牧渔业总产值达到29.77亿元，同比增长3.3%。农业产值增长5.0%，实现6.08亿元，粮食产量保持稳中有升态势：小春播面同比增长2.2%，达到6.43万亩；夏粮产量同比增长6.2%，达到1.47万吨；蔬菜播面3.49万亩，产量达7.28万吨；食用菌产量增长61.9%，达到202吨；水果产量增长99.8%，达到0.23万吨。畜牧业保持稳定，产值增长1.4%，实现21.95亿元；生猪出栏增长2.5%，达到12.69万头；牛存栏同比增长1.5%，达到220.5万头；牛出栏增长1.2%，达到22.1万头；羊出栏增长1.3%，达到6.46万只；猪牛羊禽肉产量同比增长 2.0%，达到 3.98 万吨，其中牛奶、禽蛋、猪肉、牛肉、羊肉、禽肉产量分别增长 0.5%、3.2%、1.6%、3.4%、1.9% 和 7.6%。林业经济较快增长，林业产值 1.02 亿元，增长 21.0%，林业当季完成育种育苗面积 12.43 公顷、造林面积 9300.45 公顷，完成木材采运 5650 立方米。农林牧渔专业及辅助性活动产值 0.73 亿元，增长 8.1%。

2023 年上半年，阿坝州农业生产总体平稳，全州实现农林牧渔业总产值 47.21 亿元，同比增长 3.0%。园林水果产量和蔬菜及食用菌产量达到 2.21 万吨和 8.08 万吨，分别增长 9.4% 和 5%，其中甘蓝类产量增长 89.4%。猪牛羊和家禽出栏均实现平稳增长，其中生猪出栏增长 2.9%，达到 17.65 万头；牛出栏增长 5.1%，达到 15.61 万头；羊出栏增长 1.6%，达到 12.33 万只；家禽出栏增长 0.5%，达到 18.96 万只。

（三）工业经济实现快速增长

2023 年上半年，甘孜州工业经济实现较为快速的增长，全州工业产品销售率达到 96.6%，呈现健康快速增长趋势。从工业门类来看，制造业增加值增长 22.8%，采矿业增加值增长 22.0%，电力、热力、燃气及水生产和供应业增长 2.2%。从经济类型来看，国有控股企业增加值增长 4.7%，私营企业增长 58.8%。从主要产品产量来看，稀土金属产量增长 54.8%，达到 3.67 万吨；铅金属产量增长 40.0%，达到 0.91 万吨；水泥产量增长 24.6%，达到 25.38 万吨；铜金属产量增长 4.1%，达到 0.50 万吨；发电量下降 11.8%，为 173.0 亿度；锌金属产量下降 9.4%，为 1.31 万吨。规模以上工业增加值同比增长 5.6%，其中 1～5 月，规模以上工业企业营业收入同比增长 18.2%，达到 61.28 亿元，规模以上工业企业发展呈现良好趋势。

2023 年上半年，阿坝州工业经济呈现加快回升的态势。从轻重工业来看，轻工业增加值同比增长 34.7%，重工业增加值增长 3.1%。从行业来看，有色金属矿采选业增加值同比增长 143.4%，黑色金属矿采选业增加值增长 135.9%，纺织业增加值增长 45.7%，电力、热力生产和供应业增加值下降 4.7%，医药制造业增加值增长 41.5%，非金属矿采选业增加值增长

25.4%，化学原料和化学制品制造业增加值增长 24.0%，农副食品加工业增加值增长 73.5%，文教、工美、体育和娱乐用品制造业增加值增长 54.6%。从企业经济类型来看，股份制企业增加值同比增长 5.4%，外商及港澳台商投资企业增加值下降 39.1%，其他经济类型企业增加值下降 7.8%。阿坝州规模以上工业增加值增长 15.1%（含两个"飞地工业园区"），州内规模以上工业增加值增长 4.4%，产品销售率为 96.4%，增速（含园区）跃至全省 21 个市州第一位，比一季度前进 2 个位次。

（四）投资持续保持增长势头

2023 年上半年，甘孜州全社会固定资产投资同比增长 19.9%。从入库项目看，全州新开工项目入库 365 个，同比增加 23 个，增长 6.7%；完成投资增长 65.8%，高于全社会固定资产投资增速 45.9 个百分点，拉动全社会固定资产投资增长 10.2 个百分点。从贡献度来看，清洁能源贡献率最为突出，清洁能源（含电网建设）投资同比增长 53.9%，拉动全社会固定资产投资增长 17.4 个百分点；水光互补光伏电站 12 个项目总投资 235.19 亿元，同比增长 678.7%，完成投资增长 427.7%；电网建设项目总投资 247.26 亿元，增长 12.7 倍，完成投资增长 226.8%。分产业来看，第一产业投资下降 5.5%；第二产业投资增长 48.8%，其中工业投资增长 49%；第三产业投资增长 4.5%。分领域来看，基础设施投资增长 17.7%，产业投资增长 31.9%，民生投资下降 11.1%，房地产开发投资下降 8.0%。

2023 年上半年，阿坝州固定资产投资保持增长，全社会固定资产投资同比增长 8.5%。分产业看，第一产业投资同比增长 1.9%；第二产业投资增长 8.8%，其中工业投资下降 1.1%；第三产业投资增长 8.6%。房地产开发投资同比下降 45.3%，施工房屋面积增长 9.8%，商品房销售面积下降 5.4%。

（五）市场消费持续恢复

2023 年上半年，甘孜州实现社会消费品零售总额 63.49 亿元，同比增长 11.4%；通过互联网实现的商品零售额 0.18 亿元，增长 537.8%。从经营单位所在地来看，城镇消费品零售额 46.54 亿元，增长 11.2%；乡村消费品零售额 16.95 亿元，增长 11.9%。按消费类型分，商品零售 46.86 亿元，增长 10.8%；餐饮收入 16.64 亿元，增长 13.2%。从热点商品来看，13 大类商品零售额中有 9 大类实现增长，其中：粮油、食品、饮料、烟酒类增长 11.9%，服装、鞋帽、针纺织品类增长 0.9%，化妆品类增长 2.7%，体育、娱乐用品类增长 6.4%，家用电器和音像器材类增长 38.7%，中西药品类增长 26.2%，文化办公用品类增长 33.5%，石油及制品类增长 26.7%，其他类增长 29.1%，日用品类下降 6.2%，家具类下降 49.1%，通信器材类下降 25%，汽车类下降 4.5%。

2023 年上半年，阿坝州消费市场持续回暖，全州社会消费品零售总额同比增长 11.5%，达到 57.53 亿元。从经营单位所在地来看，全州城镇消费品零售额为 42.77 亿元，同比增长 11.8%；乡村消费品零售额为 14.77 亿元，增长 10.7%。从消费形态来看，餐饮收入 20.78 亿元，同比增长 13.2%；商品零售 36.76 亿元，增长 10.5%。限额以上企业（单位）中，建筑及装潢材料类商品零售同比增长 301.3%，金银珠宝类增长 182.0%，中西药品类增长 11.2%，石油及制品类增长 17.9%。居民消费价格保持平稳。上半年，全州居民消费价格（CPI）上涨 0.9%。八大类价格"五涨三降"，如医疗保健类上涨 2.4%，食品烟酒类上涨 2.3%，教育文化和娱乐类上涨 2.3%，交通和通信类下降 2.6%。

（六）服务业平稳增长

2023 年上半年，甘孜州第三产业增加值同比增长 4.0%。从行业来看，批发和零售业增加值增长 9.5%，住宿和餐饮业增长 6.9%，信息传输、软件和信息技术服务业增长 8.2%，金融业增长 5.9%，租赁和商务服务业增长 2.8%，房地产业增长 7.9%，公共管理、社会保障和社会组织增长 0.6%，教育增长 1.4%，卫生和社会工作增长 9.4%，文化、体育和娱乐业增长 5.0%。1~5 月，规模以上服务业企业营业收入同比增长 0.9%。

2023 年上半年，阿坝州服务业增势较好，对经济增长贡献提升。上半年，第三产业增加值同比增长5.0%，对经济增长贡献率为55%，拉动经济增长3个百分点。从行业分析来看，住宿和餐饮业增加值增长13.5%，租赁和商务服务业增加值增长25.0%，金融业增加值增长5.7%，信息传输、软件和信息技术服务业增加值增长8.3%。服务业企业生产经营持续恢复，1~5月，全州规模以上服务业企业营业收入同比增长26.6%，达到11.23亿元；其他营利性服务业营业收入4.53亿元，增长73.8%；租赁和商务服务业营业收入增长98.7%；文化、体育和娱乐业营业收入增长32.3%。

二 川西北生态示范区发展成效与制约因素

（一）川西北生态示范区发展成效

1. 生态功能持续增强

甘孜州始终把生态建设放在第一位。目前已建设各类各级自然保护地81个，合计5.53万平方公里，数量和面积均居全省第一；甘孜州共有林地面积696.18万公顷，森林面积535.8万公顷，森林蓄积4.85亿立方米，天然草原946.67万公顷，总量均列全省第一；森林面积和森林蓄积量连续21年保持"双增长"，总量均列全省第一。

阿坝州生态保护加快推进。2022年完成营造林41.5万亩、禁牧2000万亩、草畜平衡3765万亩，牧区五县平均超载率下降到5%；林草综合植被覆盖度达到85.6%，湿地面积占全省的47.7%，达到881万亩；治理水土流失60平方公里，治理地灾107处，治理草原"两化三害"313.5万亩。污染防治攻坚战考核成绩进入全省"第一梯队"，环境空气质量稳居全省第一名，国省水质考核断面首次实现全域Ⅱ类标准以上，水环境质量位居全国前列。

2. 生态农牧业健康发展

阿坝州持续推进农牧业转型升级，产业贡献力不断增强。2022年，阿坝州累计发展优质水果31.07万亩、错季蔬菜29.46万亩、高原花卉1.5万亩，建成畜禽标准化规模场所142个，创建州级以上现代农业园区15个，

"净土阿坝"品牌成功进驻成都大运会,充分展示了阿坝农特产品的优良品质。

甘孜州立足川西北高原农牧循环生态发展区定位,将牦牛产业集群、藏香猪产业发展、有机之州建设等作为"州长工程"推进。通过创新产业发展机制,确保草畜平衡和牧区群众减畜不减收,实现载畜量持续下降,牧民持续增收。

3.文旅产业带动力不断提升

甘孜州大力发展"生态+旅游"。甘孜州立足资源禀赋,加快把资源优势转变为发展优势,建成A级旅游景区94个(其中5A级景区2个、4A级景区26个、3A级景区66个),总量居全省第一,成网成环的骨干旅游环线把散落在甘孜大地各处的景区景点串珠成链,一座座"绿色青山"正加快变为"金山银山"。通过加大"十一环十骨干"精品旅游线路推广力度,全力打造"国道317高原丝路文化走廊",推出"丝路甘孜·川西秘境"系列主题活动。2022年甘孜州接待游客3147.47万人次,实现旅游综合收入344.83亿元,"圣洁甘孜"知名度美誉度逐年攀升。2023年"五一"期间,甘孜州接待游客108.35万人次,实现旅游综合收入11.91亿元,较上年同期分别增长153.87%、153.94%。

阿坝州依托九大文旅品牌大力发展生态旅游业。阿坝州依托"全域九寨休闲之旅、黄河文化体验之旅、熊猫家园亲近之旅、藏羌走廊探寻之旅、雪山草地红色之旅"五大精品旅游线路,乡村旅游、冬季旅游等新兴旅游方式蓬勃发展,仅2023年1~4月,全州累计接待游客1084万人次,实现旅游收入83.6亿元,两项数据均达到历史最高水平。

4."生态+"能源发展格局初步形成

甘孜州在大力发展水电清洁能源,加快建设水电站的基础上,大力推行"牧光互补"新能源发展模式,生态富民效益逐步显现。草原上面建光伏电站发展光伏能源,光伏电站下面种牧草发展高原畜牧业,还可以长远发展观光旅游业。目前建成投运清洁能源装机1715万千瓦,在增加牧草产量的同时,可以改善草原生态。

阿坝州生态能源产业发展格局不断拓展。2022 年，金川电站、双江口电站等重大清洁能源项目正在加快推进，阿坝县查理"光伏+N"等光伏项目集中开工。在生态能源产业发展引领下，各类企业呈现良好发展态势，新增科技型中小企业 60 家、高新技术企业 7 家，战略性新兴产业增加值同比增长 36%。

5. 基础设施明显改善

交通建设取得重大突破。雅康高速、汶马高速建成通车，两州州府所在地结束不通高速公路的历史，国省干线通车里程近 1 万公里，基本实现县县通三级及以上公路和"乡乡通油路、村村通硬化路"。成兰铁路、川藏铁路、西成铁路正在加快建设，运营机场达到 5 个。骨干水利工程加快建设，农村安全饮水和电网改造全面完成，信息基础设施不断完善。

成兰铁路松潘站即将建成通车。随着 2023 年底这条新"天路"的建成通车，川西北不通铁路的历史将彻底结束。

四姑娘山全国首个山地户外 5A 级景区积极创建。正在建设中的"都四"项目，起于都江堰市区止于小金县四姑娘山镇的山地轨道，正在加快建设，将于 2026 年通车。随着外围交通的改善，四姑娘山创建全国首个山地户外 5A 级景区的愿景实现在望。

（二）川西北生态示范区发展制约因素

1. 内生发展动力亟须增强

长期以来，川西北生态示范区经济社会发展面临基础薄弱、发展要素不足等难题，可持续发展的内生动力仍然比较薄弱。客观层面，经济发展支撑体系仍未建立，政策帮扶式的产业发展模式亟待转型，发展不平衡、不充分问题未得到有效解决，民生改善和保障的任务仍然繁重，脱贫攻坚巩固仍存在较多的瓶颈和制约。主观层面上，部分干部群众思想观念仍有一定的局限性，存在诸多难题需要破解和引起高度重视：一是脱贫攻坚任务完成后，政策的支持方式、投入方式和干部的工作方式发生较大变化，部分干部群众适应难度大；二是政策性资源投入力度和发展方式发生了较大变化，部分农牧民长期以来习惯于资源性收入和政策性收入，内生性发展动力不足、自我发展资源不足，通过自身努力发展产业增收的愿望、动力和能力不足；三是少数干部仍然对高质量发展和创新发展有畏难情绪，过度依赖财政补贴资金，"等靠要拖"等情况在一定程度上制约经济社会的发展速度和质量；四是少数干部对新形势、新任务还不适应，习惯于被动的政策性投入和项目安排，主动谋发展和全力促发展的风气和氛围还不够浓厚，对经济社会发展的重视程度和主动作为仍有一定欠缺，主动担当和开拓意识还有待加强。

2.专业人才困境亟须破解

川西北生态示范区地理位置偏远、社会历史条件差、社会发展水平低等诸多因素叠加，工作和生活条件相对艰苦，客观上导致"现有人才留不住，优秀人才引不进"，特别是教育、卫生系统技术骨干人才流失严重，建筑、水利、交通、农业、文化、广电、旅游等重点领域的专业技术人才极度匮乏，专业人才发展瓶颈导致发展矛盾越来越突出。随着民族地区城乡基础设施水平、产业发展能力和公共服务保障能力的大幅提升，经济社会发展和民生服务的设备性制约逐步得到缓解，但人才队伍特别是专业性人才瓶颈越来越突出，导致前期硬件性投入没有发挥应有的效益，严重制约经济社会的可持续发展。人才队伍特别是专业性人才引进、培育和建设的重要性更加突显。

三　2024年川西北生态示范区经济形势展望

川西北生态示范区发展导向是生态环境质量保持全省领先水平，生态安全屏障功能不断增强，特色产业竞争力显著提升，治理体系和治理能力现代化基本实现，在生态示范方面成为全国民族地区生态文明高度发达、生态经济高质量发展的样板，城乡居民人均可支配收入和基本公共服务主要指标要达到全国平均水平，与全国、全省同步基本实现社会主义现代化。2024年川西北生态示范区经济发展的着力点和重点方向在以下几个方面。

一是生态文明建设达到更高水平。生态屏障更加牢固，国土空间保护和开发格局更加优化，森林覆盖率争取达到 30%，草原综合植被覆盖度达到 85%，重点河湖生态流量保障目标满足程度大于 85%，生态保护长效机制更加健全，城镇生活污水集中处理、城乡生活垃圾无害化处理基本实现全覆盖，县城污水处理率争取达到 90%，行政村生活污水治理达到考核要求，主要江河国省考核断面水质保持在Ⅲ类以上，主要污染物排放总量持续减少。

二是生态产业发展达到更高水平。经济更高质量发展，特色生态产业加快发展，生态经济体系初步形成。国际生态文化旅游目的地初步建成，文化产业发展壮大；高原现代特色农牧业基地建设成效显著，农牧业产业化水平明显提升；水风光互补的国家重要清洁能源基地基本建成，清洁能源装机达到 2000 万千瓦以上，城镇化率达到 40% 以上。

三是基础设施和基本公共服务更加完善。综合交通体系加快构建，电力保障和送出能力持续增强，现代物流基础设施体系初步形成，水安全保障能力显著增强，信息化智能化水平明显提升，基础设施瓶颈制约有效缓解。居民收入年均增速快于全省平均水平，城乡居民收入差距持续缩小，全民受教育程度不断提升，卫生健康体系更加完善，群众精神文化生活更加丰富，社会保障体系更加健全，基本公共服务主要指标接近全国平均水平。

四　政策建议

川西北生态示范区的经济发展核心是妥善处理生态保护与资源开发关系，推动生态资源优势向产业发展优势转化，促进产业融合发展，加快构建以生态产业为核心的现代化产业体系，加快推进新型城镇化，进一步提升公共服务水平。

（一）促进生态文化旅游融合发展

构建全域旅游发展格局。统筹整合绿色自然风光、红色长征精神、特色民族文化等旅游资源，推进藏羌彝文化走廊建设，加快建设 G317/G318 中国最美景观大道、黄河天路国家旅游风景线、"重走长征路"红色旅游廊道，打造大九寨国际旅游区、环贡嘎山生态旅游区、香格里拉核心旅游区、大熊猫及羌文化旅游区、大草原湿地旅游区、格萨尔文化旅游区等六大旅游精品区，重点建设大熊猫国家公园之旅、长征国家文化公园之旅、中国大香格里拉之旅、黄河探源文化之旅国家级文旅精品线路，推出大九寨世界遗产国际旅游线、大熊猫国际生态旅游线、环亚丁原生态秘境观光旅游线、大贡嘎国际生态精品旅游环线、最美湿地草原落地自驾旅游线精品主题线路。加快推进九寨沟、黄龙、稻城亚丁、海螺沟、汶川特别旅游区、四姑娘山、木格措、泸定桥、贡嘎西坡等景区提档升级，依托川藏铁路等重大工程打造工程景观。积极创建天府旅游名县、名镇，加强特色旅游村庄建设，推进景城景镇景村一体化发展。创建一批国家级、省级旅游度假区和生态旅游示范区。

提升旅游基础设施水平。推动"交通+旅游"融合发展，推进国省干线服务品质和能力提升，配套建设国省干线旅游服务设施。加强景区道路、电力、通信、供水、停车场、生态厕所等基础设施建设，完善游客服务中心、购物、娱乐、医疗、供氧等服务设施。发展星级酒店、主题酒店、精品民宿，提升旅游接待服务能力。加快"互联网+旅游"进程，建设智慧旅游体系。

促进旅游产品创新提质。打造"全域、全时、立体、多元"旅游产品体系，开发季节互补旅游产品，深耕"春赏花、夏避暑、秋观叶、冬玩雪"的四季旅游市场。深度开发红色研学、健康养生、休闲度假、山地探险、户外运动、科学考察、演艺娱乐、冰雪运动等旅游产品。促进文旅融合发展，建设一批特色文化体验基地。推进旅游标准化建设，建立标准化研究和实践基地。

培育生态文化旅游品牌。积极申报国家级、省级风景名胜区，创新旅游营销模式，加大重点景区联动和市场开拓力度，提升大熊猫、大九寨、大香格里拉、大贡嘎、大草原等文旅品牌市场影响力，组建旅游推广联盟，打造区域代表性文化演艺品牌，发挥好红原大草原夏季雅克音乐季、康定情歌国际音乐节、环贡嘎山百公里国际山地户外运动挑战赛等节会和赛事的宣传影响作用。支持涉旅企业兼并重组，引进培育一批知名旅游企业集团。

（二）推进高原特色农牧业高质量发展

改善农牧业发展条件。实施耕地保护与提升工程，加强高标准农田建设。推进智能温室等设施农业建设，推广运用现代农牧业机械装备。推进标准化养殖，完善养殖基础设施。积极开展现代家庭牧场示范，大力发展联户牧场。完善农产品冷链仓储体系，建设农产品市场和流通设施。加强基层农技推广服务能力建设，健全畜牧兽医服务网络，健全农产品质量监管体系。加快发展数字农业。

促进农牧业提质增效。推动畜牧业转型发展，推广"夏秋天然放牧+冬春半舍饲补饲"和"牧繁农育"养殖方式，加强优质奶源基地和现代数字牧场建设，有序发展商品草产业。强化产业协同和合理分工，发展适度规模化经营，培育种养大户、家庭农场、专合组织和龙头企业等新型经营主体。加强政策引导和利益引导，提高牲畜商品率。推进特色农牧业基地景观化打造，促进农畜产品转化为旅游商品。

统筹布局现代农牧业发展基地。建设基础好、成规模的现代农牧业发展基地，争创一批国家级、省级现代农业园区。北部高原农牧产业基地，重点发展牦牛、藏羊、藏猪等优势畜牧业和中藏药材特色产业；金沙江流域农牧产业基地，重点发展特色水果、错季蔬菜、酿酒葡萄、中藏药；雅砻江流域农牧产业基地，重点发展青稞、花椒、春油菜和中藏药材；岷江和大渡河流域农牧产业基地，重点发展甜樱桃、酿酒葡萄、食用菌、茶叶、花椒、核桃和错季蔬菜。

培育特色农产品品牌。推进农产品产地初加工和精深加工，重点开发市场前景好、附加值高的产业和产品，科学推进高原葡萄酒、优质饮用水、牦牛乳制品、藏羌医药、保健食品等特色产品发展。推广"圣洁甘孜""净土阿坝"加企业商标"双品牌"模式，建设成渝地区双城经济圈和东部发达区的"菜篮子""果盘子"重要供给地。

（三）科学开发可再生能源资源

有序开发水电资源。继续推进雅砻江、金沙江、大渡河水电基地建设，建成双江口、两河口、叶巴滩、苏洼龙、金川、硬梁包、巴塘、巴拉等电站，加快建设拉哇等电站，开工建设昌波、岗托、旭龙、孟底沟、巴底、达维、金顶等电站。

加快发展新能源。按照四川省光伏基地规划布局，有序推进太阳能资源开发。科学开展测风工作，推进高原风电试点示范建设。因地制宜发展就近消纳的分布式光伏、分散式风电。加快建设风光水多能互补的综合能源基地。

提高电力消纳水平。用活、用好计划电量调节、直接交易电量、富余电量、留存电量等支持政策，利用政策优势营造电价"洼地"、建设产业"高地"，引导产业集聚，加快推进大数据、水制氢、云计算等绿色载能产业发展，加快建设水电消纳示范区。

（四）大力发展商贸物流产业

增强商贸服务能力。依托康定、马尔康、区域性中心县城和交通枢纽，建设川滇青甘藏五省（区）交界区域的省际商贸中心。推进特色商旅小镇、特色商业街、商业综合体和专业市场建设，完善农村商贸流通体系，建设特色产品展示销售区。推动餐饮住宿行业转型升级。建设境外游客离境购物免税店。

完善现代物流体系。依托川藏铁路、成兰铁路、成西铁路和高速公路，建设康定新都桥、松潘川主寺、理塘县、阿坝县、茂县等区域性物流基地，打造内接成渝、外联西北、辐射滇藏的区域物流中心；推动"互联网+物流"融合发展，大力发展农村电子商务，完善物流配送体系，构建覆盖主要产地和消费地的物流基础设施网络。加强应急物流建设。

（五）推进新型基础设施建设

实施通信网络短板提升计划，实现通信网络全覆盖。加快5G网络建设，实现5G网络在县城、重点城镇、国省干线、重点景区、热点区域全覆盖，推动5G网络向农村地区延伸。持续推进全光网络建设，实现光纤网络城乡全覆盖。稳步推进云计算中心和大数据中心建设，搭建智慧旅游、智慧医疗、智慧教育、智慧林草、智慧交通、智慧物流等平台。

（六）推进新型城镇化和乡村振兴

深入推进以人为核心的新型城镇化，全面实施乡村振兴战略。引导人口向城镇和中心村集聚，构建与资源环境承载力相适应的城乡发展格局。

加快新型城镇化进程，提高县城综合承载能力。推动康定—泸定—海螺沟和汶川—理县—茂县协同发展，依托县城发展城镇组团，进一步提高区域城镇化水平。进一步加快县城城镇化补短板、强弱项的步伐，特别是要加快完善市政、道路、桥梁、供水、防洪排涝等基础设施。推进高山峡谷县城建设功能拓展区，加快提升人口、服务与产业承载力。推进高寒地区县城集中供暖设施建设，开展公共机构集中供氧试点。实施城市更新行动，开展城镇生态修复、功能完善工程，加快老旧小区改造，建设高原魅力县城。支持符合条件的县改市。

大力发展中心镇和重点镇。坚持"宜农则农、宜商则商、宜旅则旅"，推动城镇多元化特色发展，推进重要交通节点、重点景区周边城镇功能提升，集中资源力量做强重点镇、中心镇，规范发展特色小镇，推动有条件的中心镇发展成为县域副中心。不断完善城镇公共服务设施、环境卫生设施、市政基础设施，加快建设产业培育设施，优化城镇商贸网点布局，增强对农牧区辐射带动能力。

促进人口就近就地城镇化。继续推进高海拔生态搬迁、水电开发移民搬迁、地质灾害避险搬迁工作，依托县城和城镇建设定居点。建立健全依法自愿有偿退出农牧区权益制度，维护城镇落户农牧民的土地（草场）承包权、宅基地使用权、集体收益分配权，鼓励各地根据实际制定进城落户农牧民购房、自建住房的支持政策。全面落实户籍制度改革配套保障措施，引导农牧民就地就近城镇化。落实居住证制度，推动城镇基本公共服务覆盖全部常住人口。

产业与行业篇

B.12

2023~2024年四川省农业经济
发展形势分析与预测

唐 新　毛小静　李文斌*

摘　要： 2023年，四川省农业经济总体平稳发展，但也面临国际环境变化、保障粮食安全、基础设施落后、农业附加值偏低、品牌化不足等多重压力。2024年，四川农业应顺应现代农业技术和消费升级趋势，聚焦打造"天府粮仓"，强化科技创新，培育特色产业，推动三产融合，完善社会化服务体系，以农业高质量发展推动乡村全面振兴和城乡融合发展。

关键词： 现代农业　粮食安全　乡村振兴

一　2023年四川省农业经济总体发展情况

随着乡村振兴战略的深入推进，四川省农业经济迈入一个新的发展阶

---

* 唐新，四川省社会科学院农村发展研究所副研究员，主要研究方向为农村经济、农村发展；毛小静、李文斌，四川省社会科学院农业管理专业硕士研究生。

段。2023 年，四川省农业生产总体保持稳定态势，主要经济指标实现平稳增长。

（一）农业经济总体保持稳定

第一，夏粮生产呈现面积、单产、总产"三增"态势。2023 年上半年，四川省夏粮播种面积 1664.8 万亩，比上年增加 6.2 万亩，同比增长 0.4%；夏粮总产量 452.6 万吨，比上年增加 15.9 万吨，同比增长 3.7%；主要品种小麦产量 264 万吨，比上年增加 16.4 万吨，同比增长 6.6%。第二，经济作物产量稳步提高，油料、蔬菜、茶叶、水果等产量均有不同程度增长。2022 年，四川省油料产量增长 4.2% 至 434.1 万吨，蔬菜产量增长 3.2% 至 5198.7 万吨，茶叶产量增长 4.8% 至 39.3 万吨，园林水果产量增长 7.4% 至 1238.4 万吨，中草药材产量增长 12.6%。2023 年上半年，四川省水果产量增长 6.5% 达到 252.0 万吨，蔬菜及食用菌产量增长 4.9% 至 2362.1 万吨。第三，畜牧业综合生产能力不断增强。2023 年上半年，四川猪牛羊禽肉产量 319.7 万吨，增加 9.1 万吨，同比增长 2.9%。其中，生猪出栏 3237.7 万头，同比增长 3.1%；牛出栏 142.3 万头，同比增长 2.0%；羊出栏 845.3 万只，同比增长 1.3%；家禽出栏 32283.5 万只，同比增长 0.2%。此外，牛奶产量 31.0 万吨，同比增长 0.3%；禽蛋产量 107.6 万吨，同比增长 5.1%。与上年同期相比，四川省猪牛羊禽肉产量均稳中有增，全省畜禽业保持在产能调控绿色合理区域，保证了畜禽市场供应充足，消费者需求得到保障。

（二）高标准农田建设持续稳步推进

2019~2022 年，四川省新建高标准农田 1403 万亩，累计建成 5476 万亩，居全国第五。四川始终坚持把高标准农田建设放在更加突出的位置，多措并举、多向发力。在强化财政投入方面，四川积极争取中央大力支持，2023 年已成功争取高标准农田建设中央财政补助资金 43.1 亿元、中央预算内投资 8.4 亿元。在建设投入方面，四川在全国率先提出中省市县四级财政亩均补助 3000 元标准，四年累计投入 401 亿元，较 2019 年前实现亩均投入翻番。2023 年，四川省开始实行差异化补助政策，中省补助最高达到每亩 2150 元，提高 650 元。同时，开拓政策性金融机构支持渠道，近两年 41 个县获得授信超百亿元。在建设路径方面，四川坚持新建和改造提升并重，2023 年四川省启动 2 个全国首批高标准农田建设试点和 12 个省级示范项目，着力打造"天府良田"建设示范样板。在补齐灌溉短板方面，2023 年全省筹资 2 亿元，新改建 3000 座提灌站，重点聚焦丘陵山区农业灌溉缺水问题。高标准农田的建设，为四川省农业现代化发展奠定了坚实基础。

（三）农业科技创新能力不断提升

习近平总书记指出，"我们必须利用科技与改革的双重动力来加速农业的建设"。农业的未来在于现代化，而农业现代化的核心是科技的发展。第一，种业创新取得新的突破。四川省投资 9223 万元建成全国首个省级综合性种质资源中心库，可存储 183.4 万份种质资源。同时，四川省布局建设了 41 个农作物种质资源圃、44 个国省两级畜禽保种场（区），初步构建起"一库多圃（场、区）"的种质资源保护体系。第二，农业的机械化程度已经得到显著提高。农业机械化不仅是评估农业现代化程度的关键指标，还是推动传统农业向现代化转型的核心因素。到 2022 年，四川省的农机总动力已经超过 4900 万千瓦，主要农作物的机械化耕作和收获率达到 67%，这比 2015 年高出 14 个百分点。此外，大中型拖拉机和联合收割机的数量分别增加 60% 和 90%。而水稻种植机和粮食烘干机数量更是急剧上升，与 2015 年相比分别增长 110% 和 130%。农机合作社作业面积近 2000 万亩，较 2015 年增长 40%，全省农业机械化作业面积已达 1.4 亿亩次左右；农机户达到 230 万户，农机合作社达 1350 个，分别比 2015 年增长 20% 和 9%。四川农业科技进步贡献率为 61.5%，比江苏低 10.3 个百分点，比山东和河南分别低 4.8 个、3.4 个百分点。第三，四川选择把现代农业园区和产业集群作为培育现代农业产业体系的重要载体。全省累计建设国家、省、市、县四级现代农业园区 1500 个以上，其中国家级农业科技园区 11 个，布局国家级产业集群 4 个。现代农业园区正在快速转型，成为四川省农村改革的试验基地、农业技术的推广中心、高品质农产品品牌的培育地以及现代农业生产的示范点，对四川省农业由传统向现代的转变起到重要推动作用。

（四）农村三产融合程度加深，特色农业产业发展卓有成效

乡村振兴的核心在于产业的复兴与发展。因此，三产的融合发展不仅是策略，更是乡村振兴的关键所在。截至 2022 年，四川在乡村旅游领域取得显著的成果，已成功培育出 1363 个旅游景点、320 个省级重点乡村旅游村镇，并拥有超过 5.3 万家乡村民宿等经营实体，实现休闲农业营业收入 913.1 亿元。同年底，四川在电商领域也取得了骄人的业绩，建成县乡村三级电商公共服务站点超过 1.3 万个，乡镇快递服务覆盖率接近 100%。此外，四川省的"川字号"农产品综合产值高达 2.6 万亿元，在全国第一产业综合产值中稳居第二位。四川在农产品认证与品牌建设上也取得了显著的成果，拥有 6306 个经过绿色、有机等认证的农产品品牌，15 个品牌被列入中国农业品牌目录，25 个地理标志产品被纳入中欧地理标志协定首批保护名录。农业品牌的总价值已达到 1960 亿元。目前，四川已成功打造出 7 个特色产业集群，并建成超过 1500 个各级现代农业园区。在农产品初加工方面，全省已建成 2.2 万座初加工设施，初加工率达到 64%。同时，农产品加工业的营业收入也突破了万亿元大关。值得一提的是，四川 54 个产业强镇中，农民的年人均可支配收入达到 2.2 万元，这一数字远超过当地县域的平均水平。2023 年，四川省进一步推动"川字号"优势特色产业发展，制定"三链同构"实施方案，培育 50 个"链主"龙头企业，引领 50 条产业链发展，旨在进一步提升农业的综合效益和竞争力。

二　2024年四川省农业经济发展面临的形势

2024 年，四川省农业发展面临着一系列机遇和挑战。

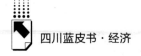

（一）发展机遇

1. 现代农业与技术融合的机遇

随着国家对现代农业发展的重视，四川省的农业生产也迎来新的发展机遇。第一，四川省现代农业发展具有极大的潜力。从"十一五"规划开始，我国就逐步加大了对现代农业的建设力度。"十四五"规划中更是明确提出到2035年我国农业农村现代化将基本实现，这为四川省由传统农业向现代农业转型提供了政策机遇。现阶段四川省由于气候、地势等原因，其现代农业发展受限。但是，四川省特殊的地情地貌也为其种业、特色农业发展提供了肥沃的"土壤"。四川省通过技术优化升级、要素优化配置、模式不断创新、产业链不断延伸完善，必将激发其现代农业发展的潜在动力，高效发挥现代农业的优势。第二，农业标准化赋能农业发展。推广农业标准化有利于农业发展、农民增收。四川省特色农业由于缺乏统一的标准，农产品存在质量标准不一致、竞争力不强等问题。用先进适用的农业技术进行生产、标准化作业，将提高四川农产品的品质化、规范化水平，从而提高经济效益。第三，数字农业也将成为四川农业发展的新动力。四川省正在积极响应国家政策，大力推进数字农业的发展。通过数字技术，四川省的农业生产效率将得到大幅提升，农产品的品质和产量也会有显著的提高。更为重要的是，通过数字技术，四川省的农产品可以更为精准地满足市场的需求，从而实现产销对接，提高农产品的市场竞争力。

2. 乡村振兴与消费市场的双重驱动

四川省紧密结合习近平总书记的指导思想，始终将农业和农村放在首位，致力于在新时代建设更高标准的"天府粮仓"。四川省大力发展乡村旅游、休闲农业、文化体验、健康养老、农村电商等新产业新业态，这些新产业新业态不仅为农民提供更多的增收渠道，还为消费者带来更多的选择。在乡村振兴战略的背景下，现代农业产业园已经成为四川农业的重要发展途径。四川省在实施发展战略中，注重产业升级，将"优绿特强新实"作为乡村产业振兴的方向。通过构建现代农业绿色生产体系，四川省成功地将资源优势转化为产业优势、产品优势和竞争优势。如今四川省已经建成30个省级农产品加工示范园区，农产品加工业营业收入已经突破万亿元大关。这些产业园区不仅为农民提供更多的就业机会，还通过培育新型农业经营主体，推动农业产业融合发展。

消费需求市场反向推进农产品供给市场。随着四川省经济的持续增长，农产品消费市场呈现旺盛的活力。随着可支配收入的提高，人们不仅对农产品数量提出更高的要求，对农产品的质量也提出更高的要求。从整个农产品供需市场来看，人们对农产品高品质的需求在一定程度上反向推进了农产品在产量、质量、模式等方面的进步。面对活跃的消费市场，四川必须抓住发展机遇，根据消费者市场需求来进一步调整农业布局尤其是特色农业的种植结构，努力培育符合市场需求的优质农产品，不断丰富农产品品类，加快发展农产品的精深加工产业，满足越来越有活力、越来越多元化的消费者市场需求。另外，四川省借助大数据平台，获取农产品供需信息，积极探索线上销售、电商平台等新型销售模式，以满足现代消费者的多样化需求，为全省农产品提供了更广阔的市场空间，也为农民带来更多的增收机会。

（二）面临的挑战

1.复杂国际形势对四川农业提出新的挑战

中国海关总署数据显示，2023年1~7月，四川省农产品进口额为9.3亿美元，同比增长10.4%；农产品出口额为5.6亿美元，同比降低28.2%，贸易逆差3.7亿美元，四川省农产品进出口贸易规模呈现缩小趋势。主要原因有四点。第一，受到贸易保护主义、单边主义以及地缘政治等多重因素的影响，国际贸易环境变得更为严峻。四川出口的农副产品主要为劳动密集型和低附加值的初级产品，更易受到政策因素、偶发因素、国际因素等多重影响。第二，全球气候变化对农业生产和粮食安全带来显著的冲击。极端天气事件的频发以及农业生态环境的恶化，使农作物生长环境面临严峻考验，作物产量急速下降，进而严重影响农产品贸易，威胁粮食安全。第三，科技创新作为传统农业向现代农业转型的关键，对农业的发展起到决定性的作用。

人工智能、大数据、云计算、物联网、生物技术、数字农业、智慧农业等新兴技术和新兴产业，都为传统农业带来深刻的变革，而国际社会中种业、种植机械设备等农业科技竞争的加剧也使得还以传统农业为主的四川面临更大的挑战。第四，四川农业在受气候变化、自然灾害、农产品供需与市场结构变化等传统因素影响的同时，也面临农产品金融化和能源化、粮食武器化、地缘政治冲突等非传统因素的影响。在这样的国际背景下，四川农业想要进一步扩大其发展半径，稳定农产品的国际市场，就必须进一步提质增效、保质保量，全面增强自身农产品的国际市场竞争力。

2. 粮食等重要农产品安全面临严峻挑战

一是其耕地正遭受着撂荒严重与土地质量不佳的双重困境。农资成本的持续上升，结合公共服务在种植技术与品种改良方面的不足，使得农业的整体收益显得颇为微薄，从而抑制农户的种粮热情。与此同时，随着大量青壮年劳动力涌向城市，农村的劳动力结构正逐渐老龄化和女性化，导致大片土地得不到合理的利用。

二是四川多为丘陵山区，耕地质量不高且"小而散"问题明显。多数土地由于投入成本过高等原因尚未形成种粮大户、家庭农场和生产托管等新型土地生产模式，未形成规模效益，导致耕地的有效利用率不高。

三是耕地正在遭遇"转向非农、转向非粮"的挑战。根据2021年发布的第三次全国国土调查数据，与前一次调查相比，成都平原的耕地在过去10多年中缩减近40%。首先，随着人口增长和居住环境的改善，对建设用地的需求上升，导致耕地逐渐"非农化"。随着人均收入的提高、产业结构的调整以及劳动力向收入更高的第二、第三产业转移，耕地的"非农化"趋势进一步加剧。其次，与非粮食作物相比，粮食作物在每亩产量、产值和净利润上都不具有优势。粮食与非粮食生产之间的利润差异，直接决定了耕地的用途，导致耕地"非粮化"。最后，随着居民消费习惯的变化和饮食习惯的转变，农作物种植结构也发生了调整，如种植高收益的果树、茶树或进行鱼塘养殖等，都是耕地"非粮化"的表现。总的来说，作为一个农业重点省份，四川的耕地正面临多方面的压力，这使得其粮食种植面积和产量难以保持，对粮食和其他关键农产品的安全构成严重威胁。

3.农业基础设施仍然落后

四川大部分地区的农业仍沿用传统耕作模式，与现代农业发展要求的机械化、智慧化、数字化的高效标准有显著差距。四川省农业基础设施薄弱，全省宜作业高标准农田占比不高，一些地区农业"靠天吃饭"的局面仍未改变。首先，农田水利是农业的毛细血管，四川省丘陵山区农业发展面临的最大问题就是水源问题。由于山区农田水利基础设施存在新建成本高、原有设备老化损坏严重等问题，农田水利基础设施建设远无法满足当地农业生产需求，影响农作物的健康生长，阻碍了农业现代化发展的步伐。其次，四川的电力基础设施尚未完全满足农业现代化发展的需求。在偏远地区，电力存在供应不足的现象，给农业生产带来了诸多不便。最后，近年来四川在农业机械化上虽有所进步，但与国内先进地区相比仍处于落后状态。2022年，四川省的综合农业机械化水平达到67%，而与中部和东部农业机械化水平较高的省份相比，还有较大的差距。据统计，四川的农业机械化水平比江苏、河南以及山东等地分别低18个、20个和24个百分点。

四川省的自然地理环境导致其农田水利设施建设水平、机械化水平、农业科技成果转化水平等均处于落后状态，制约四川省农业种植方式、种植结构、生产方式、生产模式等的优化升级，无法为农业提供良好的生产环境，还在一定程度上降低了农业抗风险能力。

4.特色农业产业仍处于初加工阶段，农业附加值较低

四川农业物产丰富，油菜、生猪等15项农产品产量在全国居首位，但是农产品的精深加工品种相对不足、副产品综合利用率较低、产业链相对短缺等问题依旧存在。四川省农业产业布局相对分散，产业链相对较短。大多数以"川"为标志的农产品主要集中在新鲜销售或初步加工阶段，这使得四川省农产品的加工转化率低于全国平均水平，特色农产品在市场上的竞争力和影响力不足。此外，四川农产品加工业的标准化水平有待提高。在农产品的加工过程中，缺乏先进的技术标准、智能生产方法以及高品质的产品质

量控制标准，使得四川难以满足农产品加工行业当前的转型和升级需求。同时，四川省大部分农产品在加工时存在为了提高加工精度，片面追求高等级产品，从而出现加工、包装过度的现象，导致其精深加工农产品无法最大限度实现高收益、高竞争力。再者，农产品精深加工企业数量及质量不足。随着"一村一品、一镇一业"政策的实施，四川省特色农产品种类逐渐增多，但现阶段特色农产品的种植多以村镇为单位，多采用"农户+合作社+企业"的模式，农户多作为初级农产品的供应者，企业多作为初级农产品的收购者。这一模式参与的企业多数为中小型企业，因为不具备高标准的研发水平和大规模的生产水平，多作为农户—消费者之间的媒介，将初级农产品再次提供给消费者。

5. 特色农产品品类丰富，但品牌化建设仍然滞后

四川省农业品牌价值累计达 1960 亿元，但真正在国际上"叫得响"的品牌屈指可数。第一，部分企业思想僵化、观念滞后，品牌认知度不高，销售范围较窄，农产品加工企业"小而散"，形不成集聚效应。因而，农产品品牌无论是在地理分布上还是在产业链的各个环节，都显示出一定的离散性和不连续性，这导致缺乏集中和规模化生产，从而降低经济效益，也难以满足市场的消费需求。第二，一些小型的乡村企业在农产品的生产和加工技术上相对落后，基础的质量管理工作不足，缺少高科技产品，也缺乏将独特产品转化为品牌的关键环节，这使得其品质保障能力受限，难以实现品牌转型。第三，由于农产品的特性和经济特点，品牌的认知和辨识存在困难。尽管品牌建设的投入大，但短期内的回报并不明显，这也是农产品品牌发展缓慢的关键因素。第四，由于缺少关键生产技术，农产品在市场上的竞争力并不强。整体的科技水平较低限制了农产品价值的增长。同时，由于缺乏与农产品品牌建设和市场推广相关的技术和管理人才，农产品的潜在价值并未得到深入挖掘。总的来说，尽管四川的特色农产品种类繁多，但其品牌建设仍然存在不少挑战。

6. 农业社会化服务水平不高，体系建设不完善

四川省粮食作物社会化服务面积覆盖率、小农户服务覆盖率均低于全国平均水平，农业社会化服务水平仍需要进一步提升。从服务主体来看，现阶段四川省农业社会化服务主体面临资金短缺、同质化竞争严重、技术有待突破、人才缺口较大等问题，使服务供给的规模化、专业化、综合化水平普遍偏低，全省农业社会服务体系存在严重的供需结构性失衡问题，尤其是在丘陵、山区，其农业生产社会化服务供给水平远低于平原地区，且服务主体与服务需求的差距在不断拉大。此外，大部分农业社会化服务主体在服务项目的选择上具有极大的局限性，服务项目缺乏有效激励，衍生了短期投机行为，降低了服务主体参与项目的积极性。从服务对象来看，现阶段四川省农业社会化服务主要倾斜于规模经营主体，小农户依然缺乏优质的社会化服务。小农户与农业社会化服务之间没有固定的信息渠道，缺乏媒介进行高效的对话，导致小农户缺乏收集农业生产相关信息的渠道，难以有效享有农业生产服务、农业技术研发与推广服务、农业信息服务、农业金融服务等农业社会化服务。从监督主体来看，农业监管制度落后。现阶段四川省制度上缺乏对农业社会化服务体系主体的监管，造成经营性服务组织没有足够的承受风险的能力及运作混乱，并使得许多经营性服务主体之间为了稀缺的资源或市场形成恶性竞争、不公平竞争。

三 政策建议

面临新的形势，要实现农业高效可持续发展，需要政府、农业部门和农民共同努力，制定更为有效的政策，进而提高四川省农业的竞争力，促进农民收入增长，实现农村振兴。

（一）加快打造更高水平的"天府粮仓"，筑牢粮仓基底

一是确保耕地的总量。通过加强规划和管理，从根本上减少对耕地的占用，坚决制止耕地转向"非粮"用途，严格控制耕地的使用目的，并规范土地经营权的流转。同时，坚决制止耕地转为"非农"用途，加强监管和执法，严肃处理违法占用耕地的行为。二是持续解决低效用地的问题，减少

新的土地使用，深入整治闲置土地，有效利用备用资源，并有计划地推进再耕种，持续提高耕地的品质。增加对中低产田的改造，不断提高耕地的整体生产能力；持续进行土地整治和高标准农田建设，平衡新建和改造的重点，努力新建一系列"集中、灌溉、抗旱涝、适合机械化、稳定高产、生态友好"的高标准农田，逐渐实现将所有基本农田都建设成高标准农田的目标。三是加强农田水利设施建设。合理规划大中小型水利设施，以增加有效灌溉面积和提高农田灌溉水资源的有效利用率。尤其要抓好丘陵、山区等薄弱地区农田水利设施建设。四是健全种粮农民收益保障机制。充分调动种粮农民和粮食主产区的积极性，构建种粮农民资金保障和政策保障体系，确保种粮农民和粮食主产区的农业补贴、财政资金、金融政策支持等要明显高于粮食主销区。

（二）加强农业科技创新，提高农业生产效率

一是加强农业种质资源保护和育种创新。鼓励科研机构跨区域、跨专业合作，重点开展种源关键核心技术攻关，积极进行田间试验，确保新品种、新技术真正适应当地条件，为种质资源的发现和保护建立起长效机制。二是推动先进农业机械装备研发和推广。应瞄准农业生产的现实需求，适应四川省小农多、丘陵多的农情省情，着眼于智能装备、初加工装备和丘陵山地小型机械等领域，加大研发力度，以技术创新促进农机产业的提质增效。重点突破智能农机装备的研发和应用，促进农业机械化、信息化、智能化和数字化的有机融合发展。同时，积极推进数字农业的发展，促使农业生产朝着"精准农业"转型发展。三是加强农业技术推广，确保科研成果加快转化。鼓励探索新型农机合作和其他农业社会化服务模式，以扩大中小农户的农机使用渠道，通过机制创新来减少使用成本。四是深化农科教育，培育一批农业科技人才。充分发挥科技工作者和农民的积极作用，激发科研人员和广大农民的潜力。加强政策引导，鼓励支持农业科技创新人才，通过与国内外高校和研究机构的合作交流以及定期举办短期培训和研修班等措施，提高农村创新人才的专业水平和现代化管理水平，进一步壮大农业科技队伍。

（三）培育壮大特色优势产业，推动"川字号"特色产业提质增效

一是四川河谷、高原、盆地等多种地貌，为各类农产品的种植提供了得天独厚的条件。因此，应深入挖掘各地的地理和气候特点，充分发挥四川种植业粮经复合优势，在稳定粮食生产的基础上，确定其最具竞争力的农产品种类，大力发展粮经饲复合型农业生产，做大做强优势特色农业。二是大力发展农产品精深加工，提高农产品的附加价值。着力推动特色农业种植规模化，大力实施农产品加工业提升行动，引导、支持家庭农场、农民合作社和中小微企业等发展农产品深加工产业，不断延伸产业链，提升农产品附加值，有效促进农业增效、农民增收。三是强化农产品的标准化体系构建。农产品的标准化对确保其质量和安全至关重要，可以避免我国因农产品生产的分散性和小规模而导致的品质不一、难以塑造品牌价值的问题。因此，我们需要迅速构建一个标准化体系，该体系涵盖从种植到生产的每一个步骤，并连接加工、运输等多个环节，实现全产业链和全供应链的无缝对接。四是打造四川特色农产品品牌，提升产品的市场认知度。通过广告宣传，参加各种展览、交易会等方式，让更多的消费者了解和认可四川的农产品品牌，从而形成品牌效应，增加产品的品牌价值，并借助具备市场分析、策划、推广等专业技能的营销人员帮助四川农产品走出国门、走向世界。

（四）加快农村三产深度融合，拓宽农民就业增收渠道

一是强化技术革新。利用数字化农业等前沿技术，消除农业内部子产业之间以及农业与其他产业之间的技术障碍，逐渐打破产业间的界限。同时，完善农业技术创新的奖励机制，激发农科人员的创新热情，大力支持企业在农业科技上的研发，建立农业科技的金融、信息和品牌服务平台，以加速技术革新的进程。二是突出农民的核心地位。建立农业多产业的综合经营体系，通过各种方式吸引农民参与农村多产业融合，改变农民仅依赖传统农业增收的局面。三是加强推动农业与旅游的深度融合。农旅结合能够应对传统农业发展模式的局限性，推动农业产业结构的转型。四川应利用其独特的农

业特色，发展如生态旅游、乡村游、农业体验游等农旅结合产业，挖掘农业生态和乡村文化，进一步推动农业产值的增长，从而促进农民收入、农村进步和农业升级。四是政府应增强对产业整合的政策支持。政府应通过财务、税务、法规等措施为农村三产的融合创造有利的环境，促进农村三产的深度整合与进步。

（五）健全农业社会化服务体系，促进农业高质量发展

一是创新农业社会化服务的形式、策略和机制，设立农业社会化服务的行业典范和地区示例，通过典型案例来引领和加速农业社会化服务的发展。推动农业社会化服务从大田作物向经济作物拓展，在农技推广、农产品质量安全监管、农机农资、农业信息等领域构建公益性与经营性服务体系。二是完善服务主体与小农户利益联结机制。四川省应积极探索生产托管、折股量化、产业化联合体等对接模式，鼓励服务主体将农业经营利润更多地向农户倾斜，提高小农户参与农业社会化服务的积极性与获得感，从而充分释放农业社会化服务的发展活力。三是加大对绿色高效生产技术研发与推广服务组织的扶持力度，在相关政策资金等方面给予倾斜，为相关从业者提供更多的技能培训机会，在产前、产中、产后各环节全面提高服务组织覆盖率。四是建立服务组织监测机制。对服务组织运行情况进行动态管理、综合评价，构建完善的监测标准、评定条件体系，并定期对服务组织按照评定标准进行核查、监测、评定，为服务主体营造良好竞争环境。

B.13
2023~2024年四川省工业经济
发展形势分析与预测[*]

王 磊[**]

摘 要： 2023年四川工业经济呈现明显的康复修养式发展态势，增速缓慢回升，整体持续向好。2024年，全省将深入实施治蜀兴川新发展战略，推动六大优势产业提质倍增，促进传统产业转型升级，培育战略性新兴产业和未来产业，增强产业链韧性和产业集群实力，努力形成综合竞争优势乃至新质生产力，确保工业提质增效并实现合理增长。

关键词： 四川省 新型工业化 工业经济

　　2023年是贯彻落实党的二十大精神的开局之年，也是疫情过后四川工业恢复发展的一年。根据党的二十大精神和习近平总书记对四川工作系列重要指示精神，四川省委省政府制定"四化同步、城乡融合、五区共兴"的新发展战略，并提出以新型工业化为主导构建现代化产业体系，坚定走工业兴省、制造强省之路，为全省工业发展注入新的动力，推动工业经济逐步恢复、持续向好，预计全年将实现或接近实现预期目标。2024年是全省深入实施治蜀兴川新发展战略、推动工业转型升级、提升发展质量的关键一年，尽管仍面临较多不确定性，但随着全省经济整体向好及一系列支持工业发展政策措施的持续发力，预计全年工业将

---

　　* 基金项目：四川省社会科学院2021年度院级孵化项目"西部地区国家高新区构建现代产业体系研究"（项目编号：21FH06）。
　　** 王磊，四川省社会科学院产业经济研究所副研究员，主要研究方向为产业经济学。

实现7%左右的增长，并进一步提升发展质效，为全省经济高质量发展提供有力支撑。

一 2023年1~9月四川工业经济运行趋势

（一）工业整体呈增长趋势，持续恢复向好

2023年是贯彻落实党的二十大精神的开局之年，国际政治经济形势依旧复杂严峻，特别是俄乌冲突以及美西方国家为应对通货膨胀，持续大幅加息缩表，显著增加了制造业企业融资成本，也使能源、原材料等大宗商品价格大幅波动，抑制了企业投资和消费需求的增长，多国外贸进口量持续减少，给全球经济贸易恢复带来较大不确定性，也使我国外需受到较大影响，出口增幅放缓。国内需求受疫情影响，恢复仍需要一个过程，对四川工业经济运行也带来较大影响。2023年1~2月，四川省工业顺利实现开门红，2月增速达7.1%，3月受国内外需求陡降的影响，增速降为-6.4%，4月恢复至3.4%。随后，随着全国及四川省经济的企稳回升，全省工业各月增速又恢复到7%以上（见表1）。2~9月累计增速由2~3月的0.4%升至6.8%，高于同期全国工业平均增速2.8个百分点，也高于全省GDP6.5%的增速。其中国有工业企业同比增长9.2%，集体所有制企业同比增长21.0%，外商投资企业同比增长9.3%，股份制企业同比增长6.7%。新兴工业产品产量大幅增加，其中单晶硅同比增长115.5%；新能源汽车同比增长66.7%；智能电视同比增长66.3%；显示屏同比增长28.2%；发电机组同比增长22.1%；钢材产量达2945.2万吨，同比增长18.9%；天然气产量443.7亿立方，同比增长8.7%①。

---

① 资料来源于四川省统计局网站。

表1 2023年2~9月四川省规模以上工业增加值月度及累计增速情况

单位：%

	2月	3月	4月	5月	6月	7月	8月	9月
当月	7.1	-6.4	3.4	7.4	8.1	7.1	22.0	—
累计	7.1	0.4	1.4	2.9	4.3	4.7	6.4	6.8

（二）结构调整力度加大，区域布局持续优化

党的二十大召开后，四川省委省政府依据党的二十大精神和国内外经济新形势，对全省工业发展战略进行了调整。中共四川省委十二届三次全会审议通过《中共四川省委关于深入推进新型工业化加快建设现代化产业体系的决定》，提出坚持把发展实体经济放在首位，以工业为主擎构建四川现代化产业体系，坚定实施工业兴省、制造强省战略，推动优势产业延链、传统产业升链、新兴产业建链，推动制造业转型升级，并明确提出实施电子信息、装备制造、先进材料、能源化工、食品轻纺、医药健康等六大优势产业提质倍增计划，以及战略性新兴产业引育计划，全力打造一批"地标"产业和先进制造业集群，推动全省工业结构调整力度加大。1~9月，全省工业41个大类行业中有25个工业增加值实现增长。其中，电气机械制造业同比增长26.2%，化学原料和化学制品同比增长16.4%，生物医药同比增长10%。全省六大优势产业同比增长7.3%，高于规模以上工业0.5个百分点。其中，先进材料、医药健康产业分别同比增长20.9%、10.3%。传统产业改造力度加大，战略性新兴产业发展步伐明显加快，规模以上高技术制造业同比增长6.3%。其中，航空、航天器及设备制造业增长19.2%，医药制造业增长8.2%，电子及通信设备制造业增长8.7%[1]。同时，全省大力推动工业节能降耗、低碳绿色发展，制造业数字化、智能化转型稳步推进，前三季度全省绿色低碳优势产业同比增长

---

① 资料来源于四川省统计局网站。

14.4%，其中动力电池和晶硅光伏分别增长50.3%和23.3%。

全省五大经济区和重点市州工业经济恢复发展态势良好。1~9月，成都平原经济区各市州规模以上工业增加值增速分别为乐山9.8%、遂宁8.4%、绵阳8.5%、眉山8.4%、成都7%、资阳7%、雅安6.9%、德阳6.9%，均高于全省平均增速。川南经济区四市的工业增加值增速分别为宜宾12.2%、内江6.6%、泸州6.5%、自贡6.2%。川东北经济区各市州工业增加值增速分别为广元8.0%、广安6.8%、达州4.3%、巴中2.7%、南充0.2%。攀西经济区的凉山州和攀枝花市工业增加值增速分别为10.0%和6.7%。川西北生态示范区的甘孜州工业增加值增速排名全省第一，达15.4%；阿坝州为10.8%，整体增速领跑全省。五大经济区工业协同共兴初显成效。

（三）完善企业培育体系，增强市场主体活力

四川省委省政府高度重视市场主体培育，提出优势企业培育计划，支持先进优质工业企业做大做强，重点聚焦六大优势产业、高新技术、战略性新兴产业和新经济等重点领域，深入实施"贡嘎培优"和"珠峰攀登"计划，启动实施创新型企业培育"三强计划"，构建"强领军、强主干、强基础"的创新型企业梯次培育体系，重点培育具有国际竞争优势的产业链"领航"企业、科技型中小企业，推动高新技术企业扩容倍增，并出台众多政策支持工业企业恢复发展。但受工业品价格持续下行的影响，1~9月，全省工业生产者出厂价格指数、购进价格指数同比分别下降2.4%、2.6%，其中PPI已连续9个月下跌，致使企业盈利有所下降。截至8月末，全省规模以上工业企业资产总计66164.4亿元，同比增长6.5%；1~8月，全省规上工业企业实现营业收入30845亿元，同比增长1.1%；实现利润2611.4亿元，同比下降4%。从不同行业看，全省41个工业大类行业有17个利润总额实现增长，2个持平，22个下降，行业增长面为41.5%。大型企业集团经营稳定，8月全省前50强企业有33家实现增长。2023年，有15家企业入选中国企业500强。中小工业企业发

加快，目前，全省共有 3280 家专精特新企业，约占规模以上工业企业的 1/8，有 447 家专精特新"小巨人"企业。1~8 月，全省规模以上工业企业产品产销率达 97.1%①。

二 2024年四川省工业发展面临的形势和趋势分析

2024 年，国内外经贸环境更趋复杂，全球经济受地缘政治冲突和欧美加息缩表的影响，需求减弱，增长动力不足，并有可能出现危机和衰退；我国经济运行仍处于恢复发展期，增加了四川工业提速的难度。但整体来看，2023 年全省工业恢复回升态势明显，全国及四川省高度重视工业发展，且经济整体长期稳定向好的趋势未变，四川各地将全面深入贯彻落实省委省政府确定的发展战略，坚定实施工业兴省、制造强省战略，加快新型工业化建设步伐，预计 2024 年，全省工业将在尽快恢复的基础上，继续勇挑全省经济增长的大梁，实现 7% 左右的增长。

（一）国际宏观发展环境仍然复杂严峻

国际地缘政治更趋复杂，俄乌冲突长期化和巴以冲突的突然爆发，进一步加剧了全球能源、粮食、原材料等大宗商品价格的波动；美西方国家破坏世贸规则，加快构筑"小院高墙"，严重破坏全球产业链、供应链。美国大幅加息缩表，吸引资本回流，导致美元持续升值，多国货币大幅贬值，欧盟、日本、韩国等发达经济体经济增长乏力、制造业低迷；多数新兴及发展中国家则被动遭受较高的输入性通胀，并引发资本外流，债务风险明显加大，不得不跟进大幅加息，这显著降低了全球消费需求，增加了企业的融资及生产成本，致使经济增速明显放缓，国际贸易需求减弱，金融和债务风险加大。国际货币基金组织（IMF）、经合组织和世界银行等均预测 2024 年全

---

① 资料来源于四川省统计局网站。

球经济增速将低于3%。世贸组织也预测2024年全球货物贸易增速降至3%左右，这给全球及我国工业发展带来较大冲击，也增加了四川工业经济运行的不确定性。

（二）全国经济企稳回升持续向好的趋势未变

2023年以来，受国际地缘政治冲突、美欧等国家加息缩表以及国内需求不振的影响，我国经济增速有所放缓，但通过实施积极的财政政策、适时降低存款准备金率和利率、调整房地产政策、鼓励投资、扩大消费、促进出口等稳市场主体、稳增长、稳就业的政策措施，国民经济及工业经济恢复向好。同时，党和国家高度重视工业发展，专门召开全国新型工业化推进大会，习近平总书记多次对工业高质量发展和加快新型工业化建设进程做出重要部署，有力地支撑了工业恢复。1~9月，我国国内生产总值达91.3万亿元，同比增长5.2%，规模以上工业增加值同比增长4%，制造业同比增长4.4%，9月制造业采购经理指数上升至50.2%，恢复到荣枯线以上，企业生产经营活动预期指数也升至55.5%。前三季度，全国固定资产投资同比增长3.1%，其中制造业投资同比增长6.2%，高技术产业投资同比增长11.4%[①]；消费需求也在持续恢复，工业出口增加，其他多项指标回升向好，积极因素增多，预计第四季度工业将进一步企稳回升，保持合理增长。2024年是我国全面贯彻落实党的二十大精神，加快现代化建设的关键一年，我国将全力推动工业智能化、绿色化、融合化转型升级，加快新型工业化建设步伐，确保工业经济持续回稳、长期向好。

（三）2024年四川省工业将保持恢复回升发展态势

尽管国内外宏观经贸环境不确定因素仍较多，但四川工业恢复向好，且保持长期稳定增长的基础和条件仍在，特别是2023年以来，国家和四川省相继出台支持新型工业化发展的政策措施，包括四川出台的《聚焦高质量

[①] 资料来源于四川省统计局网站。

发展推动经济运行整体好转的若干政策措施》《关于进一步激发市场活力推动当前经济运行持续向好的若干政策措施》等，有力支持了全省工业的恢复发展。省委十二届二次、三次会议的胜利召开，为全省经济及工业发展指明方向，后续必将还会出台一系列政策措施，全面贯彻落实会议精神，支持构建现代化产业体系、推进新型工业化、建设制造业强省目标的实现。这些政策措施的落地实施，将为全省工业的恢复发展注入新的动力。从全省工业投资、消费和出口趋势来看，2023年1~9月，全省工业投资同比增长23.1%，社会消费品零售总额18940.6亿元，工业品销售保持合理增长，但出口呈下降趋势，9月工业用电量同比增长21%。以上数据显示四川省工业韧性强、潜力大，持续稳定增长的趋势未变，预计2024年，全省工业将进一步恢复并保持稳步回升态势，实现7%左右的增长，工业发展质效进一步提升。

三 2024年四川工业经济高质量发展的对策建议

全面贯彻党的二十大会议精神，以及省委省政府的各项决策部署，发挥新型工业化主导作用，坚持工业当先、制造为重，按照"三化三升七倍增"基本思路，统筹推进稳增长、增动能、促转型、强主体、建集群等工作，推进产业智能化、绿色化、融合化发展，确保工业经济提质增效，并实现合理增长，为全省经济稳增长提供有力支撑。

（一）创新政策支持方式，构筑坚实增长基础

全面贯彻党的二十大会议精神，落实四川省委十二届二次、三次会议部署，把加快推进新型工业化、建设制造业强省、构建现代化产业体系作为核心目标，全力做好能源电力、原材料、交通物流、金融、科技等关键要素的保障工作，重点确保水电气及各类工业原材料稳定供应。依据全省工业发展新趋势，特别是外需不振、内需不足、企业盈利下降等特点，创新支持方式，聚焦促进工业投资、增加消费、扩大出口，制定和实施一批有针对性的鼓励扶持政策；积极承接产业转移，加大招商引资力度，培育壮大市场主

体，努力开拓新兴市场，增加有效出口，推动工业稳定增长。全面深化行政管理体制改革，增强各级政府宏观调控能力，优化工业企业营商发展环境。积极参与全国统一大市场建设，加快融入双循环发展新格局，深化与"一带一路"沿线国家和地区合作，共同推进成渝地区双城经济圈及长江经济带制造业高质量发展。

（二）健全现代化产业体系，增强发展动力

突出工业当先、制造为重，大力实施工业兴省、制造强省战略，全面落实省委十二届二次、三次会议精神，推动电子信息、装备制造、先进材料等六大优势产业提质增速，促进有色冶金、建材纺织等传统产业转型升级，培育壮大新一代信息技术、人工智能、新能源、新材料、卫星网络、生物技术等新兴产业，推进产业智能化、绿色化、融合化发展，促进产业基础高级化、产业链现代化，打造优势产业集群，加快形成韧链强群融合发展的现代化工业新格局，增强综合竞争力，全面提高发展质量和效益。深入实施创新驱动发展战略，加强关键核心技术攻坚，强化企业创新主体地位，加快推动产业链和创新链融合。同时，瞄准世界科技进步和产业变革趋势，加快新兴和未来产业发展，培育打造更多新模式、新产业、新业态，努力抢占未来发展制高点，培育打造一批具有较大发展潜力和较强竞争力的战略性新兴产业集群。加快产业数字化转型，深入推动新一代信息技术与制造业融合发展，打造一批制造业数字化转型促进中心，推动建设一批先进的数字车间、智能工厂和数字化龙头企业；推动产业开发区、制造业基地数字化、智慧化建设，促进网络强省、数字四川建设。充分发挥全省清洁能源产业优势，推动工业企业环保节能降碳，实施制造业绿色改造工程，支持绿色产品认证，构建绿色供应链、建设绿色工厂、绿色园区、近零碳排放园区，推进工业低碳绿色发展。

（三）完善市场主体培育体系，增强企业综合竞争力

深入推进制造业企业"贡嘎培优""珠峰攀登"和科技创新企业"三

强计划"，完善中小企业梯度培育体系，健全孵化培育功能，优化创新创业生态环境，构建大中小企业融通、上中下游企业协同、内外资企业共生共赢的产业生态体系，全面激发企业活力和内生增长动力。支持龙头企业做大做强，助推中小企业向"专精特新"方向发展，培育壮大"小巨人"企业群体。重点围绕"六大优势产业"，培育一批创新能力强、经济规模大、行业地位高、示范引领强的创新型领军企业，争创世界一流企业。支持龙头企业开展兼并重组和投资合作，打造集研发、制造、服务于一体的大型企业集团和世界一流企业，支持大型企业集团增强国际竞争力。加快培育高新技术企业，增加专精特新、"小巨人"、独角兽和单项冠军企业数量。鼓励大中小企业加强分工协作，实现链式集群发展，增强整体综合竞争力。加大行政管理体制改革创新力度，完善管理服务体系，构建亲清政商关系，以降本增效、提高企业发展活力和发展质量为导向，全面优化投资创业环境，努力营造市场化、法治化、国际化一流营商环境，吸引更多企业、资金、人才、技术等高端要素入川发展。坚持"两个毫不动摇"，持续优化国企敢干、民企敢闯、外企敢投的制度环境，推动各类市场主体蓬勃发展、竞相成长。

（四）强化分工协作，推动五区共兴

按照"四化同步、城乡融合、五区共兴"的战略部署，在重点突出五大经济区及各市州工业特色和竞争优势的基础上，进一步加强各区域及各市州工业的分工协作及协同配合，努力在招商引资、要素保障、资源配置、技术创新、产品开发、市场开拓、品牌建设等领域加强合作，努力形成发展合力。按照"一轴、两翼、三带"的布局，重点支持成都平原经济区先进制造业聚集，支持川南及川东北经济区工业转型升级，加快"三带"制造业集群发展，打造一批工业强县，形成全省工业协同发展新格局。全面提升产业园区发展质量，重点支持国家级高新区和经开区提档升位，支持省级特色园区建设，鼓励有条件的园区积极申报升级为国家级开发区，增强产业承载和聚集能力。积极申报并加快再建设一批国家级、省级产业集群和新型工业

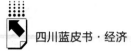

化产业示范基地，提升工业集群协同发展水平，推动新型工业化产业示范基地提质增效。深化川渝工业合作，重点加强两地工业企业、产业园区的协同配合，深入推动成渝地区双城经济圈建设，加快建设中西部工业经济增长极。加强与长江经济带各省市的制造业协同发展，并充分利用国际产业结构调整、产业链和供应链重构的机遇，积极吸引欧洲、日韩产业资本入驻，加强与"一带一路"沿线国家合作，增强外贸出口能力。

B.14
2023~2024年四川省服务业
发展形势分析与预测

何　飞*

摘　要： 2023年四川省服务业呈现持续快速增长、区域集聚态势明显、消费市场表现不俗、开放水平持续提升等特点。未来，服务业发展面临服务业成为经济增长主要动力、产业深度融合发展、服务业扩张性呈现多元化等趋势。2024年，四川服务业发展应在推进产业深度融合、培育市场主体、打造市场载体、持续扩大开放等几个方面发力。

关键词： 服务业　高质量发展　产业融合

服务业是社会发展水平的重要标志之一，逐步成为推动经济发展的主动力产业。2023年，四川全面部署服务业"三百工程"，深入实施服务业赋能融合计划，着力实施市场拓展"三大活动"，推动服务业提质增效升级，促进服务业高质量发展。

一　2023年四川省服务业发展特点

2023年前三季度，四川完成地区生产总值43387亿元，按可比价格计算，同比增长6.5%；服务业增加值为23237.6亿元，同比增长7.7%，高于第一产业增速3.8%和第二产业增速5.8%。2023年，四川省服务业发展呈现以下几个特点。

---

* 何飞，四川省社会科学院产业经济研究所副研究员，主要研究方向为产业经济、区域经济。

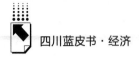

（一）服务业实现持续快速增长

自 1998 年起，四川服务业持续快速增长。2013 年，全省服务业增加值突破万亿元；2017 年服务业增加值比重超过 50%；2018 年规模迈上新台阶，突破两万亿元。经过长期快速发展，四川服务业取得显著成效，成为全省经济增长的主动力，表现为"6789"，即贡献约占全省税收的 6 成、城镇新增就业的 7 成、固定资产投资的 8 成、市场主体的 9 成。2023 年前三季度，四川服务业实现增加值 23237.6 亿元，同比增长 7.7%，增速高于全国 1.7 个百分点。

（二）区域集聚态势明显

2023 年，四川省服务业区域协调发展布局持续优化。成都市服务业核心功能、极核辐射主干带动作用更加明显。2023 年上半年，成都服务业扩量提速，全市实现服务业增加值 7313.31 亿元，同比增长 8.1%，分别高于全国、全省 1.7 个、1.1 个百分点，占全省比重为 46.3%。服务业增加值占经济总量比重的 68.3%，对经济增长的贡献率逾九成，是全市经济增长的主要引擎。2023 年上半年，绵阳市、德阳市、乐山市、泸州市、南充市、宜宾市、达州市、凉山州等 8 个区域性服务业中心城市服务业增加值分别实现 936.39 亿元、600.85 亿元、534.2 亿元、550.7 亿元、635.73 亿元、659.43 亿元、604.7 亿元、493.08 亿元，总计 5015.08 亿元，占全省的 31.97%，区域中心城市地位进一步提升，服务业区域协调发展布局持续优化。

（三）消费市场表现不俗

2023 年前三季度，四川全省实现社会消费品零售总额 18940.6 亿元，同比增长 9.2%。特别是在餐饮消费上，前三季度四川接触型消费加速恢复，实现餐饮收入 2539.2 亿元，同比增长 16.1%，增速高于全国 2.4 个百分点，较上半年加快 3.1 个百分点，连续 6 个月保持两位数增长。城镇实现消费品零售额 15804.6 亿元，同比增长 9.4%；乡村实现消费品零售额 3136.0 亿元，增长 8.0%。

（四）开放水平持续提升

加大现代服务业领域开放力度是实行高水平对外开放的重大举措。四川坚持以融入"一带一路"建设、服务新发展格局为引领，深入推进服务业领域对外开放。2023年1～8月，四川实现进出口贸易总值6022.8亿元，其中出口3826.7亿元，进口2196.1亿元。2023年1～8月，四川全省跨境电商进出口交易规模达754.2亿元，同比增长22.4%；实现市场采购贸易方式出口交易额187.6亿元，同比增长26.1%。2023年1～8月，四川对外直接投资额达103.4亿元，对外承包工程完成营业额达255.6亿元。成都市作为最新一批国家服务业扩大开放综合试点，以持续增强的服务能力深入链接全球大市场。成都与108个国外城市缔结为友好城市或友好合作关系城市；驻蓉领事机构增至23家，居中西部第一位。目前，成都正围绕重点领域改革、"两业"融合、重点平台示范、体制机制优化和要素保障等重点任务，积极推动构建服务业对外开放新体系。

当前，服务业已成为全省经济社会发展的主要动力源，但仍面临一些问题和挑战。一是整体规模仍有提升空间。2023年前三季度，四川服务业增加值为23237.6亿元，占全省地区生产总值的52.95%，低于全国平均水平（55.09%）2.14个百分点，发展规模仍有一定的提升空间。二是市场主体竞争力不强。服务业企业普遍规模不大，规模以上企业少，大企业大集团更少，缺乏龙头和骨干企业，综合竞争力不强。2023年9月，全国工商联发布"2023中国民营服务业企业100强排行榜"，四川企业无一家上榜。三是产业结构有待优化。生产性服务业比重不高，生活性服务业高品质供给不足，现代服务业发展水平有待提升，产业融合深度不够，对制造业和农业支撑作用不强。

二 2024年服务业发展面临的形势

"十四五"时期是服务业高质量发展关键阶段，服务业发展面临新的形势，也呈现新的发展趋势。

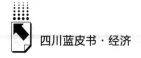
（一）服务业成为经济增长的主要动力

习近平总书记指出，中国居民消费和服务业成为经济增长的主要动力，要加快发展服务业，使之成为经济增长的新引擎、社会转型的新支撑。随着城市化、工业化发展到一定阶段，增长动力转换，发展方式也随之转变，投资对经济增长的贡献会有所下降，而消费会占据主导地位。国家统计局数据显示，2023 年前三季度，最终消费支出对经济增长贡献率超过八成，三季度消费对经济的贡献率超过九成。服务业和消费较快增长为经济恢复提供了强劲动力。未来，要大力发展现代服务业，提升服务业发展能级和竞争力，推动形成新的增长点，逐步增强服务业的支撑作用。

（二）产业深度融合发展趋势

2023 年 6 月，四川省委第十二届三次全会提出，到 2035 年，制造业强省、农业强省、服务业强省基本建成。全会强调推动三次产业高质量融合发展，促进现代服务业同先进制造业深度融合。为此，要大力实施服务业赋能融合计划，打造服务业高质量发展示范区，着力开展"两业融合"试点，大力发展生产性服务业，支持服务业企业向制造环节拓展，培育服务型制造，推动现代服务业同先进制造业深度融合。

（三）服务业扩张性呈现多元化趋势

服务业多元扩张逐步成为现代化产业体系的一个重要特征。服务业多元扩张是指服务业在数字经济时代逐渐呈现的一种新型扩张性演进变化规律，服务业的从业形式、产品类别、服务特征等将越来越多样化，包括服务业就业规模扩张、服务业服务内容扩张、服务业服务形式扩张、服务业服务速率扩张、服务业消费受众扩张等。新型服务品类将加速涌现。随着数字经济的发展，许多新业态、新产品会不断涌现，数字经济在服务业中应用比例不断提高。随着收入增长，需求层次结构也会扩张，消费结构逐渐趋向服务业消费。从国际经验看，中国服务业扩张空间十分充裕。

三 促进四川服务业高质量发展的对策建议

2024年，四川要把握趋势，突出重点，围绕构建现代服务业产业体系，加快推进服务业强省建设。

（一）深入推进产业融合

一是协调区域差异，促进服务业与制造业深度融合。综合区域的经济社会发展基础和资源禀赋条件，构建优化区域联动发展机制，打通堵点，促进劳动力、技术、信息等要素流动和共享。推动产业跨区域流动，促进产业深度融合和协同发展。二是深入实施服务业赋能融合计划，促进数字赋能、金融赋能、人才赋能等，加快发展高端生产性服务业，打造高能级融合发展平台，推动现代服务业与先进制造业深度融合。三是拓展现代服务业与现代农业融合路径，大力发展农业科技服务业、农业流通服务业，积极发展休闲农业、会展农业、体验农业等。四是推动服务业内部融合，在生产性服务业领域，积极发展科技金融、数字会展、在线检测等；在生活性服务业领域，积极发展智慧零售、文玩创意、研学旅游、数字餐饮、健康管理、定制服务等新兴业态。通过融合发展，推动产业链条延伸、技术渗透、模式重组，提升全要素生产率。五是加快数字技术创新，促进服务业与制造业深度融合。完善数字科技创新政策体系，加快数字技术研发平台建设，鼓励各类数字技术、数字产品、数字化转型服务的创新发展。加快产业数字化和数字产业化。围绕产业链部署创新链，培育新兴产业和未来产业，加快人工智能、区块链、5G等数字技术的创新升级。发挥数据作为新型生产要素的价值，提高全流程的数字化水平，创新产品形态和商业模式，推进产品和服务的创新升级。强化数字基础设施建设，培育数字人才，建设数字技术创新中心，加快构建数字产业化生态体系，提升产业数字化发展水平。

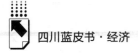

（二）着力培育市场主体

一是培育城乡地区多层次市场主体。在大力培育服务业大企业、大集团的同时，注重拓宽中小微服务业企业的发展空间，提升市场竞争力，促进其可持续发展。针对服务业发展相对滞后的农村和山区，因地制宜发展生产性和生活性服务业。加强区域间的合作交流，促进资源要素有效流动、优化配置，培育中小城市和农村地区的服务企业。二是培育一批领跑型企业。深入实施"新交子"领跑行动，建立完善重点服务业企业和"小升规"激励机制，推动服务业企业通过兼并重组等方式向规模化、品牌化发展，支持企业扩大连锁化经营。三是培育服务品牌。抓好四川老字号的示范创建，启动新一轮四川老字号认定工作。培育会展"名企""名馆""名展"。支持企业创建国家级、省级知名品牌，培育四川服务品牌。

（三）着力打造产业载体

着力打造现代服务业集聚区，强化服务业载体建设。一是以全面部署服务业"三百工程"（100个重大项目、100个重点企业和100个重点品牌）为抓手，择优支持服务业重大项目建设，创建服务业高质量发展示范区，打造消费新场景，推动服务业提质增效升级。二是加快推动现代服务业产业园区建设。加快对产业种类的补充及产业布局的优化，鼓励建设标准化厂房，为企业提供福利政策，吸引现代服务业企业入驻。立足城市经济发展状况和现代服务业规模，培育不同的现代服务业园区，发展优势产业，形成合理完备的产业链条，增强产业竞争力。注重园区内的品牌建设，拓展服务范围，提升服务品质，形成品牌效应，打造区域特色产业集群。构建现代化专业化服务业体系，培育现代服务业集聚要素，实现空间集聚、产业集聚、资源集聚，形成辐射带动能力强的区域特色产业集群。

（四）持续扩大服务业开放

一是进一步借助自贸试验区的建设发展，强化其服务业扩大开放引领作用。加快推进宜宾、德阳、资阳等 8 个自贸试验区协同改革先行区建设，利用自贸区各片区之间的联动建设搭建服务业扩大开放合作平台，加强区域间经济合作，推动国内外高端资源的整合与优化配置，促进产业融合，推动服务业扩大开放。二是深入推进制度体系改革，营造国际化、法治化的外资营商环境。进一步降低服务业市场准入限制，加大自贸试验区服务业开放举措，提升外商投资自由化水平。进一步完善配套细则，推动外商投资管理便利化。三是强化监管体系建设，提升服务业开放的风险监管水平。建立完善综合监管信息平台，推动监管数据的互联互通，构建多元化主体协同监督机制。创新监管方式方法，促进跨境电商、数字贸易等服务业新业态规范发展，提升服务领域新业态的开放风险防范治理水平。

参考文献

彭茜：《四川：构建优质高效的服务业新体系　推动服务业高质量融合发展》，https：//baijiahao. baidu. com/s？id = 1776737838663702395&wfr = spider&for = pc，2023 年 9 月 11 日。

四川省政府新闻办：《2023 上半年四川地区生产总值 27901. 01 亿元，同比增长 5. 5%》，https：//baijiahao. baidu. com/s？id = 1771817477378338638&wfr = spider&for = pc，2023 年 7 月 19 日。

四川省政府新闻办：《四川前三季度 GDP 增长 6. 5%　第三季度增速创近年季度新高》，https：//baijiahao. baidu. com/s？id = 1780163909543818292&wfr = spider&for = pc，2023 年 10 月 19 日。

张俊伟：《服务业和消费较快增长为经济恢复提供强劲动力》，https：//finance. eastmoney. com/a/202310242878661026. html，2023 年 10 月 24 日。

迟福林：《先进制造业与现代服务业融合发展趋势研究》，《行政管理改革》2023 年第 5 期。

太平、李姣：《中国服务业高水平对外开放的困境与突破》，《国际贸易》2022 年第 6 期。

B.15
四川省绿色低碳优势产业发展研究

蓝泽兵 韩晓宇 韦涛 许梁彬 卢禹璇*

摘 要： 发展绿色低碳优势产业是全面服务国家碳达峰碳中和战略、培育四川经济增长新动能的战略选择。近年来，四川绿色低碳优势产业增势强劲，动力电池、晶硅光伏、钒钛等细分行业发展迅猛，已成为支撑全省经济发展的重要引擎，但也面临综合实力提升、全产业链开发、资源优势转化等领域问题的制约。为此，四川应着力聚焦重点领域、突出关联互补、注重科技创新、引导集聚集中、强化发展保障，推动绿色低碳优势产业高质量发展。

关键词： 绿色低碳 高质量发展 "双碳"战略

在国家碳达峰碳中和战略目标导向下，中共四川省委十一届十次全会出台《中共四川省委关于以实现碳达峰碳中和目标为引领推动绿色低碳优势产业高质量发展的决定》，提出加快把四川建设成为全国重要的先进绿色低碳技术创新策源地、绿色低碳优势产业集中承载区、实现碳达峰碳中和目标战略支撑区、人与自然和谐共生绿色发展先行区，走出一条服务国家战略全局、支撑四川未来发展的绿色低碳发展之路。本文根据统计局发布数据，系统分析四川省绿色低碳优势产业的现状特征与主要问题，提出加快产业发展的对策建议，为推动绿色低碳优势产业高质量发展提供决策参考。

---

* 蓝泽兵，四川省数字经济研究中心高级经济师，主要研究方向为数字经济、产业经济；韩晓宇，四川省发展和改革委员会产业发展处一级主任科员；韦涛，四川省数字经济研究中心研究人员，主要研究方向为数字化转型；许梁彬，四川省数字经济研究中心研究人员，主要研究方向为大数据分析；卢禹璇，四川省数字经济研究中心研究人员，主要研究方向为产业经济。

一 四川省绿色低碳优势产业发展的现状特征

按照省委部署，四川省绿色低碳优势产业分为清洁能源产业、清洁能源支撑产业、清洁能源应用产业三大门类，并进一步细分行业领域，自2021年开始纳入统计范围。总体来看，绿色低碳产业正在成为四川吸引集聚全球资源要素、重塑产业竞争优势、推动高质量发展的新动能。

（一）产业发展增长势头强劲，对工业经济支撑有力

1. 产业总体发展增势强劲

增加值方面，2022年绿色低碳优势产业增速高达19.8%，高于规上工业16个百分点。营业收入方面，2021年首次突破万亿元规模，2022年达到1.37万亿元，连续两年保持20%以上的高速增长且大幅领先规上工业增速，占规上工业比重由22.2%增至24.9%。利润总额方面，连续两年保持35%以上的高速增长，2022年高于规上工业32.3个百分点，占规上工业比重由21.7%增至32.1%（见表1）。总体来看，近两年四川省绿色低碳优势产业增长强劲，主要经济指标增速持续领跑工业经济。

表1　2021~2022年绿色低碳优势产业与规上工业营收和利润增速情况

单位：亿元，%

指标	绿色低碳优势产业		规模以上工业	
	2021年	2022年	2021年	2022年
增加值增速	—	19.8	9.8	3.8
营业收入	11682.7	13704.5	52583.4	54932.4
营收增速	20.2	26.7	15.0	3.6
利润总额	947.5	1551.1	4359.2	4836.3
利润增速	36.0	43.0	34.3	10.7

2. 三类产业发展特征鲜明

一是清洁能源产业保持平稳较快发展，营收占比升高、利润占比下滑，

其中营收占比由 2021 年的 29.3%升至 2022 年的 32.5%，利润占比由 2021 年的 47.3%下降至 2022 年的 37.3%。二是清洁能源支撑产业高速发展，营收和利润占比均在上升，其中营收占比由 2021 年的 29.0%升至 2022 年的 33.8%，利润占比由 2021 年的 28.2%升至 2022 年的 31.4%。三是清洁能源应用产业增长迅猛，营收占比降低、利润占比上升，其中营收占比由 2021 年的 41.7%降至 2022 年的 33.7%，利润占比由 2021 年的 24.5%升至 2022 年的 31.3%（见表2）。总体来看，三大行业营业收入和利润占比呈现均等化演变的趋势，三大行业大致各占绿色低碳优势产业的 1/3。

表 2　2021～2022 年绿色低碳优势产业三大行业营收和利润占比情况

单位：%

指标	清洁能源产业		清洁能源支撑产业		清洁能源应用产业	
	2021 年	2022 年	2021 年	2022 年	2021 年	2022 年
营业收入占比	29.3	32.5	29.0	33.8	41.7	33.7
利润占比	47.3	37.3	28.2	31.4	24.5	31.3

（二）重点细分行业发展迅猛，主要指标领跑工业经济

动力电池、晶硅光伏、钒钛和大数据产业作为绿色低碳优势产业的重点细分行业，也是四川省重点培育发展的新兴行业，产业发展势头迅猛，未来发展前景乐观，有望成为四川省重点发展的主导产业。

1. 动力电池行业迅猛发展

近年来，四川成为动力电池投资热土，形成以宜宾、成都、遂宁和眉山为代表的产业集群，头部动力电池厂商主要包括宁德时代、中创新航、蜂巢能源、国轩高科等，中上游材料企业也纷纷加速入川，产业整体发展形势迅猛。2021 年以来，动力电池营业收入和利润均保持高速增长，2022 年动力电池行业营收首次突破千亿元大关，增速达 182.6%，利润突破 50 亿元大关，增速达 284.2%，增速同比大幅领先 2021 年，已经成为绿色低碳优势产业中增长最快的行业，对工业经济拉动作用明显（见表3）。

表3　2021~2022年动力电池行业营收和利润情况

单位：亿元，%

指标	2021年	2022年 2月	2022年 4月	2022年 6月	2022年 8月	2022年 11月	2022年
营业收入	620.1	151.2	371.7	548.2	797.8	1258.7	1421.0
营收累计同比增速	58.0	138.9	149.6	203.2	226.6	199.2	182.6
利润总额	18.9	2.4	8.6	12.8	29.4	52.4	68.0
利润累计同比增速	8.0	−29.4	65.4	265.7	553.3	306.2	284.2

2. 晶硅光伏行业快速发展

作为晶硅光伏产业"重镇"，四川省是光伏产业链上游多晶硅料的主要生产省份之一，其中多晶硅产量约占全国产量的13%，仅次于新疆和云南。协鑫科技、通威股份、隆基绿能、天合光能、晶科能源等多家光伏龙头企业以直接或参股的方式落地四川，形成以乐山、成都为代表的晶硅光伏产业集群。2021年以来，晶硅光伏营业收入保持较高速度增长，利润更是呈现翻倍式增长。2022年晶硅光伏营收在2021年突破千亿元大关的基础上，再次突破两千亿元大关、增速达到80.4%，利润突破300亿元大关、增速达到156.3%，呈现出高速发展、行情向好的发展趋势（见表4）。

表4　2021~2022年晶硅光伏行业营收和利润情况

单位：亿元，%

指标	2021年	2022年 2月	2022年 4月	2022年 6月	2022年 8月	2022年 11月	2022年
营业收入	1008.9	220.8	534.4	840.7	1133.2	1966.9	2201.3
营收增速	63.0	117.8	113.4	84.8	73.3	86.9	80.4
利润总额	127.7	44.5	119.2	138.5	189.8	322.4	332.2
利润增速	321.5	535.7	427.4	240.3	214.2	186.1	156.3

3. 钒钛行业平稳有序发展

四川省是钒钛资源的主要储藏地，钒储量占全国的63%，居世界第三；已探明的钛储量占全国的93%，居世界首位，目前已形成以攀西地区为代表的钒钛产业集群。2021 以来，钒钛产业保持相对较快增长，2022 年营业收入接近 2000 亿元，增速达到 46.7%，利润突破 300 亿元大关，增速达到 108.3%，产业增长势头仅次于动力电池和晶硅光伏两大行业（见表5）。

表5 2021~2022 年钒钛行业营收和利润情况

单位：亿元，%

指标	2021 年	2022 年 2 月	2022 年 4 月	2022 年 6 月	2022 年 8 月	2022 年 11 月	2022 年
营业收入	1188.0	241.7	547.8	867.4	1150.8	1638.9	1873.1
营收增速	31.9	61.9	59.9	61.9	52.9	43.2	46.7
利润总额	136.0	37.7	87.5	140.6	184.0	302.9	349.9
利润增速	83.0	154.7	178.7	167.8	141.2	106.3	108.3

4. 大数据产业初具规模

2022 年全省 100 个标准机架以上的已建、在建数据中心达 69 个，约有 21.5 万个机架，占全国机架总量的 4.3%。其中，东数西算成渝枢纽节点天府集群起步区共有 8.7 万个机架，占全省机架总量的 40.5%。全省着力做大做强大数据产业，打造"成德绵眉泸雅"大数据产业集聚区，2022 年数字经济核心产业增加值达到 4324.1 亿元，同比增长 6.5%，占地区生产总值比重为 7.6%。其中，成都大数据产业规模达 823 亿元，同比增长 35.89%，呈现较快发展势头。

（三）重大项目建设加快推进，产业引领带动作用显现

1. 重点产业项目加快建设

根据 2022 年初统计，四川省 327 个重点项目 2842.5 亿元计划投资中，绿色低碳优势产业项目达到 86 个 1279.9 亿元，分别占比 26.3%、45.0%，投资总额占据全省重点项目的近一半。170 个制造业重点项目 1469.3 亿元计划投资中，动力电池、晶硅光伏、钒钛产业项目达到 43 个 575.8 亿元，分别占比 25.3%、39.3%（见表6）。

表6　2022年绿色低碳优势产业项目投资情况

单位：

产业	项目数量 （个）	计划全年投资 （亿元）	投资增速 （%）	投资完成进度 （%）
绿色低碳优势产业	86	1279.9	5.3	61.8
其中:动力电池产业	30	456.6	67.5	87.8
晶硅光伏产业	6	61.9	23.0	57.7
钒钛产业	7	48.3	4.0	70.5
清洁能源产业	43	713.1	-13.9	45.1

2.新增备案项目加速布局

截至2022年底，四川省动力电池新增立项中创新航二期、川发龙蟒锂电新能源、昆仑新能源电解液、安宁新能源磷酸铁锂等投资过亿元项目有55个。晶硅光伏新增立项永祥高纯晶硅二期、四川协鑫、纳毕硅基材料等11个省重大项目。新增立项钒钛磁铁矿综合利用示范基地、川海钒钛合金、攀钢西昌钒钛资源综合利用等重大项目8个。

二　四川省绿色低碳优势产业发展面临的主要问题

（一）晶硅光伏产业综合竞争实力有待提升

一是上游价格大幅波动。2022年以来，多晶硅价格频繁波动，截至2022年8月累计上调28次，超过30万元/吨，较年初涨幅近60%，带动硅料企业盈利大幅提升；11月以来价格重新进入下跌行情，对行业可持续发展带来较大影响。二是优惠性电价"临期"，电价成本可能上升。水电消纳示范区优惠电价政策将于2025年到期，届时晶硅生产成本将大幅提高，可能对晶硅行业造成较大冲击。三是协作性企业较少，中下游配套发展不足。主要集中在多晶硅生产、拉棒切方、电池片生产等中上游环节，中下游产业话语权相对较弱，尤其是在光伏组件、逆变器、光伏电站建设方面缺乏话语权。

（二）动力电池全产业链综合开发亟须突破

一是产业前端锂矿资源开发仍然滞后。四川省锂辉石矿资源探明量居全国第1位，但目前处于开采阶段的仅有康定甲基卡和业隆沟，近期公布的新建项目投产将在2023年之后。二是省内产业后端需求相对不足。新能源汽车产能需求与动力电池产能供给错位，宜宾签约落地四川时代1~10期、时代吉利1期设计产能已达205GWh，不仅远超省内所需配套电池产能，也超过2021年全国新能源汽车电池需求总量（176GWh）。三是上游材料价格暴涨对动力电池产业形成冲击。在供应紧缺与需求旺盛形势下，上游碳酸锂价格呈爆发式上涨态势，中游动力电池企业不得不面对盈利不断下降的困境。2022年四川省动力电池营收利润率仅为4.79%，明显低于绿色低碳优势产业平均利润率11.32%。

（三）钒钛产业重大产业化项目支撑不够

一是钒钛资源综合利用水平亟待提升。目前四川省钒钛低成本提取和高效利用等关键技术尚未突破，导致资源利用效率较低，难以满足国家重大工程、国防建设和民用等领域的需求。二是钒钛应用产业发展滞后。省内现有企业集中于选冶分离、基础材料制造等前端产业，钛材及合金、钛基复合材料和功能材料等高端应用材料研发制造企业严重不足，钒钛资源就地转化率低，钒钛铁精矿、钛精矿外销比例高达50%、70%。

（四）数据中心资源有待加快开发应用

目前，全省在用数据中心整体上架率约为45.4%，其中大型超大型数据中心约47.5%，低于东部地区60%~70%的整体上架率。除成都、雅安外，其余市州机架总数仅占全省的25%，规模较小且分散，信息化资源综合利用率低，且省内市州数据中心之间的信息共享机制尚未建立。资源价值转化方面，四川省数据中心应用和服务水平有待提高，产业领域应用场景不多，对产业转型升级和地方经济带动作用有限。

三 推动四川省绿色低碳优势产业高质量发展的对策建议

（一）聚焦发展绿色低碳优势产业重点领域

1. 促进晶硅光伏企业就地扩大和转化产能

一是支持在四川省投资的龙头企业及生态伙伴就地延伸产业链，推进硅料、硅片、电池片、组件等全产业链发展，形成上中下游协调适配的晶硅光伏产业集群。二是加快推进大型光伏电站、分布式电站和光伏建筑一体化项目建设，支持在川晶硅光伏企业积极参与光伏电站开发，加大对凉山州风能和攀枝花市、阿坝州、甘孜州、凉山州太阳能开发。三是打响晶硅光伏"四川品牌"，支持晶硅光伏上下游企业建立产业联盟，开展技术、融资等产业协作，组织企业抱团出川开拓市场。

2. 做好动力电池产业布局指导和统筹发展

一是科学有序推进川西北锂辉石矿高效综合利用，加快川东北锂钾资源勘探开发，支持本省优势企业积极参与海外矿业资源投资并购，增强锂矿资源安全保供能力。二是加快动力电池产业市州布局和产业链分工，补齐隔膜、电解液等产业链缺失环节，促进锂电材料产业链配套协同发展，打造具备行业影响力和话语权的产业集群。三是延伸推进新能源汽车产业发展，培育引进新能源汽车头部企业，支持传统燃油车企利用现有产能转型错位发展，提升新能源汽车市场竞争力，支持有条件的地方建设新能源汽车汽配产业基地。

3. 加快推动钒钛资源产业化运用示范

一是积极培育世界级钒钛产业基地。依托攀枝花国家钒钛高新区、西昌钒钛产业园区，打造高新技术产业化基地；培育具有生态主导力、核心竞争力的龙头企业，扶持钒钛产品深加工骨干企业做精做强。二是强化钒钛重点产业领域布局，支持重点企业与下游应用领域战略合作，发展钒钛高端制品、功能材料、特色零部件等，支持乐山、内江等地含钒材料产业发展。三是加快布局钒电池储能试点示范，支持在有产业基础的市州建设钒电池产业化示范项目，支持在风电、光伏发电集中的市州布局钒电池储能应用试点项目。

4. 大力推进算力资源产业化开发应用

一是加快推进全国一体化算力网络成渝国家枢纽节点建设，统筹算力设施布局，发展高密度、高能效的大型、超大型数据中心，进一步提升算力能级，优化算力供给。二是加快数据开放流通，推动西部数字资产交易中心建设，构建数据汇聚、治理、分析和共享开放能力，建立数据确权、数据定价和市场监管运行等数据交易机制。三是大力发展数字产业，加快引进数据采集、清洗、标注以及数据安全等企业，支持互联网平台企业加速在川汇聚、加强业务布局，促进新零售、互联网医疗、线上教育等新业态新模式发展。

（二）突出重点行业之间关联互补发展

1. 推动钒钛与装备制造联动发展

一是建设钒钛磁铁矿高效综合利用示范项目，开展钒钛产业技术路线及产品研发方向研究，有效提升特种钢铁材料发展质量，着力用好伴生资源，推进绿色低碳短流程炼钢，提高资源综合利用率。二是进一步延伸钒钛钢铁产业链，提高产品附加值，打造一批产品档次高、技术创新能力强、具有品牌优势的钒钛产品，重点推广和普及含钒高强度抗震钢筋的应用，推进钒在钢中的扩大应用，扩展钒在非钢领域的应用。三是瞄准航空、汽车等领域，开发航空航天及大飞机制造、海洋工程、船舶制造等增材制造专用钛和钛合金材料及深加工制品，积极利用钒钛材料提升高端装备制造水平。

2. 推动装备制造与清洁能源联动发展

一是依托能源装备行业龙头企业，促进清洁能源开发利用，加快关键技术自主化研发，拓展全球化市场和服务，建设国际一流的清洁能源装备制造基地。二是以重点行业领域能效标杆水平和基准水平为导向，重点推进高耗能企业节能减排，进一步调整能源消费结构，全面推进清洁生产，引导能源装备企业更多使用清洁能源，推动能源消费低碳化，持续降低单位产出能源资源消耗和碳排放。

3. 推动晶硅光伏与储能产业联动发展

一是统筹钒电池储能产业川内空间布局。在攀枝花市打造钒电池全产业链集群，在内江市打造钒电解液产业集群，在乐山市打造钒电堆和系统集成的装备制造基地，打造攀西—雅安—成都钒钛新能源材料集群。二是实施"新能源+储能"试点示范工程，重点推进"三州一市"光伏发电基地建设，鼓励光伏发电基地合理配置储能系统，推进多元储能融合发展，加快储能规模化应用。三是强化政策支持作用。通过建设钒电池储能特色产业园、鼓励钒电池储能示范应用、出台产业支持政策，推动"新能源+钒电池储能"产业发展。

（三）支持绿色低碳优势产业科技创新

1. 加快建设协同创新平台

一是依托西部（成都）科学城、成渝综合性科学中心、中国（绵阳）科技城等创新载体，加快绿色低碳技术创新。二是以建设天府永兴实验室为引领，引进培育高新技术人才，不断提升要素保障能力，加快形成与绿色低碳优势产业相配套的科技创新体系。三是完善协同创新机制，推动相关重大科技基础设施、制造业创新中心、工程研究中心、重点实验室、技术创新中心、企业技术中心等针对产业技术协同攻关。四是建设服务型共性技术平台，强化与国外领军企业的技术创新合作，支持企业牵头组建绿色低碳技术创新联合体。

2. 重点突破关键共性技术

一是支持创新型企业与高校和科研院所共同承接国家重点研发计划项目和重大科技项目，突破一批"卡脖子"技术和关键共性技术。二是依托研究机构、行业协会等，制定绿色低碳优势产业技术攻关路线图，加快实施深层页岩气、海相锂钾资源开采技术攻关，加强动力电池、能源互联网、工业互联网、超算中心等领域关键核心技术研发。三是坚持自主创新和技术引进

"两条腿"走路，对产业发展急需攻克的技术难题，组织实施一批重大科技专项，创新运用"揭榜挂帅"等方式，集中优势力量攻坚突破。

3. 促进重大成果转化应用

一是实施绿色低碳技术创新成果转移转化示范项目，促进绿色低碳技术产业化应用。二是加强科技供需对接，完善技术转移服务体系，充分发挥超大规模市场优势，激活科技成果转化内生动力，加快由实验室样品到产品再到商品的高效转化。三是充分发挥新型举国体制优势，加快关键核心技术突破和标准制修订，促进科技成果转化和新兴产业培育，实现一批关键核心技术突破及产业化推广应用。四是加强绿色低碳技术知识产权保护，依法打击知识产权侵权假冒行为，强化产业专利导航和维权援助。

（四）引导绿色低碳优势产业集聚集中发展

1. 引导重点区域集中布局

一是突出成都极核引领带动作用，成都平原经济区重点依托人才优势，开展绿色低碳关键核心技术研发攻关，布局发展清洁能源装备、新能源汽车、锂电材料、晶硅光伏、大数据等产业。二是推动川南经济区、川东北经济区协同发展，重点布局节能环保、动力电池、新材料、天然气化工等产业。三是立足攀西经济区转型升级，重点布局钒钛等先进材料和水风光氢储清洁能源产业。四是推动川西北生态示范区绿色发展，重点布局水风光多能互补的清洁能源产业，大力发展碳汇经济。

2. 推动特色园区集约发展

一是建设清洁能源装备、锂电材料、动力电池、晶硅光伏、钒钛等特色产业园，进一步提升平台作用，优化要素配置、降低生产成本，加快形成产业集群集聚规模效应，增强区域绿色低碳优势产业发展韧性。二是深入实施"亩均论英雄"和企业碳排放绩效评价，促进园区集约高效绿色发展。三是开展近零碳排放园区、碳中和企业试点示范，严格审批高耗能高排放项目。

（五）强化绿色低碳优势产业发展保障

1. 加大政策支持力度

一是构建完善科学高效的领导体系和工作机制，发挥省推进"5+1"现代产业体系建设联系机制作用，进一步形成工作合力。二是聚焦绿色低碳产业制定相关配套政策，发挥政策综合效应，在技术公关、资源开发、环境保护等方面给予精准支持，推动绿色低碳优势产业加快取得新突破。三是积极争取国家统筹生产力布局、实施差异化政策，支持四川省利用清洁能源优势推动产业发展。

2. 强化重点要素保障

一是统筹布局储能设施，大力发展抽水蓄能和新型储能，着力解决水电丰枯不平衡、风光发电不稳定等问题，提升电力系统安全保障能力。二是争取国家能源局、国网电力公司等相关单位支持，促进四川水电和新能源就近利用，增加留川电量。三是深化电力体制改革，有序推动新能源参与市场交易，发挥电力市场对能源清洁低碳转型的支撑作用。四是加强与周边省份长期能源战略合作，协同提高区域能源保障能力。

3. 完善考核激励机制

一是建立健全绿色低碳优势产业统计指标体系和考核评价体系，探索建立以化石能源控制为主的能源消费考核体系，探索实施清洁能源消费差别化考核，引导绿色低碳优势产业持续健康发展。二是将绿色低碳产业发展纳入政府部门干部培训内容，提高地方领导班子和干部队伍专业化水平。三是建立多元化人才评价和激励机制，发挥国家人才发展重大项目对绿色低碳人才队伍建设的支持作用。

B.16
四川省电子信息产业发展研究

周 杰*

摘 要： 电子信息产业作为四川省首个万亿级产业，是创新实力最强、产业基础最好、渗透范围最广、经济增长贡献最大的支柱产业。四川电子信息产业已经形成了较为完整的产业体系，在提质、引强、补链、建圈等方面持续发力，核心竞争力显著增强。同时，随着成渝地区双城经济圈建设速度加快，川渝两地的电子信息产业协同也在不断加强，川渝正携手打造世界级电子信息产业集群。在建设现代化产业体系上，大力实施电子信息优势产业提质倍增行动，实现存量突破、增量调整、转型升级是四川电子信息产业高质量发展的关键。

关键词： 电子信息 提质倍增 川渝协作

电子信息产业作为六大优势产业之一，是四川省首个营业收入过万亿元的产业，产业规模稳居中西部第一。2022年四川电子信息产业规模达到1.62万亿元，已经形成涵盖新型显示、集成电路、数字视听、终端制造、软件研发、移动互联网应用等较为完整的电子信息产业体系。电子信息产业作为四川省基础雄厚、特色鲜明、前景广阔的优势产业，是四川省构建以工业为主擎的现代化产业体系的主体支撑。

---

* 周杰，四川省社会科学院产业经济研究所副研究员，主要研究方向为产业经济与区域经济。

一 四川省电子信息产业发展的总体情况

（一）产业体系完整，企业实力强大

近年来，四川省始终坚持"抓龙头、铸链条、建集群、强配套"的发展思路，实现了电子信息产业的链式聚集和联动发展。在产业体系方面，全省已形成了包含集成电路、新型显示与数字视听、软件研发、终端制造、移动互联网应用等较为完整的产业体系。在企业实力方面，先后聚集了华为、京东方、清华紫光、英特尔、微软、IBM、德州仪器等一批具有全球影响力的领军企业，核心竞争力明显增强。四川的网络信息安全产业规模位居全国第二，大数据应用指数位居全国第四，集成电路产业规模位居全国第五，大数据发展综合排名全国第六[①]。全球一半的笔记本电脑芯片在川封装测试，全球50%的苹果平板电脑在川生产，微机年产量超过全国的1/5。

（二）产业规模平稳增长，重大项目推进迅速

2019年电子信息产业营业收入达到1.03亿元，成为全省首个突破万亿元大关的支柱产业。近几年电子信息产业仍然保持较快的增长速度，产业规模实现平稳增长，2022年四川电子信息产业规模达到1.62万亿元，规模稳居中西部第一。在重点项目推进方面，以强链补链为主攻方向，以招商引资、招才引智为抓手，成功签约引进一批电子信息相关产业链强链补链重大项目。仅2022年1～11月，成都就引进电子信息产业重大项目超80个，总投资约2000亿元。2023年8月，百亿级外资电子信息项目落户成都崇州，将建设世界500强捷普亚洲研发中心和稳产增产项目，面向3C电子、新能

---

① 四川省经济和信息化厅：《十年来，电子信息产业实现从小到大、从弱到强"多级跳"》，https://jxt.sc.gov.cn/scjxt/gzdt/2022/9/28/88b27d23c1bf4178822cf73ccb636b79.shtml，2022年9月28日。

源汽车、医疗电子等领域，围绕轻金属、复合材料等新材料工艺及 AI 视觉成像技术等开展应用研究。

（三）科教资源丰富，产业载体不断完善

四川省拥有以电子科技大学、四川大学、中国科学院成都分院为代表的 132 所高等院校和科研院所，科教实力雄厚，特色鲜明，其中电子科技大学电子类专业在全国高校中综合排名第一，能够为电子信息产业的发展提供科技人才支持。目前已经有多所学校和本土企业达成相关产学研平台合作。成都电子信息产业功能区、成都新经济活力区、成都芯谷、天府智能制造产业园、崇州消费电子产业园、德阳高新区等电子信息产业功能区依托产业发展基础优势，不断聚焦产业细分领域，充分发挥产业规模效应，提升产业发展集中度，各类技术公共平台和公共服务平台不断完善，相关企业和人才迅速向基地聚集。作为四川电子信息产业主要承载地，当前成都高新区已逐步形成以成都京东方光电科技有限公司、华为数字技术（成都）有限公司等龙头企业为引领的电子信息产业生态圈，通过打造区域协同创新平台，夯实创新资源聚集的创新载体，培育创新驱动新优势，加速了四川电子信息产业的发展。

（四）川渝合作共建产业链，推动集群能级跃升

2022 年，成渝地区电子信息先进制造集群被工业和信息化部评为国家级先进制造业产业集群。作为全国首个跨省域国家级先进制造业集群，目前成渝地区电子信息制造业门类齐全，已成为中国第三、全球前十的电子信息制造业聚集地。2022 年，成渝地区电子信息先进制造集群的规模达到 1.68 万亿元，占全国的 10.9%。在成渝协作框架下，两地共同印发了《成渝地区双城经济圈电子信息产业协同发展实施方案》《川渝新型显示产业链供应链协作方案》等，川渝两地正在推动集群建设水平整体提升，将联合争取更多的集成电路项目，共同推动两地新型显示产业协同配套发展。四川正在加快建设以成都、绵阳、眉山等地为主要支撑的中国西部新型显示产业聚集

发展高地。

虽然四川电子信息产业取得了一定的成果，但仍然存在一些突出问题。一是产业规模大但产业竞争优势不强。全省电子信息产业缺乏高显示度的标签产业和高根植性的领军企业，在产业竞争中属于"靠前而不拔尖"。领军企业带动作用有待提升，产业配套有待进一步完善。二是制造实力较强但创新带动能力不足。关键核心技术自给率较低，关键设备与核心材料、器件依赖进口，存在被"卡脖子"的风险。基础元器件、基础材料、基础装备、基础软件与工业软件等电子信息基础产业的自主研发能力较低，缺乏本土企业，自主技术转换慢，引进的企业大多数处于生产制造和加工组装等低附加值环节。三是科教资源富集但与产业结合不够紧密。全省的科教优势没有充分转化成产业创新发展的动能，成果没有在本地发育成引领型、原创性的科技企业和新兴产业。高校和科研机构的成果转化率较低，与本地产业发展结合不够紧密。

二　四川省电子信息产业发展面临的形势

（一）全球电子信息产业竞争日趋激烈

电子信息产业作为当前全球创新最活跃、带动性最强、渗透性最广的产业，已经成为引领其他领域技术创新的重要动力和支撑，同时也成为大国之间竞争的制高点。一是新的产业分工体系形成，产业分工进一步细化。电子信息的产业链和产品工序的作用日趋明显，产业已经由梯次转移向直接投资转变。二是全球电子信息产业的国际化使得国际竞争已由传统的资源、产品竞争转向技术、品牌、资本和市场份额的竞争，核心技术和自主品牌已成为电子信息产业竞争的关键因素。三是跨国公司主导地位更加突出。目前，美国、欧洲、日本等国家和地区的相关企业掌握电子信息领域大量的高端产品或者核心关键技术，基本占据了高端信息产品的研发设计、生产制造、技术服务等价值链高端环节。

（二）我国电子信息产业处于转型的关键阶段

电子信息产业早已成为我国的支柱性产业，其市场规模仍保持全球第一的领先地位。我国电子信息制造业呈现产业韧性强、创新推进快、转型升级稳的特点。一是国外的技术打压会对我国信息技术创新带来系统性压力。近年来，以美国为代表的国家和地区不断加强对我国电子信息领域创新限制，对我国信息技术国际交流和合作带来压力①。二是快速推进的新型基础设施建设，能够为电子信息产业带来重要发展机遇。目前全国已经有多个省份发布针对信息基础设施、融合基础设施、创新基础设施等领域的具体政策文件，新基建的布局，将推动电子信息产业向广度和深度拓展。三是新一代信息技术将持续推动我国电子信息产业高质量发展。我国拥有全球制造中心的产业链优势和人员技术水平优势，随着数字经济、人工智能、新能源汽车等新兴电子终端产品加速发展迭代，我国电子信息产业将不断开拓新兴赛道、布局高端、加速融合、数字转型，以本土化为基础，不断提升产业整体竞争力。

（三）四川省电子信息产业具有良好的发展潜力

随着科技的不断进步，电子信息行业正在迅速发展，四川省也不例外。首先，四川省政府高度重视电子信息行业的发展，积极推动技术创新，支持企业开展研发活动，促进产业升级。《中共四川省委关于深入推进新型工业化加快建设现代化产业体系的决定》提到全省要培育具有世界影响力的电子信息产业集群，重点发展新型显示、集成电路、智能终端、软件与信息服务、先进计算和存储等产业，拓展网络安全、智能传感器、柔性电子等领域，建设电子信息产业创新发展高地②。一系列政策推进电子信息产业提档

① 赛迪工业和信息化研究院：《2021年中国电子信息制造业发展趋势》，https：//mp. weixin. qq. com/s/KN3KHRuEsLSvgG2UNHv8hw，2021年09月02日。

② 《四川日报》：《中共四川省委关于深入推进新型工业化加快建设现代化产业体系的决定》，https：//www. sc. gov. cn/10462/c111433/2023/7/3/6c32b1a4f9e04b9d8188f2d27c401360. shtml，2023年07月03日。

升级，为四川电子信息产业发展构筑起了"四梁八柱"。其次，四川省拥有丰富的矿产、水利等自然资源，能为电子信息行业的发展提供有力的支持。最后，四川省还拥有一流的科研机构和高等院校，可为电子信息行业的发展提供优秀的人才和技术支持。作为全省第一大支柱产业，未来电子信息产业集群建设将瞄准"世界级"持续发力。

三 政策建议

（一）聚集重点领域发力，推动产业提质增效

增强产业链核心能力，在集成电路、新型显示、工业软件等重点产业领域，量质并举。争取赢得参与全球要素配置、切入全球产业分工的主动权，以建设国内领先的集成电路完整产业链为总体目标，全面提升创新能力。

一是集成电路与元器件。围绕四川省集成电路产业发展需求，不断夯实产业发展格局，补齐研发设计、芯片制造等环节短板，重点开展新一代射频通信芯片、AI 芯片、存储芯片等研发，攻克一批关键核心技术，特色发展集成电路制造业，着力发展集成电路封装测试业，推动产业重点突破和整体提升，实现跨越式发展。

二是新型显示。以创新链、产业链、价值链为推进模式，围绕产业发展重大需求，突破核心关键技术，形成重大产品和示范应用。突破超高清大尺寸显示面板设计及制造、高分辨率和高折叠性柔性屏设计、柔性显示触控集成一体化技术量产、屏下摄像、屏下指纹识别、高精度金属掩膜板制造等技术瓶颈，开发相应产品，推动全省新型显示产业高质量发展。

三是基础软件与工业软件。瞄准基础软件与工业软件技术前沿和产业需求，重点研究国产基础软件、嵌入式系统软件、工业互联网软件、工业制造软件等关键技术，突破基础软件和工业软件等领域高敏捷性、高安全性、高可靠性、高适应性、高智能性的前沿技术。以需求为导向、以关键技术为突

破口、以产品研发为目标，研究高安全性国产操作系统、面向国产操作系统的行业应用软件、高性能嵌入式实时操作系统等。

（二）加快产业聚势成链，提升产业核心竞争力

重点补齐产业链空白薄弱环节及供应链核心环节，形成发展规划、产业图谱、企业名录、专项政策、创新平台、品牌会展等一体化推进机制。围绕重点产业链推动供应链、创新链、要素链、人才链等多链融合。

一是以融入全球产业链高端和价值链核心为导向，积极培育具有"根植性"的高端产业和产业高端。针对集成电路、新型显示等有潜力做大规模、做强品牌的细分领域，识别产业链关键环节、薄弱环节和缺失环节，开展延链、补链、强链行动，有针对性地引进核心配套项目和协作配套项目。

二是以培育大企业、大产品、大平台为手段，加快重点产业聚势成链。制订完善细分领域企业招培计划和"链主"企业供应商招商计划，培育一批掌控关键资源、引领行业标准、凝聚上下游企业、具有自主知识产权、占据市场份额优势的"链主"企业。培育战略性产品和"拳头产品"，推动重点领域制定一批有影响力的国际标准。瞄准产业发展共性需求，建设链接全球资源、高效配置要素、供给专业服务、强化产业联结的高能级平台，推动产业链进入自我快速发展阶段。

三是以垂直整合产业链为路径，提高产业集群竞争力。着力"补前端"，积极引进配套产业和企业，提升就地配套率。坚持中游突破、两端跟进，做强核心技术和重要环节，着力"强中端"实行全链条布局。加强市场支撑体系建设，通过金融服务、品牌策划、营销渠道、物流配送等多维度资源整合，着力"延后端"提高产业附加值。

（三）构建良好营商环境，着力培育本土企业

营商环境是一项整体性工程，涉及方方面面，要打破壁垒、形成合力，从而助企惠民。顺应产业数字化、智能化、网络化趋势，以企业和群众满意度、获得感为衡量标准，聚力打造公平竞争的市场环境、便捷高效的政务环

境、自主便利的投资环境和更具活力的创新环境，不断提升服务水平。

一是积极营造良好的营商环境。整合资源，坚持问题导向，积极打通渠道，从人力、物力、技术等方面服务企业，打通企业服务"最后一公里"，形成"政企社"三位一体的融合发展格局，为电子信息企业创造更好的营商环境。

二是开展"精准引进"。开展产业链关键环节、重点企业、重点产品和重大装置补链强链，针对不同类别企业的敏感要素，按照"一企一策"精准服务，持续跟踪，建立招商企业目录表、攻坚图，创新资本招商，深入链式招商，推行平台招商，开展精准化招商引资。

三是打造全生命周期服务支撑体系。以更优的营商环境，形成"原始创新—孵化加速—规模化发展—资本市场放大"多层级模式，实现对电子信息企业全方位多层次的培育。

四是高度重视本土企业发展，把培育壮大本土企业作为战略举措，优化政策和发展环境，促进本土企业实现转型升级，加快培育自主创新能力，提升核心竞争力。

（四）集聚创新要素资源，构建服务支撑体系

创新要素集聚是产业高层次发展的内在动力，要努力把科技创新"关键变量"转化为产业高质量发展"最大增量"。加快产业载体建设，强化专业人才引育，围绕平台建设、人才订单培养，用好用活院校智力资源，构建产学研用融合生态。精准配套产业政策，聚集产业细分领域制定出台更具显示度、更加精细化的行业领域扶持政策。

一是加大科技、知识和信息等创新要素的投入。通过技术创新与组织方式的变革提高全要素生产率，进而提升产业增长的质量和效益。要紧密结合产业链培育，加强科技成果推广运用，助力企业开拓市场，推动产业集聚发展。

二是创新土地要素供给，切实提高投资强度和产出效益。坚持以集约高效理念推动土地、资金、人才、创新资源集聚，以开放引领创新、倒逼改

革，努力降低要素流通成本，提升协作配套效率，强化要素配置能力，着力构建核心竞争优势。

三是创新人力资源要素供给，形成依靠人才驱动转型发展的原动力。深化"人才+项目+资本"协同引才模式，加快建设高级人才创新创业基地，鼓励科技人才来川创新创业，实施本土人才自主培养计划。加强知识成果转化，深化校院地协同创新，促进高校院所创新资源与地方经济社会发展对接。

四是创新各类要素的供给。创新资本要素供给，不断提升金融服务实体经济能力。创新能源要素供给，深入推进能源供给侧改革。积极培育技术、信息、管理等效率型要素，提高全要素生产率。创新信息要素供给，最大限度释放信息生产力。

（五）加强区域产业协作，提升产业环境竞争力

激发成渝"双核"协同效应，强化区域产业发展引领能力。着力推动成渝由"双核"向"相向"联动发展加速迈进，充分发挥金融、创新、效能枢纽等比较优势，建强集聚、配置、运筹资源要素的核心功能，共同做强成渝地区主轴主干。

一是在重点领域构建产业分工协作体系。围绕新型显示、集成电路、智能终端、关键元器件、电子材料等重点领域，系统梳理重要领域内需集中突破的核心关键技术和技术标准，组织编制并定期优化完善产业集群的发展方向、路径参考和技术路线图。建设产业协作发展轴带，推动"极核"城市非核心功能疏散和产业转移。重点建设成德眉资同城化产业协作带，加强产业分工体系在成渝发展主轴沿线城市的链式配套和梯度布局。

二是共建产业创新网络。充分发挥创新引领作用，构建川渝地区协同创新网络，强化重点产业领域核心关键技术的跨区域协同创新策源能力。激发"极核"城市创新溢出效应，助力周边城市提升产业技术创新供给能力，推动电子科技大学、四川大学、中国科学院成都分院等高校和科研院所与周边城市合作共建新型研究机构和大学分校区，共同申报和建设国家级、省级制造业创新中心。

　　三是推动区域人才共育共享。借鉴长三角地区共建人才共育共享平台的经验，聚力优化人才引育和流动环境。探索协同招引模式，围绕集成电路、新型显示、智能终端、关键元器件、电子材料等重点领域，加快完善资源共享、政策协调、服务贯通的人才生态。创新区域人才培育模式，加快川渝两地高校教育资源共享，创新跨区域、跨学校"订单式"人才培养方式。推动共建产业人才创新园，培育建设一批有特色、有规模、有效益的人力资源服务产业园（跨区域专业性人力资源服务产业园），发挥集聚、培育、展示、服务功能和示范引领作用。

B.17
四川省动力电池产业发展研究

代青秀　陈红霞*

摘　要：　近年来，动力电池产业发展进入了增资扩产的"快车道"，产能结构性过剩隐忧显现。随着动力电池产业逐渐向西南聚集，四川成为首选目的地，2022年产量约占全国的1/6。为推动四川动力电池产业高质量发展，应进一步加强规划引领和政策引导，增强核心技术供给，持续推动产业强链补链，统筹全省锂矿资源供给，完善产业人才培养体系，充分发挥绿色低碳能源优势。

关键词：　动力电池　区域协同　低碳产业

动力电池是指为工具提供动力来源的电源，是新能源汽车的核心部件，是汽车产业电动化转型的关键变量。随着新能源汽车渗透率的提升，车企对于动力电池的需求快速增长，动力电池产业也迎来扩产大时代。

一　动力电池产业发展现状及趋势

（一）产能延续高速增长态势，结构性过剩隐忧显现

从出货量来看，2018~2022年，全球动力电池产业发展迅猛，五年间全

---

* 代青秀，四川工创企业管理服务有限公司项目经理，主要研究方向为产业投资、企业信贷；陈红霞，经济学博士，四川省社会科学院产业经济研究所副研究员，主要研究方向为产业经济、区域经济、制度经济。

球动力电池出货量增加 8 倍，2022 年达到 957.7GWh（见图 1）。我国动力电池产业也呈现相同趋势，产量和销量 2022 年分别达到 545.9GWh 和 465.5GWh（见图 2）。从装机量来看，在市场需求的拉动下装机量持续激增，2022 年全球动力电池装机量达到 517.9GWh，同比增长 71.8%。我国装机量达到 294.6GWh，较 2021 年增长 90.7%。不论是全球还是国内，动力电池装机率都未超过 60%。同时，近两年全产业链大幅扩产，新增产能将从 2023 年开始集中释放，预计到 2025 年，中国需要的动力电池产能约为 1000~1200GWh，目前行业产能规划已经达到 4800GWh①。业内更认可的观点是动力电池行业出现了"结构性过剩"，符合市场预期的安全、快充和长续航的高端优质产能依然不能满足需求。

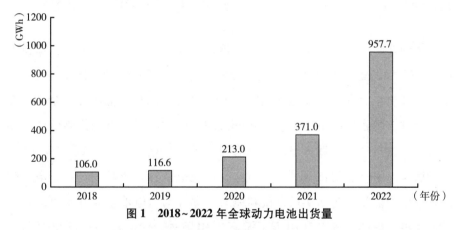

图 1　2018~2022 年全球动力电池出货量

资料来源：根据《中国锂离子电池行业发展白皮书（2023 年）》《中国动力电池产业高质量发展报告（2022~2023）》等产业报告及国家统计局、工信部等宣传报道内容整理。

（二）行业竞争开始加剧，企业纷纷发掘新发展空间

动力电池属于资金密集型、技术密集型行业，产业内部竞争十分激烈，马太效应明显。2022 年，全球动力电池装机量排名前 10 的企业占全部电池

---

① 马艳：《动力电池产业拉响产能过剩警报》，https://baijiahao.baidu.com/s? id=1771678154357665348&wfr=spider&for=pc，2023 年 7 月 17 日。

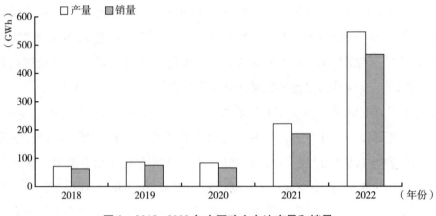

图2 2018~2022年中国动力电池产量和销量

资料来源：根据《中国锂离子电池行业发展白皮书（2023年）》《中国动力电池产业高质量发展报告（2022~2023）》等产业报告及国家统计局、工信部等宣传报道内容整理。

装机量的九成。宁德时代继续领跑全球，连续六年排名全球第一，保持着同比92.5%的超高增长率，全球市场占有率高达37%，远超第二、第三、第四名装机量之和。比亚迪同比增长167.1%，与LG新能源并列全球第二位，全球市场占有率13.6%。在头部效应增强的同时，市场优胜劣汰已初现端倪，一批企业正逐步退出。政府规范更加严格，工信部2022年12月公示撤销6家不能保持《锂离子电池行业规范条件》要求的锂离子电池生产企业生产资格。为切实增强盈利能力，部分动力电池企业开始纵向积极试水换电、储能、梯次利用等下游新应用场景，同时横向排队出海拓展市场。

（三）受多重因素影响，产业布局发生深刻变化

从全球来看，新能源汽车产业布局和低碳化趋势推动动力电池产业布局出现明显改变。21世纪初，日本锂电池产业几乎在全球形成垄断。近十年来，日本电池产业链押宝到氢燃料电池，逐步呈现中日韩三国相互竞争的局面。近两三年，随着中国新能源汽车产业的崛起和产业链主要厂商产能布局的调整，竞争格局逐步演变为中韩两国对决，当前更有中国企业"独占鳌头"的

势头。在 2022 年全球动力电池装机量十强榜单中，中国企业占 6 席，市场占比高达六成；韩国企业占 3 席，市场占比两成左右；日本企业占 1 席，市场占比 7% 左右（见表 1）。从国内来看，受到能源资源成本和环境容量等因素影响，产业投资重点区域正由以苏、闽等工业强省为代表的东南沿海地区向以川、黔为首的西部地区转移，西南地区产能在全国仅次于华东地区。

表 1　近五年全球动力电池装机量十强榜单

排名	2018 年	2019 年	2020 年	2021 年	2022 年
1	宁德时代（中国）	宁德时代（中国）	宁德时代（中国）	宁德时代（中国）	宁德时代（中国）
2	松下（日本）	松下（日本）	LG 化学（韩国）	LG 新能源（韩国）	比亚迪（中国）
3	比亚迪（中国）	比亚迪（中国）	松下（日本）	松下（日本）	LG 新能源（韩国）
4	LG 化学（韩国）	LG 化学（韩国）	比亚迪（中国）	比亚迪（中国）	松下（日本）
5	远景 AESC（中国）	远景 AESC（中国）	三星 SDI（韩国）	SK On（韩国）	SK On（韩国）
6	国轩高科（中国）	国轩高科（中国）	SKI（韩国）	三星 SDI（韩国）	三星 SDI（韩国）
7	三星 SDI（韩国）	三星 SDI（韩国）	中航锂电（中国）	中创新航（中国）	中创新航（中国）
8	力神（中国）	SKI（韩国）	远景 AESC（中国）	国轩高科（中国）	国轩高科（中国）
9	孚能科技（中国）	力神（中国）	国轩高科（中国）	远景 AESC（中国）	欣旺达（中国）
10	比克（中国）	亿纬锂能（中国）	亿纬锂能（中国）	蜂巢能源（中国）	孚能科技（中国）

资料来源：根据 SNE research、赛迪等咨询机构数据及报告整理。

（四）技术路线多元并行，企业研发创新活跃

生产材料和技术创新作为动力电池发展的强大驱动力，决定着行业未来

发展走向和竞争格局。续航里程、安全性、循环寿命等是动力电池的核心性能指标，主要电池产商和研发机构围绕这些指标纷纷展开技术路线角逐（见表2）。从正负极材料来看，动力电池目前有锂离子电池、钠离子电池等技术路线，应用最为广泛的是锂离子电池，其中以磷酸铁锂电池和三元锂电池两条技术路线为代表。从电解质形态来看，按照电池中液体含量的多少有液态电池与固态电池两条技术路线，当前主流路线还是液态电池，全固态电池商业化量产依然任重道远，作为过渡的半固态电池和准固态电池已实现量产。从形态来看，有软包、方形和圆柱电池。从结构来看有CTP和刀片电池。目前看来不同技术路线的动力电池各有优劣，没有哪一条技术路线明显胜出（见附表1）。

表2 动力电池产业龙头企业研发动态

企业名称	发布时间	研发最新动态
宁德时代	2023年6月1日	搭载宁德时代CTP3.0麒麟电池的极氪001千里续航套装（CLTC综合工况续航里程1032公里）在宁德时代总部完成交付
	2023年4月19日	宁德时代在上海国际汽车工业展览会发布创新前沿电池技术——凝聚态电池，单体能量密度高达500Wh/kg，并可快速实现量产
	2021年7月29日	宁德时代新能源科技股份有限公司成功举行首场线上发布会，发布宁德时代的第一代钠离子电池，创新的锂钠混搭电池包也在发布会上首次亮相
比亚迪	2020年3月29日	比亚迪正式发布刀片电池，采用磷酸铁锂技术，将首先搭载于"汉"车型
LG新能源	2023年6月9日	在宜宾召开的2023世界动力电池大会上，LG新能源副总裁孙权男表示，LG新能源持续投入研发基于液态电解质的锂硫电池和锂金属电池，以攻克当前锂离子电池的能量密度限制；开发高度稳定的不含液态电解质的全固态电池，以克服电池安全难题。公司仍然致力于被业内认为不过是"中间过渡路线"的半固态电池的商业化
丰田	2023年7月4日	《卫报》消息，丰田公司碳中和研发中心总裁海田敬二表示，他们已经找到新的方法，可以制造出充电10分钟续航1200公里的固态电池，并且将现有电池的体积、重量、价格都减半
松下电池	2023年1月13日	松下日本公司能源技术和制造负责人Shawn Watanabe在CES虚拟会议上宣布在其电池中淘汰钴金属的计划

企业名称	发布时间	研发最新动态
SK On	2023年1月9日	在2023年CES上展示其电池充电技术并声称,其技术旨在将充电时间减少到18分钟,比目前电动汽车普遍的30分钟充电时间减少近一半
	2022年12月27日	据国外媒体报道,SK集团旗下的电池制造子公司SK On正计划在3年内开发出一种不使用钴的电动汽车电池
三星SDI	2022年3月14日	三星SDI宣布最近在位于京畿道水原市灵通区的SDI研究所内开始建设全固态电池试验线
中创新航	2022年8月28日	中创新航副总裁谢秋在2022世界新能源汽车大会(WNEVC)上发表关于OS高锰铁锂电池的主题演讲,宣布业内首发OS高锰铁锂电池
国轩高科	2023年5月22日	5月19日,国轩高科在第十二届科技大会上发布自主研发的全新LMFP体系L600启晨电芯及电池包,这款LMFP启晨电池续航可达1000公里,开了业内无NCM也可续航千公里的先河

资料来源：根据各企业官方网站信息及宣传报道相关资料整理。

（五）政策支持更加贴合市场，旨在提升产业自身竞争能力

动力电池是新能源汽车的重要元件，我国支持新能源汽车产业发展的政策措施几乎都涉及支持动力电池产业发展。"十五"期间，国家863计划中电动汽车重大科技专项确立包括电池及其管理系统的电动汽车"三纵三横"研发布局①。后来的《新能源汽车产业发展规划（2021～2035年）》《中国制造2025》以及推广应用的财政补贴系列政策都涉及动力电池。近年来，国家更是专门出台《促进汽车动力电池产业发展行动方案》《新能源汽车动力蓄电池梯次利用管理办法》等系列专项政策。从政策内容来看，随着产业的发展，补贴类政策逐步退坡，旨在提升行业自身竞争能力的支撑、规范和引导类政策日趋强化。

---

① "三纵"为混合动力汽车、纯电动汽车、燃料电池汽车，"三横"为多能源动力总成控制系统、驱动电机和动力电池。

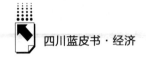

二 四川动力电池产业发展情况

（一）发展现状

1. 产能规模快速释放

近年来，四川将新能源与智能汽车列为 16 个重点培育的产业领域，不断强化产业配套，先后引进宁德时代、中创新航、蜂巢能源等一批动力电池行业领先企业。产业规模持续壮大并保持高速增长，产能布局全国第二，仅次于江苏。2022 年产量达 83GWh，约占全国总产量的 1/6；同比增长 388%，高于全国 240 个百分点。"十四五"期间产能释放后还将呈现爆发式增长态势，预计到 2025 年底，四川动力电池产能有望达到 300GWh 以上，营业收入可突破 5000 亿元，全产业链（包括上游材料）规模将超过 8000 亿元，2030 年将超过万亿元规模，在全国乃至全球动力电池产业中跃升第一梯队。

2. 产业链条日趋完整

四川动力电池全产业链规上企业数量达到 280 余户，涵盖基础锂盐、电池材料、电芯与封装及动力电池回收利用等全部环节。资源端来看，四川既有储量居全国第一的锂资源，又依托以天齐锂业为代表的锂矿企业进行全球化运筹，基本实现锂钴镍等关键资源的保障能力。中游巴莫科技、宜宾锂宝等一批材料配套企业加速聚集，正负极材料产能达 175 万吨，拥有动力电池产能 186GWh。下游川渝地区有汽车整车企业 45 家，汽车年产量超 300 万辆，占全国比重达到 12%。四川造车近 100 万辆，新能源车只有 8 万余辆，市场应用空间巨大。长虹润天、蜀矿环锂、宏杉新能源等一批回收利用企业也集聚四川。

3. 基本实现集群化发展

四川印发实施《"电动四川"行动计划（2022~2025 年）》，围绕基础设施建设、新能源汽车推广应用、培育壮大动力电池产业、提档升级新能源汽车产业等，出台一系列引导措施。四川已成为全国动力电池产业投资逐渐向西南地区聚集的首要目的地,2022年锂电投资额占全国比重达11.3%,宜宾、遂宁、成都、眉山、雅安等动力电池产业基地初具雏形。全产业链销售规模近两年剧增近9倍,达到约3700亿元。产业税收已破百亿元,近三年年均增长高达10倍左右。销售规模超百亿元和纳税规模上亿元的企业与2020年相比实现零的突破,均超10户。四川时代已成为全球最大单体动力电池生产基地,带动实现动力电池工业产值近900亿元。

4. 产业生态逐步完善

宜宾动力电池大会、中国(遂宁)国际锂电产业大会等高级别活动的国际影响逐步显现,各种人才、创新、金融等要素加速集聚。四川省高倍率锂电材料前驱体工程技术研究中心、省新能源汽车先进动力技术创新中心、省高能量密度正极材料技术中心和省动力电池产业创新中心、省动力电池创新联合体等一批高能级创新主体涌现。宜宾职业技术学院新能源电池学院等一批专业院系培养了大量专业技术人才。四川省绿色低碳产业发展基金等金融资源也开始重点支持包括动力电池在内的绿色低碳优势产业发展。

5. 能源资源优势明显

动力电池材料成本占到整体成本的75%以上,材料生产电费又占到材料成本的60%以上。受疫情、俄乌冲突等因素影响,锂矿等上游原材料价格大幅波动,碳酸锂及氢氧化锂价格三年间增长近10倍。四川锂矿开采能力接近155万吨、基础锂盐产能达54万吨,天齐锂业、融捷股份等上游龙头企业销售规模纷纷破百亿元,天齐锂业占据全球锂市场的14%,能够有效应对国际锂矿价格波动。同时,丰富的清洁能源大大降低了入驻四川的动力电池企业用电成本。相比华东地区,四川生产一吨正极材料用电成本能够节约千元以上,市场竞争优势明显。2022年全省动力电池企业利润总额接近600亿元,出口额达到300亿元左右。

(二)四川动力电池产业面临的现实问题

1. 区域协同不够

产业分布较散乱,全省有一半以上的市州布局动力电池产业,大多数项目集中在正负极材料及其前驱体生产环节。电解液和隔膜生产企业较少，主要依赖省外采购。回收利用企业较少。

2. 企业根植性不强

动力电池龙头企业大多属于招商引资外来企业，本土缺乏具有带动能力的大型电芯生产企业，大多是上游配套企业。全省核心正负极材料产品绝大部分销往湖南、福建、江苏等主要电池产区，本地消纳能力有待提升。

3. 创新能力较弱

动力电池产业项目绝大部分聚集在生产制造环节，上游缺乏有行业影响力的研发设计机构，下游缺乏有带动能力的新能源汽车巨头，在动力电池技术路线多元化演进、最终电池产业技术路线选择取决于资本和市场的发展背景下，上下游缺失已成为发展隐患。

4. 资源供需失衡

四川锂矿资源虽禀赋较好，但多分布在高海拔地区，保障难度较大，全年生产天数偏少。同时，高原山地生态环境脆弱，开采成本高企。与锂伴生的铌、钽、铍、铷、铯等有价元素未得到较好的综合回收利用。锂、镍、钴等战略性矿产资源供需失衡，绝大部分需要国外采购。

三　四川动力电池产业面临的发展机遇

（一）国内外碳规则加速演进，四川省清洁能源优势可转变为突出的竞争优势

近年来，国际碳规则加速演进，随着欧盟"碳关税"和美国"碳积分"等政策的实施，产品全生命周期的"碳足迹"认证对于出口越发重要。推广清洁能源汽车作为国际公认的主要节能降碳手段，各国对其"碳足迹"尤为关切，动力电池更是关注焦点。《欧盟电池与废电池法规》要求容量超过2KWh的可充电工业电池和动力电池必须提供"碳足迹"声明和标签，国内也积极推动能耗双控逐步转向碳排放双控，对四

川动力电池产业发展利好明显。《四川省"十四五"能源发展规划》提出到 2025 年，全省电力总装机达 1.5 亿千瓦左右，清洁能源装机占比达 88%左右，清洁能源供给潜力巨大，充分印证了"2023 动力电池产业发展指数"指出的四川在电池产能及绿色制造领域具有较大潜力。

（二）新能源交通工具层出不穷，动力电池在未来交通领域扩张空间巨大

近年来，新能源汽车、电动船舶、电动飞行器等新能源交通工具迅速发展，2022 年全球电动汽车（包括纯电动汽车和插电式混合动力车）销量超过 1000 万辆，较上年增长 56%。在全球航运领域减排政策推动下，电动船舶成为动力电池应用的另一个大型场景，我国在 2023 年世界动力电池大会上发布"电化长江"倡议，13 个省市将合力构建"电化长江"协同体系，且电动飞机、无人机也实现大规模商业化应用。随着新能源汽车、电动船舶、无人机、电动飞机的大量普及，全球动力电池装机也将呈现爆发式增长的态势，国际机构预测，2030 年动力电池市场需求将达到 4.8TWh。

（三）全球能源变革如火如荼，安全稳定电网的化学储能需求旺盛

进入 21 世纪以来，《巴黎协定》得到国际社会广泛支持，中国、欧盟、美国、日本等 130 多个国家和地区提出碳中和目标①，太阳能、风能、水能等可再生能源得到广泛关注和应用，发电比例不断上升。截至 2022 年底，全球可再生能源装机容量占新增装机容量的比重达到 83%，出现传统电力系统不适应大规模具有间歇性、波动性的新能源电力接入等问题，电力系统安全稳定运行风险加大。目前看来，储能是平抑电力系统波动，支撑光电、风电大规模并网的最有效技术手段，储能规模一定程度上决定了清洁能源发电的并网规模。根据《储能产业研究白皮书（2023）》，2022 年我国新型

---

① 《"十四五"现代能源体系规划》。

储能能量规模同比增长 280%，其中锂离子电池占据绝对主导地位，比重达97%。有机构预测，到 2030 年新型储能市场规模将达 10 万亿元以上，市场空间巨大[①]。

（四）我国能源战略安全形势日趋严峻，全社会电能替代对动力电池形成广泛的现实需求

富煤贫油少气依然是我国的基本国情，我国是世界上最大的石油和天然气进口国，对外依存度分别在 70% 和 40% 以上，并且绝大部分运输要经过脆弱的马六甲海峡，能源安全面临巨大的"卡脖子"风险。面对能源战略安全的严峻形势，我国需要在电源侧大规模开发清洁能源以替代石油、天然气等传统能源供给；同时，也要在需求侧大力实施电能替代，既实现能源转型确保国家能源战略安全，又提升经济社会能效节约能源。据国家电网公司分析，在充分考虑经济性和政策支持的前提下，"十四五"期间，我国电能替代潜力有望达到 6000 亿千瓦时以上[②]，将出现巨大的动力电池需求。

（五）动力电池退役高峰将至，回收利用环节出现新的增长空间

随着我国新能源汽车产业的快速发展，动力电池的产销量也在逐年攀升。业内分析师表示，动力电池的服役年限为 5~8 年[③]，未来几年正是新能源汽车动力电池的退役高峰期。GGII 预测，到 2025 年中国退役动力电池累计将达到 137.4GWh，需要回收的废旧电池将达到 96 万吨。TrendForce 集邦咨询估计，到 2030 年全球电动汽车和蓄能电池回收市场将超过 1 万 TWh。各类产商纷纷布局动力电池回收领域（见表 3）。工信部自 2018 年起先后四次发布动力电池回收企业白名单，累计上榜企业 88 户，四川仅 1 户入围。

---

① 于靖园：《新型储能风已起》，《小康》2023 年第 18 期。
② 王轶辰：《"十四五"时期电能替代潜力预计超 6000 亿千瓦时》，《经济日报》，https://m.huanqiu.com/article/417cg7Hv85s，2020 年 12 月 16 日。
③ 曾诗涵：《退役动力电池磷酸铁锂正极材料的应用现状和回收利用技术》，《再生资源与循环经济》2022 年第 3 期。

四川作为全国重要的动力电池生产基地和清洁电力生产基地，对动力电池梯次利用以及部分原材料回收再利用市场需求巨大，有利于回收利用企业就近配套发展。

表3　动力电池回收企业布局情况

厂商类型	企业名称	布局情况
动力电池厂商	宁德时代	于2015年通过收购国内领先的废旧电池循环利用企业——广东邦普切入动力电池回收赛道
	比亚迪	在2018年与铁塔公司建立合作，将回收的电池用于基站储能备份。2022年4月，在台州新设电池公司，主要项目包括对废旧电池的梯次利用
	国轩高科	2023年1月，国轩高科合肥电池回收项目开工，项目建成后达到年处理50GWh退役锂离子电池综合回收利用的生产能力
	蜂巢能源	首个涉及电池回收的零碳产业园已于2023年6月落地四川达州
	LG化学	在2022年12月向初创电池回收公司Jae Young Tech投资290亿韩元
	LG新能源	与华友钴业联手打造电池回收厂
	三星SDI	在2009年便参股韩国回收龙头企业SungEel
	SK创新	首座产业化回收工厂计划在2025年建成
电池材料企业	天齐锂业	从六大渠道方向开展动力电池回收体系建设及回收渠道布局，构建废旧锂电池循环利用生态圈
	赣锋锂业	在江西新余建有3.4万吨综合废旧电池回收产能，已与蜂巢能源签署合作协议，内容包括动力电池回收
	华友钴业	2017年3月在浙江桐乡设立华友循环科技有限公司，打造华南、华北、西南三个区域的回收网点，已有废旧动力电池回收处理产能超过6.5万吨/年，在国外参与欧洲资源回收公司体系建设，并收购韩国多家资源回收公司
	厦门钨业	于2017年通过控股赣州豪鹏进入动力电池回收市场
	腾远钴业	于2022年12月进军电池回收市场，成立赣州腾远循环科技有限公司
第三方电池回收企业	格林美	已在武汉、荆门、无锡、天津与深汕特别合作区等地建设了五座动力电池回收与处置基地，并计划在欧洲、北美、东南亚等地布局回收处理基地，计划到2026年实现30万吨的动力电池回收量
	天奇股份	在2021年收购锂电池循环业务"主力军"金泰阁，目前锂电池循环业务板块已具备年处理回收2万吨废旧锂电池的产能规模

续表

厂商类型	企业名称	布局情况
汽车厂商	上汽集团	在 2018 年便与宁德时代签署战略合作谅解备忘录,共同推进新能源汽车动力电池回收再利用
	一汽解放	牵手宁德时代,双方成立的电池回收合资公司"解放时代"于 2022 年 8 月落地河北
	零跑汽车	2022 年 12 月与蜂巢能源签署合作协议,围绕锂电池回收、梯次利用等领域进行合作
	爱驰汽车	2022 年 10 月与天奇股份等达成合作,探索建立动力电池回收利用体系
	广汽埃安	2022 年 8 月与赣锋锂业建立合作关系,将在废旧电池综合回收利用各层面深入合作
	宝马集团	牵手华友钴业旗下华友循环,实现动力电池原材料闭环回收
	大众汽车	携手华友钴业旗下江苏华友,共同拓展动力电池梯次利用业务
	沃尔沃	投资英国梯次电池储能公司 Connected Energy,以进一步发展电池业务和抓住可持续发展机会

资料来源:根据各企业官方网站信息及宣传信息等相关资料整理。

四 四川动力电池产业高质量发展的政策建议

结合四川动力电池产业现状、问题和发展机遇,按照"锻长板、补短板、抢机遇"的原则,提出如下政策建议。

(一)加强规划引领和政策引导

编制四川省动力电池产业发展专项规划和制定产业高质量发展行动方案,切实加强对全省动力电池产业发展的统筹协调。明确以宜宾、成都、遂宁等产业基础较好地区为主要承载地,推动产业政策与区域政策协同,对动力电池产业重点城市给予用地、用能等指标倾斜,优先批复重点地区化工园区,引导产业资源向重点区域集中,打造适宜的产业发展生态,促进核心地区动力电池产业做大规模、做优质量，推动产业合理布局，打造特色产业集群，形成国际影响力。

（二）增强核心技术供给能力

强化企业创新主体地位，引导四川时代、中创新航、蜂巢能源等龙头企业构建"产学研"协同创新机制，大力支持省动力电池产业创新中心、省动力电池创新联合体等高能级技术创新平台建设，积极创建一批国家级研发平台。大力推进关键核心技术攻关，推动科技成果转化，提升正负极材料、隔膜、电解液、电池管理系统（BMS）等产业关键环节和重点领域的技术自主可控能力。加强与优质智库机构合作，强化产业跟踪研究，前瞻性研判技术路线，尽最大努力避免点错产业"科技树"。

（三）持续推动产业强链补链延链

坚持以动力电池为主、储能电池和消费电池并重的产品战略布局，支持"链主"企业按照市场化原则聚焦主业开展兼并重组，培育具有全球竞争力的本土龙头企业，稳步提升产业集中度。强化政策供给，制定产业链全景图和强链补链延链招商引资图谱，加大产业链领航型和专精特新类重点企业招引和培育力度，持续巩固完善产业链结构。

（四）统筹全省锂矿资源供给

积极推动锂矿资源开采和综合开发利用核心技术攻关，着力解决锂辉石矿开发模式粗放、产量不稳定等问题。川西北以甘孜、阿坝为重点，川东北以达州为重点统筹制定全省锂矿资源开发利用规划，加大锂资源科学开发力度，牢牢守住四川省锂矿资源优势。切实加强产业链风险评估，以关键资源保价稳供为核心，引导重点企业建立重要供应商备份。加大动力电池回收利用企业招引力度，支持动力电池生产企业拓展回收利用业务，强化锂资源循环利用。

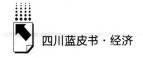
（五）完善产业人才培养体系

紧紧围绕动力电池产业发展特点和需求，搭建集聚政产学研用等多方力量的人才培养交流平台。加大对宜宾职业技术学院新能源电池学院等产业学院建设的支持力度。完善产业"新工科"教育机制，推行"产学结合""定向培养""订单培养"等合作方式，引进和培养一批创新能力强、掌握关键技术、发展潜力较大的管理技术人才和高层次创新创业团队，加强产业人才队伍建设。

（六）凸显绿色低碳能源优势

以世界动力电池大会举办为契机，强化四川省绿色低碳能源优势宣传推介，加大优质企业招引力度。发挥全国碳市场能力建设（成都）中心作用，加强全省动力电池产品碳排放统计核算工作，健全企业碳排放报告和信息披露制度，创新推广碳披露和碳标签，不断增强四川省动力电池出口竞争能力，大力发展高质量、高技术、高附加值的绿色动力电池产品出口贸易。

附表1

动力电池产业技术路线基本情况

分类依据	技术路线	优点	缺点	当前发展阶段	主要厂商
材料	三元锂电池	能量密度高，充电速度快，续航能力增长有潜力	成本较高、热稳定性差	已实现商业化量产	宁德时代、比亚迪、中航工业、国轩高科、亿纬锂能等
	磷酸铁锂电池	结构更稳定，不易发生燃爆。成本较低，原材料可控。电池寿命较长	续航相对不足	已实现商业化量产	比亚迪、宁德时代、国轩高科、中鑫航、蜂巢能源等
	钠电池	安全性较高、快充倍率高，具有材料成本优势、资源可控优势	能量密度较低、循环寿命短	产业化痛点还没有得到解决	宁德时代、华阳股份、浙江医药等

分类依据	技术路线	优点	缺点	当前发展阶段	主要厂商
电解质	液态电池	技术路线和产业化、商业化已经很成熟	续航焦虑、安全性短板	已实现商业化量产	比亚迪、宁德时代、国轩高科、中鑫航、蜂巢能源等
	固态电池	能量密度高,充电速度快,循环寿命长,安全稳定	物理、化学、力学性质还需改进	全固态路线仍处于研发阶段,短期内以固液混合电池为主要路线	三星 SDI、卫蓝、清陶、辉能、丰田等
形态	软包	能量密度高、重量轻	需要额外防护防止电池受损和热失控	已实现商业化量产	孚能科技、比亚迪、多氟多、亿纬锂能、宁德时代等
	方型	强度高、内阻小、寿命长、空间利用率高	生产工艺难统一、散热难度高	已实现商业化量产	宁德时代、比亚迪、国轩高科、亿纬锂能等
	圆柱	技术成熟、稳定耐用、单体能量密度高、单体一致性好	能量密度的上升空间小、大量组合对 BMS 要求高	已实现商业化量产	宁德时代、亿纬锂能、LG、松下、三星 SDI 等
结构	麒麟电池	既适配磷酸铁锂电池,又适配三元锂电池,有助于二者提升各自的短板,进一步平衡综合性能	没有对电芯材料做改变,而是进一步改进了电池组集成工艺	已实现商业化量产	宁德时代
	刀片电池	良好的结构强度和抗碰撞性能。既提升了能量密度,又延续了磷酸铁锂电池的安全优势	只适用于磷酸铁锂电池	已实现商业化量产	比亚迪

资料来源:根据动力电池技术相关研究报告、重点企业官方网站、重要产品宣传报道等资料整理。

B.18

2023~2024年四川省预制菜产业发展形势分析与预测

钟鑫 鲁彬*

摘　要： 预制菜产业是食品行业发展的新赛道。一直以来，四川拥有川菜品牌优势、原料资源优势、产业基础优势及本地市场优势，具备发展预制菜产业的良好基础条件。从2023年以来的数据看，四川省预制菜产业呈现高速发展的势头，2024年，随着预制菜产业的竞争加剧，四川需要推动政府"有形的手"和市场"无形的手"相结合，锚定产业定位，把握产业特点，优化产业载体，引领产业方向，实施"四大工程"，构建"公共品牌+区域品牌+产品品牌"的品牌矩阵，打造预制菜产业发展高地。

关键词： 预制菜产业　食品产业　川菜

我国预制菜产业起源于20世纪90年代，但国内本土企业长期处于不温不火的尴尬境地。从2014年开始，预制菜产业在B端（企业用户商家）进入快速发展阶段。随着消费升级和代际消费习惯变化，C端（消费者个人用户）消费需求猛增，我国预制菜产业迎来爆发式增长，预计到2026年市场规模将突破万亿元。预制菜是食品行业发展的新赛道，是一二三产业融合发展的新模式，是推进餐饮消费升级的新业态。一直以来，四川拥有川菜品牌优势、原料资源优势、产业基础优势及本地市场优势，具备发展预制菜产业

* 钟鑫，管理学博士，四川省社会科学院副研究员，主要研究方向为人力资本管理、人力资源管理、人才管理；鲁彬，四川省社会科学院产业经济学硕士研究生。

的良好基础条件，应抢抓战略机遇、加快布局预制菜这一产业新赛道，为加强建设现代化经济强省做出贡献。

一 2023年以来我国预制菜产业发展的主要特征

（一）发展速度较快且市场空间巨大

餐饮连锁化率、外卖渗透率、人工成本持续抬升驱动 B 端需求增长，消费升级、"宅经济"及疫情影响使得 C 端需求高增，总体来看，我国的预制菜产业不但没有受到经济下行带来的冲击，反而表现出惊人的发展之势，成为新的消费风口。2022 年中国预制菜市场规模超过 4000 亿元，预计 2025 年将会突破 8300 亿元（见图 1）。随着消费升级、冷链物流发展以及互联网多元化营销的助力，我国预制菜市场需求将加速释放，催生一批龙头企业和产业基地。

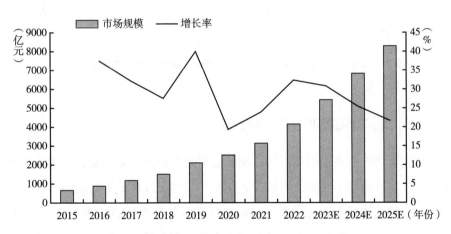

图 1　2015~2025 年中国预制菜市场规模和预测

资料来源：国家统计局网站。

（二）区域性竞争激烈程度加剧

全国多地都在布局和发展预制菜产业，区域竞争激烈程度不断加剧。广东省的湛江市及肇庆市高要区，山东省潍坊市下辖的寿光市和诸城市等地都公开表示要建设"预制菜之都"。四川预制菜产业指数和企业数量均居第十位，与川菜在全国的地位并不匹配。从 2021～2022 年广东、山东、福建和四川四个省份的产业发展指数来看，广东依旧保持预制菜龙头的地位，广东和山东都相较于 2021 年有所发展。就发展指数看，四川省的预制菜产业相较于 2021 年有约 50%的增长，增长率超过大多数的省份（见图 2）。

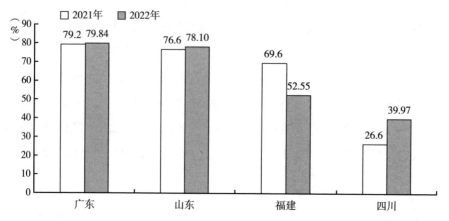

图 2　2021 年、2022 年广东、山东、福建、四川预制菜产业指数比较

（三）供需两端均出现较快增长

预制菜产业供需两端均有较快增长且呈现全链式发展态势，C 端市场需求崛起、境外市场不断拓展将成为预制菜行业蓬勃发展的重要动力。

一是供给端呈现全链式发展态势。除了预制菜中游的企业在加速发展，预制菜产业链上下游的企业也开始积极布局预制菜领域。连锁餐饮企业如西贝、眉州东坡，新零售平台企业如盒马鲜生、叮咚买菜，以及从事种植养殖的上游企业国联水产等，都在积极参与预制菜产业的发展，形成了全链式的产业特征。

二是 C 端市场需求崛起。预制菜市场由 B 端向 C 端"转移"的趋势日渐明显。未来菜品的标准化、规模化和需求多元化将持续推动预制菜行业扩展千亿渗透空间。居民的消费习惯发生变化，新兴零售渠道如直播带货等不断涌现，C端市场的红利随渠道拓展可能继续扩大，C端品牌有望加速崛起，推动市场增长。

三是境外市场不断拓展。2022年，中国预制菜代表性企业的出口营收额均实现增长，如春雪食品、獐子岛等。中国预制菜的出口额呈现增长趋势，越来越多的预制菜企业开始布局海外市场，寻求更广阔的发展空间。

（四）行业集中度低，行业内竞争力度加大

预制菜在我国尚属新兴行业，很多企业都处于初始阶段，加之预制菜进入门槛相对较低，中小企业及个体工商户大量涌入，行业竞争格局较为分散。全国7万余家预制菜相关企业中，50%以上成立于5年内。行业集中程度低、规模化企业少，头部企业的规模也仅在10亿元左右，中小企业规模为3000万~8000万元，还有众多百万元级别的区域性小厂。2021年，我国预制菜市场渗透率仅为10%~15%，美国和日本的预制菜市场经历了充分发展，渗透率在60%以上，中国台湾省的渗透率接近30%，鉴于我国菜系种类丰富且烹饪技法复杂，标准化难度高，难以达到美日同等渗透程度，探迹大数据研究院结合餐饮行业发展规律，预计B端预制菜市场渗透率在2025年达20%，B端、C端比率逐渐接近7∶3。

二　2024年四川预制菜产业发展面临形势及预测

（一）2023年以来四川预制菜产业的发展现状

四川预制菜产业发展水平位居全国前列，发展势头良好。川菜具有调味多样、烹制复杂、工艺精湛等特点，与其他菜系相比，预制川菜相对于传统川菜的烹饪难度降低幅度更大、烹饪时间缩短更明显。与其他菜系相比，预制川菜比其他预制菜系的市场前景更广。近年来，四川预制菜产业快速发展，企业数量不断增加，产值大幅提升，园区等平台建设逐渐完善。2022

年 586 家四川预制菜生产企业实现营业收入近 500 亿元，力争到 2027 年产业规模突破 1000 亿元。成都中国川菜产业城、眉山中国泡菜城等预制菜产业集聚平台不断完善，四川省预制菜产业联盟成立，乐山高标准打造首个川菜预制菜产业园区，新希望、通威股份、高金食品等预制菜重点企业实现较快发展。

（二）2023年以来四川预制菜产业面临的问题

四川预制菜产业发展除存在行业标准化程度较低、仓储物流及冷链运输能力有限、行业地域性局限等行业普遍痛点外，还面临一些特殊问题。

一是企业规模制约行业规模。企业规模与产业规模密切正相关。四川预制菜相关企业不仅数量与山东、河南、江苏、广东等省份相比尚有差距，企业规模也普遍较小，营收上亿元的企业仅有 80 余家，其中上市企业数量也与前四个省份差距较大。而且在 2022 年预制菜相关企业的投融资活动中，四川省没有发生相关的投融资事件（见图 3），这在一定程度上阻碍了四川预制菜产业的发展。

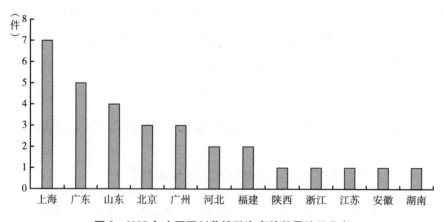

图 3　2022 年中国预制菜投融资事件数量地区分布

资料来源：赛迪顾问。

二是品牌影响力不强导致"川菜非川造"现象。艾媒金榜《2022 年上半年中国预制菜品牌百强榜》显示，归属于四川的预制菜品牌有 6 个（海底捞、大龙燚、小龙坎、阿宽食品、美好食品、筷时尚），但真正具有川菜特点的即热食品类、即烹食品类品牌不多，有较大市场份额的头部企业和知名品牌更少，区域品牌影响力有限，出现预制川菜爆款品类"川菜非川造"现象。譬如，酸菜鱼是川菜的经典菜品，酸菜鱼预制菜主要品牌为北京叮叮懒人菜、广东国联水产、福建安井食品、浙江麦子妈等。在2023年第一季度的预制菜发展水平榜中，四川省的预制菜产业发展相较于其他省份来说，有所下滑，从2022年的第5名下降到2023年第一季度的第8名（见图4和图5）。

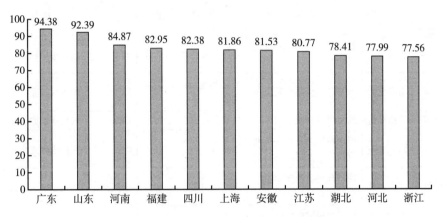

图4 2022年中国各省预制菜产业发展水平榜

资料来源：艾媒咨询。

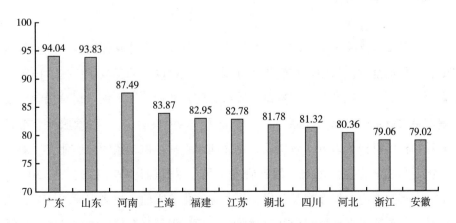

图5 2023年第一季度中国各省预制菜产业发展水平榜

资料来源：艾媒咨询。

与此同时，2023 年中国预制菜企业竞争力 100 强企业中，四川省预制菜企业的龙头新希望没有进入前 20 名，排在第 23 名；进入前 100 强的企业仅有 6 家，详见表 1。在川菜深受大众喜爱的背景下，四川需要通过多种方式，如借助媒体、线下宣传等进一步扩大四川预制菜企业以及品牌的影响力。

表 1　2023 年中国预制菜企业竞争力 100 强中来自四川的企业

排名	企业简称	企业全称	主要预制菜产品	预制菜核心领域	地址
23	新希望	新希望六和股份有限公司	生鲜半成品、预制菜肴	即配	四川绵阳涪城区
28	美好食品	成都希望食品有限公司	低温肉制品、火锅食材等	即烹	四川成都新津区
30	通威股份	通威股份有限公司	生鲜鱼片等	即配	四川成都武侯区
41	阿宽食品	四川白家阿宽食品产业股份有限公司	红油面皮	即烹	四川成都龙泉驿
46	高金食品	四川高金实业集团股份有限公司	川味预制菜	即烹	四川遂宁船山区
56	海底捞	四川海底捞餐饮股份有限公司	火锅菜品、预制菜肴	即热	四川成都简阳市

资料来源：赛迪顾问。

三是配套支撑不足影响产业发展合力。首先，专业化园区少、产业基地薄弱。目前全省仅乐山市在建川菜预制菜产业园区，明显少于广东、山东等省份，不利于集聚产业要素资源。其次，配套产业支撑不强。川菜预制菜发展需要农业生产、物流仓储、企业加工（包括中央厨房）、餐饮服务、市场监管和科研机构等多方有效协同，然而四川省缺乏推动预制菜产业发展的总体规划和政策文件。再次，创新研发不足。尽管四川省有相关高校 10 家，多于大多数省份，但在产品开发、川菜标准化等方面存在诸多薄弱环节，如针对预制菜特点保证新鲜度和口感要求、适应青年消费群体和省外消费者需求等方面存在创新研发不足，详见表 2。最后，政策支持力度小。仅 2022

年，广东省就出台 35 条相关政策鼓励发展，河南、山东和福建也分别出台 10 条、8 条和 5 条相关政策，而四川省仅有 1 条。

表 2　2022 年预制菜产业资源分布

省(自治区、直辖市)	上市企业数量	载体、平台	创新资源
广东	22 家	国家级高新区 1 个 预制菜产业基地 14 家 预制菜产业园区 11 家	预制菜产业联合研究院 1 家 食品智能制造实验室 1 家 高校 9 家
山东	18 家	国家级高新区 1 个 国家级经开区 5 个 预制菜产业基地 7 家 预制菜行业协会 1 家 预制菜产业园区 31 家	国家级研发机构 5 家 省级以上研发机构 28 家 院士(专家)工作站 6 家 博士后科研工作站 3 家 食品实验室 18 家 高校 10 家
江苏	17 家	国家级经开区 2 个 预制菜产业园区 1 家	高校 12 家
河南	17 家	国家级经开区 1 个 预制菜产业基地 4 家	技术创新研究院 1 家 全产业链创新中心 1 家 高校 7 家
浙江	14 家	预制菜产业基地 1 家	高校 9 家
安徽	10 家	国家级经开区 2 个 预制菜产业基地 1 家	高校 6 家
湖南	10 家	国家级经开区 3 个 预制菜标准园区 1 家	高校 4 家
湖北	9 家	国家级高新区 2 个 国家级经开区 2 个 预制菜产业基地 1 家	高校 9 家
内蒙古	9 家	预制菜产业基地 1 家	高校 3 家
上海	8 家	预制菜产业展会 1 家	科创中心基地 1 个 高校 7 家
福建	8 家	国家级经开区 5 个 预制菜产业基地 4 家	高校 4 家
四川	6 家	国家级高新区 1 个 国家级经开区 4 个 预制菜产业基地 1 家	预制菜研究院 1 家 高校 10 家

资料来源：赛迪顾问。

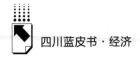

（三）2024年四川省预制菜产业发展的分析与预测

1. 经济环境分析

（1）居民消费能力不断增强

人们的生活水平和消费能力不断地随着经济的发展而提升，全国居民人均可支配收入从2017年的2.6万元增长到2022年的3.7万元。预制菜在中国的消费量整体上呈现上涨趋势，人均年消费量由2013年的5.4kg上涨到2021年的8.9kg，年复合增速达到6.4%；在更多消费意愿的引领下，预制菜产业更加成为各省竞速发展的新赛道。四川人均可支配收入不断上涨，从2018年的2.25万元涨到2022年的3.07万元，本省自身的消费市场也具有一定的规模，为四川省的预制菜产业发展奠定了可观的基础。

（2）城镇化水平逐步提升

我国常住人口城镇化率逐年增加，从2010年的50.0%增长到2022年的65.2%。2022年，四川省常住人口城镇化率达到58.8%。在城镇化过程中，人们生活节奏加快，快节奏的生活方式使得许多人更倾向于选择方便、快捷的饮食方式，预制菜作为一种便捷的食品选择，逐渐成为人们日常饮食的重要组成部分。因此，随着城镇化水平提升，预制菜消费在整体消费结构中所占比重可能会增加。

（3）人口老龄化持续加剧

中国老年人口比重从2010年的13.3%增长到2022年的19.8%，随着人口老龄化，老年人对便捷、易于食用的食品需求将增加。预制菜作为一种方便快捷的饮食选择，通过提供便捷的配送服务，满足老年人在家享受美食的需求。同时，预制菜产业需要更加注重产品的健康与营养，满足老年人对食品安全和健康的需求。提供小份包装和便捷配送服务，针对老年人的需求进行差异化经营，将有助于预制菜行业在老龄化社会中发展壮大。

2. 技术环境分析

（1）冷链物流技术蓬勃发展

冷链技术的应用发展使预制菜产业如虎添翼，冷链物流技术是在产品抵达消费者面前的各个环节中，将产品置于规定的低温环境下，以保证产品质量的系统工程。这项技术的发展和广泛应用不仅能减少预制菜的运输成本，使预制菜产品在相同的运输时间内能覆盖更广的地区，扩大销售半径，尤为重要的是保障了预制菜产品的新鲜度和口感，更能激发消费者的消费意愿。冷链物流规模持续扩张，为预制菜产业的发展提供了充足的保障。中国的冷链物流市场规模由 2017 年的 2250 亿元增长至 2022 年的 4916 亿元，年复合增长率达 16.9%。

（2）气调包装保鲜技术水平快速发展

气调包装保鲜技术实质上是一种储存技术，是通过人为控制贮藏环境中氮、氧、二氧化碳等气体的比例来抑制储藏物细胞的呼吸量，以此减少有机物质的消耗以及水分的流失，降低食材腐烂率，最终达到长期保鲜的效果。气调保鲜技术的不断发展完善，为预制菜产业的发展又增添一道"屏障"。与冷链物流技术一样，气调保鲜技术扩大了预制菜的覆盖面，扩大了销售半径。

（3）真空低温慢煮技术水平逐步提升

真空低温慢煮烹饪技术是从食材和配料、包装材料、真空包装、循环水煮与水冷、时间控制以及温度控制六个方面处理菜品。由于采用了真空包装加上精准的温度控制，食物在加工和储存过程中更能保留内化的口感，同时保证健康。真空低温慢煮技术水平的逐步提升又为预制菜产业的发展注入了新的动力，为预制菜产业高质量发展提供良好的技术支持。

3. 政策环境分析

（1）国家政策日益完善，助力预制菜产业高质量发展

2023 年 2 月《中共中央国务院关于做好 2023 年全面推进乡村振兴重点工作的意见》（中发〔2023〕1 号）明确提出"提升净菜、中央厨房等产业标准化和规范化水平，培育发展预制菜产业"，为预制菜产业发展注入强心剂。2023 年 3 月，工信部等十一部门联合印发《关于培育传统优势食品产区和地方特色食品产业的指导意见》（工信部联消费〔2023〕31 号），提出到 2025 年要基本形成有地方特色的食品产业发展格局，向着"百亿龙头、

千亿集群、万亿产业"进发。

2023年，四川省经济和信息化厅等5个部门颁布《支持预制菜产业高质量发展的若干措施》，从加强质量标准建设、支持产品创新开发等十个方面展开。虽然四川省总体的政策支持力度还有待加大，但对预制菜产业的关注度开始逐渐聚集，为四川省各市州的预制菜产业部署和发展起到总指引作用。

（2）地方多措并举，引导预制菜产业健康有序发展

在地方上，乐山市发布《乐山市聚焦高质量发展推动经济运行向好提升的若干政策措施（征求意见稿）》，支持鼓励预制菜等乐山特色优势产业创新发展，并根据创收的经济贡献因素给予金额奖补。遂宁市发布重大制造业项目"揭榜挂帅"榜单（第一批），以奖励的方式支持预制菜产业基地发展。达州市印发制造业招商引资"百日攻坚"行动（第三季）实施方案，支持预制菜等新兴产业重点发展。广元市发布《广元市聚焦高质量发展推动经济运行整体好转的若干具体政策措施》，聚力加快重点产业发展，实施产业集聚提速行动，积极培育发展预制菜等"新赛道"。眉山市提出要打响"东坡菜"美食品牌，加快发展预制菜、绿色轻食、网红餐饮、主题餐饮等餐饮新业态，并发布《东坡菜 黑龙滩翘壳鱼烹饪工艺技术规范》《东坡菜 东坡鱼烹饪工艺技术规范》《东坡菜 雪芽东坡肉烹饪工艺技术规范》等10项地方标准。雅安市印发《雅安市制造强市三年行动方案（2023～2025年）》培育扶壮预制菜产业等特色消费品产业集群。巴中市发布《巴中市工业园区发展规划（2022～2027年）》，积极打造全省预制菜产业基地等五大产业基地。攀枝花市发布《攀枝花市新赛道产业培育计划（2023～2025年）》，建立预制菜产业体系，引育一批预制菜企业，打造具有一定品牌知名度的预制菜产品。同时，加强预制菜产品的质量监管、链条管控，实现生产消费全程可追溯。

综上，四川省不管是在地方特色上还是在烹饪手艺上都具备得天独厚的发展预制菜的优势，有助于起步较慢的预制菜产业提速快速发展。随着人民消费水平的提升，预制菜产业将得到进一步的发展。在这样良好的大环境

下，预计到 2025 年，四川预制菜产业规模可达到千亿元左右，具有巨大的发展潜力和良好的市场前景。具体来看，四川预制菜在全国川菜馆数量、菜品创新以及市场影响力、消费者喜爱度和接受度等方面均表现良好。据统计，全国川菜门店数量达到 32 万家，居各地方菜系之首。与此同时，川菜预制菜发展得到政策支持。例如，2023 年初四川省发布的《支持预制菜产业高质量发展的若干措施》，从十个方面支持和鼓励川菜预制菜产业发展，为川菜预制菜的发展提供了政策保障。

三　2024年四川省预制菜产业发展的对策建议

四川应重点围绕川菜品类，推动政府"有形的手"和市场"无形的手"共同发力，在供给和需求两端共同施策，锚定产业地位，把握产业特点，优化产业载体，引领产业方向，实施"四大工程"，构建"公共品牌+区域品牌+产品品牌"的品牌矩阵，打造预制菜产业发展高地。

（一）锚定产业定位，实施圈城联动、产业融合工程

强化顶层设计，加快编制四川预制菜产业发展规划，明晰产业定位、发展目标、发展重点、发展路径。优化产业空间布局，建议以成都都市圈为核心，布局建设大型预制菜集散中心，以乐山、宜宾、泸州、广元等区域中心城市为支点，推进圈城联动，打造预制菜产业高地。以天府国际空港新城和青白江铁路枢纽港为中心，打造全省预制菜冷链物流国际空中和陆海联运走廊，形成立足四川、辐射全国、面向全球的预制菜销售网。

加快预制菜产业向其他行业的渗透，如旅游、文化等产业；积极推进预制菜产品与多种生活模式的深度交融，拓展产品用途，丰富产品类型；发挥网络、自媒体等新的传媒工具的作用，拓宽预制菜产品的销售渠道，积极与商超、农贸市场合作；集中力量加强预制菜产品的文化、品牌建设，形成餐饮模式的新风尚。

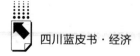
（二）把握产业特点，实施链式启动、主体培育工程

加大预制菜企业培育力度，建立省级优质预制菜企业培育库，重点培育一批涵盖生产、冷链以及装备生产等各个环节的示范企业，支持有条件的预制菜企业开展并购重组，打造一批具有全国影响力和竞争力的预制菜龙头企业。充分发挥新希望、海底捞等企业在预制菜产业链上的带动作用；在"链主"效应的推动下，培育和引进在预制菜产业链条各环节上更加专业化、优势更加明显、分工协作管理更为紧密的配套企业，加快形成"链主"企业有力带动、配套企业高效协同的预制菜产业发展格局。围绕火锅、炒菜、蒸菜、卤菜、凉拌菜等细分领域，培育一批专精特新中小企业和头部企业。鼓励农产品生产、加工销售、物流运输和设备制造企业加入预制菜产业赛道，做大做强配套企业。充分发挥物流、食品等相关协会的作用，依托新成立的四川省预制菜产业发展联盟，向上链接"中国预制菜产业联盟"，向下在市州、区县、乡镇发展"预制菜产业发展联盟"，形成上下链接、左右联通、全省一盘棋的预制菜产业发展网络。

（三）优化产业载体，实施园区推动、功能聚合工程

依托成都川菜产业园、乐山川菜预制菜产业园、眉山"中国泡菜城"、武胜火锅产业园、自贡食品工业园等省级农产品深加工示范园区，推动预制菜企业及其配套企业集中入园，提升预制菜产业集聚度，逐步形成在全国乃至全球有影响力的预制菜产业园。鼓励各产业园区聚焦预制菜产业，编制产业链全景图、产业生态发展路径图和重点企业、配套企业名录表，加大政策和要素精准支持力度。支持园区有针对性地引进原料、设备等供应商，同时吸引技术、法律、财务等服务机构入驻，镶嵌、配套人力资源服务产业园或集聚平台，为预制菜企业发展提供全方位优质服务。

（四）引领产业方向，实施创新驱动、技术攻关工程

一是整合高等院校、科研院所、预制菜相关企业、农业龙头企业及行业

协会等力量，建立四川省预制菜联合研发平台，重点开展预制菜共性基础和关键核心技术研究，建立预制菜原料和菜谱数据库，构建预制菜营养科学相关的食品科学理论，推进预制菜新形态新品类、功能性预制菜（药膳）等系统性研究。二是研究制定预制菜分类基础、预制菜品质评价检测、预制菜食品安全等四川标准，鼓励人民食堂、陶德砂锅等有条件的相关社会团体、企业制定预制菜团体标准、企业标准，共同推进预制菜产业标准化发展。在此基础上，构建预制菜产业监管体系，形成自律他律机制，引导预制菜产业有序发展。三是依托大数据和人工智能技术，研究预制菜产业发展指数和消费指数，定期研判产业发展趋势与市场消费趋势，开发符合市场需求特别是未来消费主力"Z世代"（2000年以后出生的人）喜爱的细分产品。

热 点 篇

B.19
成渝地区双城经济圈自贸试验区
协同创新路径研究

刘渝阳*

摘 要： 国际高水平自由贸易协定是我国自贸试验区改革创新的重要参照。成渝地区双城经济圈内的四川和重庆两大自贸试验区各自开展了卓有成效的改革创新，但在新时期，国际环境和经济形势发展对川渝自贸试验区的创新探索提出了新的要求。本文通过对川渝自贸试验区产业政策和发展方向的梳理，提出成渝地区双城经济圈在自由贸易试验区的金融、科技、医药、平台、产业、规则、口岸、物流等领域协同改革创新的实施路径。

关键词： 成渝地区双城经济圈 协同创新 自贸试验区

---

* 刘渝阳，经济学博士，四川省社会科学院经济研究所副所长、研究员，主要研究方向为开放战略、国际经贸。

当前，国际高水平自由贸易协定不断涌现，不仅提出更高水平的便利化要求，还涉及大量边境后条款，对我国自由贸易试验区协同开展制度创新提出更高要求。我国现有 22 家自由贸易试验区正实施"以制度创新为核心，以可复制可推广为基本要求"的改革探索，是我国在新形势下扩大开放的重大战略，已形成 300 余项改革经验并向全国复制推广。但同时，也存在自贸试验区之间制度创新"碎片化""重复化"，自贸试验区各自为政、协同性不足，对标国际高标准能力不强，产业国际化程度低等问题。究其根源，当前自贸试验区的发展战略存在一定的模糊空间，导致理论层面争议不断，实践层面缺乏清晰认识和协同创新，既达不到制度创新预期要求，又无法充分实现自由贸易功能，呈现制度创新与国际经贸功能低水平发展的状态。因此，响应党的二十大报告提出的"实施自由贸易试验区提升战略"，以川渝自贸试验区为样板，进一步深入研判当前成渝地区双城经济圈两个自由贸易试验区协同创新路径和思路具有十分重要的意义。

一 成渝地区双城经济圈自贸试验区改革创新的现状

（一）改革试验任务顺利推进

四川自贸试验区总体方案要求完成的 155 项改革试验任务，除 1 项涉及客观因素外，其余均已实施。成都已复制实施 212 项国务院和部级联席会议推广的自贸试验区改革经验。"'首证通'行政审批改革"获中央深改委充分肯定并在《改革情况交流》刊发，"多式联运一单制"改革被中组部采纳。作为国家"试验田"、制度创新"高地"，"一带一路"商会联盟、"一带一路"保险创新研究与发展中心、"一带一路"交往中心、独角兽岛、四川自贸区检察院相继挂牌成立，四川自贸区法院设立自贸巡回法庭和知识产权巡回法庭，并首次发布《自贸审判白皮书》。首证通、一单制、集拼集运、大数据审计、减证便民等改革举措被中央电视台《新闻联播》《新闻直播间》栏目专题报道。

重庆总体方案中的 151 项任务也全部落地实施。重庆自贸试验区还通过持续纵深推进"多证合一""证照分离"改革和工程建设项目审批制度改革,新取消 10 项行政许可事项,拟新推出 16 项审批改为告知承诺。自贸试验区重庆各片区采用清单管理方式,对自贸区 523 项国家层面设定和 14 项市级层面设定的涉企经营许可事项进行全覆盖管理。同时,重庆自贸试验区在全国最早采用"全程电子退库系统",退税办理时效大幅领先全国平均水平。

(二)差异化政策探索各具特色

成都自贸试验区国际贸易"单一窗口"主要业务覆盖率已达 100%,已对接国家标准版 16 类 341 项功能。成都双流国际机场开通 33 条通达五大洲的"客改货"航线,稳定运营 10 条国际全货机航线,并首次实现国际货物跨航司跨货站转运。2022 年,成都海关进、出口整体通关时间分别降至51.73 小时、0.59 小时,较设立自贸试验区前分别压缩 53.93%、81.2%。此外,研究制定市级管理权下放成都自贸片区清单,协调推动外籍医师来华短期行医许可,重疾、门特等专科认定资质审批等 5 项市级管理事项下放温江协同改革先行区。

重庆自贸试验区通过完善航空、铁路、内河港等集交通枢纽、保税和口岸功能于一体的开放平台,拓展中欧班列(渝新欧)、西部陆海新通道铁海联运等功能,在创设铁路提单信用证融资结算等方面取得新突破。率先赋予铁路运单金融属性,开立全球首份铁路提单国际信用证。截至 2023 年 9 月底,重庆国际铁路港已累计签发铁路出口提单 6834 笔,货值约 33.5 亿元。在建设西部陆海新通道战略支撑下,在重庆诞生中国首张国际货运代理协会(CIFA)多式联运提单,创新"铁路原箱下海、一箱到底"多式联运模式,整体通关时间压缩 40%。

(三)制度创新成果丰富

四川自贸试验区设立三年来,探索形成 580 余个改革实践案例,其中

"知识产权类型化案件快审机制""'铁银通'铁路运单金融化创新""'自贸通'综合金融服务""证照通'1+X'审批模式改革""集群注册企业'信用预审'监管模式""中欧班列集拼集运新模式""公证最多跑一次""冰鲜水产品两段准入监管模式""分布式共享模式实现银政互通""空铁联运一单制货物运输模式""中欧班列运费分段结算估价管理改革"等15项制度创新成果被国家层面采纳并面向全国复制推广，连续两年在"中国自由贸易试验区制度创新指数"榜单中位于全国第三批自贸试验区前列。自贸试验区法院智能电子诉讼平台"天府智法院"获评"全国政法智能化建设优秀创新案例"，62项改革经验在全省复制推广。

重庆自贸试验区围绕投资、贸易、金融、事中事后监管、法治保障，持续深入推进制度创新，有7项改革和实践经验向全国推广。牵头制定的"国际货运代理铁路联运规范"等3项标准上升为国标。深入实施"两步申报""两段准入"等海关重大业务改革试点，推广应用国际贸易"单一窗口"，全面推行铁路快速通关模式，创新"保税+"系列外贸业态，探索"关银一KEY通"川渝一体化监管模式，成为全国海关第一项跨关区自贸协同创新举措。出台重庆首个帮扶企业通过高级认证的地方政策，助力94家企业通过AEO高级企业认证，居西部地区首位。

（四）对外开放平台成效显著

四川自贸试验区新增外商投资企业1317户、新增外资企业注册资本1239.4亿元，85%集中在高端服务业领域。聚焦现代服务业发展，四川自贸试验区加快推动天府国际基金小镇和天府总部商务区两个重点区域建设。截至2023年9月，天府国际基金小镇累计引入IDG、思佰益（中国）等金融企业647家，管理资金总规模突破5500亿元，荣获《哈佛商业评论》2018年度拉姆·查兰管理实践奖。天府总部商务区总部基地引进招商局集团西部总部、新希望全球控股总部、日本神户医疗等高能级产业化项目59个，总投资达2312亿元；西博城场馆已引进英国英富曼等世界顶级会展机构15个，承办西博会、糖酒会等重大展会逾200个，年客流量突破500万人次。中国—欧洲中心正加快打造为国家级对欧开放合作平台，已成功招引挪威 Opera 中国区总部、成都"一带一路"国际商事法律服务平台、联合国开发计划署（UNDP）可持续发展创新示范项目等 59 个商贸类、交往类、服务类重点项目。中欧班列（成都-波兰罗兹）开展关际合作，加入"安智贸"试点。

重庆自贸试验区空港片区获批成为首次进口药品和生物制品口岸，享有铁路运邮、平行汽车进口和资本项目收入结汇支付便利化等试点政策，极大地促进相关产业和企业的发展。经过 5 年发展，试验区累计新增市场主体超过 5 万户，增长 2.5 倍，其中软件和信息技术等高技术服务企业占比超 3/4，自贸试验区贡献重庆约 70% 的对外贸易额。

二 成渝地区双城经济圈自贸试验区协同创新面临的新形势和新要求

从成渝地区双城经济圈自贸试验区面临的全球形势、多边关系和双边关系来看，国际贸易的宏观环境正发生一系列重大变化，必须时刻保持高度关注。成渝地区双城经济圈作为西部综合实力最强的城市群，对外开放不断升级，也对川渝自贸试验区协同改革试验提出更高的要求。

（一）开放发展面临新形势

1. 我国开放发展的宏观国际环境发生重大变化

一是全球形势不断变化。全球性的科技革命正在向深度推进，人工智能、大数据、互联网、基因工程等技术已对区域产业结构、生产生活方式和社会公共管理产生巨大影响，全球科技革命为成都自贸试验区深入推进改革发展带来巨大机遇，国际形势变革也为成都自贸试验区进一步吸引跨境资本流入提供了新的机遇和挑战。二是多边关系不断变化。随着国际形势不断变化，以世贸组织为基础的多边贸易体系受到国际经济霸权的严重挑战，跨太平洋伙伴关系协定（TPP）中除美国外的 11 国再次签订全面与进步跨太平洋伙伴关系协定（CPTPP），亚太区域经济一体化大方向未变，加之我国"一带一路"倡议正不断得到更多国家认可，成都自贸试验区发展应理性把握多边贸易形势，从中寻求更多贸易机遇。三是中美贸易摩擦呈现复杂化和长期化趋势，科技、金融等多领域贸易形势仍然严峻，应加快探索开展双边或多边投资贸易的有效途径。

2. 我国自贸试验区（港）改革向纵深推进

从我国自贸试验区建设的整体规模、改革深度和探索方向来看，川渝自贸试验区发展依托的国内形势总体良好。一是自贸试验区建设进一步加速。随着国务院印发山东、江苏、广西、河北、云南、黑龙江自由贸易试验区总体方案，新一轮自贸试验区布局正式成形，全国自贸试验区增加至18个，内陆地区自贸试验区增加至8个，制度创新红利将加速释放，各自贸试验区将出现连片、合作和竞争并存的态势。二是国家层面对外资管制进一步放开。最新版《自由贸易试验区外商投资准入特别管理措施（负面清单）》和《鼓励外商投资产业目录》，不仅把自贸试验区外商投资负面清单条目由45条减至37条，还较大幅度地增加了鼓励外商投资的领域，支持中西部地区承接外资产业转移，这对于川渝自贸试验区培育经济的新增长点，具有非常重要的意义。三是自贸试验区改革方向进一步明晰。《国务院关于加快外贸转型升级推进贸易高质量发展工作情况的报告》指出，将高水平建设中国特色自由贸易港，深化研究海南自由贸易港政策和制度体系。上海自贸试验区临港片区也正加速推进自贸港建设。综合国际先进自贸试验区的建设历程，建设自贸港将是我国自贸试验区未来重点探索的方向。川渝自贸试验区是未来自贸港的核心承载地，在新一轮的全球开放竞争中肩负着重大职责。

3. 我国正式启动全面经济伙伴关系协定（RCEP）

2023年6月我国参与的《区域全面经济伙伴关系协定》在15个成员国全面生效。协议内区域总人口达22.7亿，GDP达26万亿美元，出口总额达5.2万亿美元，将形成一体化大市场。一是将为我国外贸发展创造公平、透明、稳定、可预期的政策环境。RCEP成员相互实施关税减让、市场准入开放、贸易壁垒减少、海关通关程序简化等措施，区域内90%税目商品关税得到削减。我国在原材料、零部件、机器设备和农产品等关键领域的进口成本将大幅下降，而消费电子、纺织服装等优势产品的出口将更加便利，区域内各国贸易投资增长潜力明显扩大。二是将促进我国产业链高端化发展。中、日、韩在电子信息产业的产业链、供应链上有较强互补性和依赖性，协议签署将促进三方在以电子信息产业为代表的高端产业链、供应链和价值链上的跨国融合。同时，考虑到RCEP中东盟国家占比达到2/3，协议签署将加速我国以传统劳动密集型制造业为代表的低端产业链加速向东盟国家转移。三是将加速我国自贸试验区升级发展。RCEP自由贸易机制在广泛领域达到较高标准，为我国自贸试验区创新改革提供借鉴。同时，我国加入RCEP并不足以绕开发达国家在国际贸易方面的限制，仍需通过自贸试验区改革探索，与发达国家点对点地建立更紧密便利的贸易投资往来，自贸试验区的窗口作用仍然不可替代，且需巩固加强。

（二）新时期成渝地区自贸试验区创新面临新要求

1. 对外开放新形势要求自贸改革谋划更高平台

国务院在《关于推进自由贸易试验区贸易投资便利化改革创新的若干措施》中提出19项新时期攻坚改革任务。成渝地区双城经济圈作为西部综合实力最强的地区，对外开放不断升级，也对川渝自贸试验区改革试验提出更高要求。一是成渝核心城市对自贸试验协同创新提出新要求。两大核心城市均提出建设内陆开放高地和开放型经济体系，必然要以自贸开放平台为载体，协同推动国际贸易优化升级、服务贸易创新发展和新兴贸易快速发展，共建内陆国际消费中心、国际会展中心、国际交往中心，拓展国际交流合作渠道。二是成渝地区融入"一带一路"建设和推进西部陆海新通道战略对自贸试验区协同改革提出新要求。从立体多向战略通道建设、国际创新合作、国际经贸往来、国际化消费、国际人文交流等多个方面对成渝地区双城经济圈未来的协同开放合作提出明确要求。自贸试验区是成渝地区双城经济圈融入"一带一路"建设和推进西部陆海新通道战略重要载体,自贸改革必须紧紧围绕国家对外开放战略,从更高标准、更广领域推进投资贸易便利化和自由化。三是优化天府国际机场和重庆机场扩容建设对自贸试验提出新要求。成渝拥有三个国际机场、两大国际铁路港枢纽,依托这些国际枢纽和口岸推进内陆自贸协同创新是必然举措。下一步,川渝自贸试验区应把握历史机遇,加快推进自贸港申报建设工作,助力成渝地区双城经济圈打造高水平对外开放格局。

2. 国省市战略布局要求川渝自贸试验区更加注重协同改革

国家层面,中央财经委员会第六次会议明确提出"推动成渝地区双城经济圈建设,在西部形成高质量发展的重要增长极",同时要求"强化重庆和成都的中心城市带动作用,使成渝地区成为具有全国影响力的重要经济中心、科技创新中心、改革开放新高地、高品质生活宜居地,助推高质量发展"。《中共中央关于制定国民经济和社会发展第十四个五年规划和二〇三五年远景目标的建议》提出要"形成强大国内市场,构建新发展格局""以国内大循环吸引全球资源要素""完善自由贸易试验区布局,赋予其更大改革自主权"。川渝自贸试验区作为成渝地区双城经济圈改革开放的前沿阵地,是构建"双循环"发展格局的重要节点,需在加大改革试验力度的同时,更加注重与其他地区协同改革,合作推进内需和外需、进口和出口、引进外资和对外投资的协调发展。

省际层面,成渝自贸区协同改革步伐加快。2023年四川省政府工作报告强调,四川自贸试验区川南临港片区要加强与重庆港口协作,共建长江上游航运中心;自贸试验区天府新区片区要增加"川渝通办"政务服务事项和便捷生活行动举措;高标准建设天府新区、成都高新区、西部科学城等自贸试验区片区。四川省商务厅与重庆市商务委召开深化川渝商务合作推动成渝地区双城经济圈建设工作座谈会,提出协同推进"一带一路"进出口商品集散中心建设、川渝自贸试验区协同开放示范区建设、成渝会展合作等多方面工作。川渝自贸试验区拥有中国-欧洲中心、西部会展中心、国家会议中心、西部金融中心、国际消费中心城市等一批"一带一路"对外开放重要窗口，更承载着众多国际性、全国性和区域性的博览会、交易会、展销会等，在成渝自贸区协同改革中扮演着重要角色，需加速推进与成渝地区其他地区在更广领域更深层次的开放合作。

3. 高质量要求川渝自贸试验区形成更加开放的产业体系

近年来，国家中心城市产业发展大会、世界信息安全大会、中国电子信息产业高质量发展大会等多个产业发展大会在成渝地区成功召开，为川渝自贸试验区建设助力。一是重庆、成都两大核心城市提升国际竞争力需要自贸试验区的产业发展走在全国前列。成渝双城协同提升经济圈的产业国际竞争力，自贸试验区建设是提升产业国际竞争力的重要载体，自贸试验区需以产业开放为指引加快推进相关制度改革。二是成渝双城发展新经济新业态要求自贸试验区以更加开放的姿态迎接产业技术革命浪潮。自贸试验区要率先发展高新技术产业、战略性新兴产业和人工智能等未来产业，加速发展数字经济、生命经济、共享经济、平台经济等新经济。积极建设"一带一路"国际合作典范城、全球公民创新创业汇聚区和国家战略性新兴产业集群地。自贸改革需要进一步深化产业制度创新和投资贸易开放，促进成渝双城高技术产业发展、新经济业态培育和创新创业要素汇聚，这是自贸试验区的重要发展方向。三是成渝地区产业体系的国际化进程也对自贸试验区加快金融开放发展提出更高要求。

4. 优化营商环境要求川渝自贸改革向国际标准看齐

一是对标国际投资贸易规则，加快建立以投资自由化为目标的市场准入制度。完善国际商事仲裁制度。推行商事登记、国际贸易和人员往来"单一窗口"服务。及时复制推广自由贸易试验区经验，促进资本、技术、人才和信息等生产要素自由流动和全球化配置。二是深化"放管服"改革，着力优化政务服务环境，大幅压减不动产登记和建设项目审批时间，提升市场监管水平和效率。三是要加快建立以扩大贸易规模为导向的贸易便利化制度，重点是提高海关通关系统自动审核放行比例，出口查验率不超过2%，货物整体通关时间压缩1/3以上。

三　成渝地区双城经济圈开展自贸协同改革创新的实施路径

（一）金融领域自贸协同改革创新路径

支持成渝两地银行、保险机构在成渝自贸试验区互设分支机构和异地展业，鼓励利用两地自贸政策开展协同创新，探索银行信贷资产跨境转让等业务，探索发展跨境商业医疗保险服务。在风险可控的前提下，联合开展离岸财富管理业务合作。成渝自贸试验区联合设立人民币海外投贷基金。成渝自贸区联合探索构建跨境交付模式下的金融服务监管新模式，设立成渝地区破产法院，加强与金融仲裁院、金融消费纠纷人民调解委员会等合作。

（二）科技领域自贸协同改革创新路径

加强西部（成都、重庆）科学城合作，协同打造具有全球影响力的新经济策源地、世界级生物产业创新与智造之都、国际知名的中国新硅谷（成渝硅谷）。共同探索建立符合国际通行规则的跨国技术转移和知识产权许可转让机制，共同推动在成渝地区设立国际技术转移中心。联合争取量子通信国家枢纽等新一代信息基础设施，以及空天技术、网络空间安全、先进核能等领域国家实验室在成渝自贸试验区布局。在成渝自贸试验区支持协同建设"科学家经纪人""工程师共享平台""虚拟实验与制造平台"等新型创新服务平台，培育研发众包、网络众筹等服务新业态，布局建设面向全球的创业苗圃、科技企业孵化器、中试共享生产线等载体。

（三）医药领域自贸协同改革创新路径

探索允许外商以独资方式在成渝自贸试验区设立牙科诊疗机构。探索成渝自贸试验区大型医院诊断信息互认、数据共享机制。成渝两地合作选择 5 家科研实力雄厚的医疗机构，授权批准因临床急需或研究目的进口少量尚未在我国获准进口注册的药品、医疗器械。协同支持川渝自贸试验区内中药医疗机构制剂扩大产品备案管理范围，支持建立国家药品医疗器械审评检查分中心，支持打造国家食品药品检验检测基地。叠加成都国家电子商务示范城市和重庆服务业扩大开放综合试点城市政策，协同探索跨境电商进口药品和医疗器械试点，增加抗癌药、非处方药、慢性病治疗药等品类药物及医疗器械进口。对境外已上市、境内未上市药品和医疗器械开展保税仓储。

（四）联合培育一批国际区域合作创新发展示范平台

成渝自贸试验区深化"智慧海关、智能边境、智享联通"合作。叠加成都天府新区进口贸易促进创新发展示范区与重庆服务业扩大开放综合试点的重大开放平台优势，全面深化成渝自贸试验区高端服务业创新发展试点，推动开展服务外包业务，加快新兴服务贸易产业、贸易会展业发展，探索以高端服务为核心的"数字+服务"新业态新模式。依托全国一体化大数据中心国家枢纽节点和国家通信枢纽等，共建成渝区域性国际数据港。成渝双城联合打造中国软件名园和国家数字服务出口基地。深化川渝自贸试验区海关合作，全面实施保税货物跨关区便捷流转。联合开展市场采购贸易方式试点，建设成渝"一带一路"进出口商品集散中心。积极对接川渝地区使领馆等外事资源，充分利用欧盟成都商会、香港"一带一路"总商会、川商总会、天府新区商会等商协会机构渠道，着力将各类平台资源转化为招商引资的桥梁纽带，促进天府新区与两江新区、四川省内各市州的优势产业深度融合。

（五）合作打造一批川渝特色开放型产业集群

创新成渝自贸试验区产业合作模式，探索建立总部—生产基地、园区共建、整体搬迁等多元化产业对接合作模式。成渝联合研究制订跨境服务贸易负面清单，允许外国企业获取备案登记后在川渝自贸试验区从事服务贸易经营活动。联合探索在自贸试验区开展飞机维修保税拆解业务创新试点。在符合监管要求的前提下，将整车纳入综合保税区《维修产品目录》，探索在成渝自贸试验区开展进口直升机和二手车整备及保税维修业务。试行有利于促进跨境贸易便利化的外汇管理政策，联合探索建立离岸贸易支持政策和监管体系。

（六）协同建立与国际先进规则接轨的开放体系

成渝自贸试验区协同构建以"一单制"为核心的陆上国际贸易规则体系，加快单证规范和标准化建设，加大司法支持保障力度。成渝政策相互叠加，积极发展提单融资、商业保理、融资租赁及小币种结算融资等金融业态，建设具有内陆特色的供应链金融新体系。创新"重庆启运港退税+成都无水港退税"政策监管模式。对有条件的交通运输企业，发放国际 TIR 直通车牌照或大湄公河次区域（GMS）道路运输许可证和暂准入境单证（TAD）。拓展"成渝一网通办"政务服务领域，构建"市场准入异地同标"的便利化准入机制。依托成渝体育产业联盟，成渝两地自贸试验区和自贸协同改革先行区按照国际俱乐部规则，协同打造足球、乒乓球、羽毛球、网球等国际化体育职业选手培训机构，探索人员往来、入会、转会等国际化制度，共建成渝国际体育旅游业。

（七）协同提升一批国际开放枢纽口岸功能

支持成都和重庆国际机场向国际中转机场发展，推动川渝 144 小时过境免签政策联动，共同打造国际过境旅游目的地。成渝协同实施中欧班列集结中心示范工程，依托中欧班列（成渝）建设西部国际物流中心和泛亚欧铁路货物分拨中心，共建中欧班列（成渝）一体化运价机制。支持成渝国际班列"量价捆绑"政策，并放宽政策限制，制定铁路运输货物"负面清单"。探索中欧班列（成渝）开展锂电池产品运输。共同探索中欧班列开展邮件快件进出口常态化运输。

（八）联合推动货物"空铁联运"模式

一是联合制定"空铁联运"试运的作业流程及管理规定。铁路部门会同成渝地区航空、快递公司通过共同协商，将"空铁联运"运输全程分为受理货物、铁路运输、航空运输和到达交付四个功能流程，并根据多式联运的相关要求和"航空+航班"自身的特点，制定"空铁联运"运输办理条件、作业流程等试运规定。

二是系统设计"空铁联运"货物"一单制"单证。根据"航空+航班"流程特点，制定"空铁联运"运输办理条件、作业流程等试运规定，梳理全程运输需求及多式联运交接相关要素，系统设计"一次委托、一口报价、一单到底、一票结算"的"一单制"单证，即"空铁联运单"。客户与"空铁联运"承运人填写空铁联运运单，约定"空铁联运"全程的运单需求；"空铁联运"承运人根据运单需求通过航空、高铁及时完成货物运输，并同步进行"一单制"的内部后台清算。

三是实现成渝两地"班机+班列"顺利衔接与联运。充分利用成渝两地铁路和航空优势，对高铁车次表和航空班次表进行梳理，锁定试运线路的接驳班次和班次时刻，并对接驳的跨境及国内货物目标群进行合理划分，拟定符合高铁班次接驳的航班范围。货物到达航空港后，由"空铁联运单"所确定的承运人在规定时间内运送到高铁货站，经高铁"班列"安检完成后，随即装载进入"班列"车厢启运，从而实现"班机+班列"货运物流及时、准确的运输衔接。

四是推动安检互认和大运输行业标准，打破不同运输主体之间的壁垒。积极探索航空和高铁安检互认的方式，近期采取互认安检的货物清单模式，远期形成统一安检标准，在各种运输模式中实现安检作业标准、货物受理条件等运输行业标准统一。

参考文献

王刚等：《自由贸易区、自由贸易园区、中国自贸试验区、海关监管区、海关特殊监管区域"五区"辨析》，《中国海关》2021年第11期。

赵家章等：《中国自由贸易试验区建设的理论逻辑与高质量发展实现路径》，《经济学家》2022 年第 7 期。

叶修群：《"一带一路"战略下我国自由贸易园区的贸易效应研究》，《广东财经大学学报》2016 年第 4 期。

刘晓宁：《双循环新发展格局下自贸试验区创新发展的思路与路径选择》，《理论学刊》2021 年第 5 期。

姚莲芳等：《我国探索建设内陆自由贸易港的相关思考》，《学习与实践》2020 年第 11 期。

王旭阳等：《我国自贸试验区发展态势、制约因素与未来展望》，《改革》2020 年第 3 期。

杜国臣等：《我国自贸试验区建设的总体态势及未来重点发展方向》，《经济纵横》2020 年第 2 期。

B.20
成渝地区双城经济圈跨省毗邻地区
产业协同发展评价研究

杜雪锋　赵　澳*

摘　要：　推进产业协同发展是成渝地区双城经济圈建设的重点内容，川渝跨省毗邻地区产业协同发展又是其中的难点，存在产业同质化、协调成本高、利益协调机制尚未建立等突出问题。本报告结合灰色关联模型对川渝毗邻地区"9+1"合作平台内各地区间产业关联度的测度评价结果，建议从合作领域载体的选择、相关权限的授予、利益协调机制的建立等方面有针对性地开展工作，以区域产业高水平协同牵引要素资源相互支撑、相互促进，共同推动成渝地区双城经济圈实现高质量发展。

关键词：　跨省毗邻地区　成渝地区双城经济圈　产业协同发展

推动成渝地区双城经济圈建设，是打造西部高质量发展重要增长极和构建新发展格局的重大举措。产业协同发展是推动建设、打造增长极的关键支撑，跨区域的产业协同需充分发挥体制机制的作用，需推动各类生产要素在发展不均衡的地区之间、产业之间实现互相促进、有序转移。但受限于行政区域分割，成渝地区出现了普遍的地方保护和市场封锁的情况，区域间的隐形壁垒严重影响了要素的自由流动，要素流动障碍成为产业协同的核心困境。经济区就是基于生产要素跨区域流动的需要而形成的。它能够有效整合

＊　杜雪锋，管理学博士，四川省社会科学院产业经济研究所副研究员，主要研究方向为资本市场与公司金融、产业经济与企业经济；赵澳，四川省社会科学院产业经济学硕士研究生。

各类要素和资源，提高资源的配置效率，并且根据不同地区在产业链中所处的作用，实现资源的优化配置，进而为产业转移提供良好的条件，促进人才、技术、创新要素的流动。在现实生活中，各地区之间存在差异化的政策标准，要合力实现跨区域产业协同发展效率的最大化，经济区与行政区的适度分离是实现跨区域产业协同的必然选择，也是建设都市圈或城市群过程中实现跨省毗邻地区产业协同发展的现实需求。近年来，川渝两地联手设计了"决策、协同、执行"三元架构，毗邻地区合作共建功能平台是探索"两区"适度分离改革的"天然靶场"。因此，针对川渝毗邻地区产业协同发展的研究，不仅是为了推动成渝地区双城经济圈建设步入快车道，也可为建设跨省毗邻地区产业协同发展提供支撑。

一　重点城市群跨省毗邻地区产业协同发展研究现状

京津冀、粤港澳大湾区和长三角作为我国的重大战略区域，扮演着引领高质量发展的关键角色。国内学者已就这三个区域的产业协同发展进行了广泛研究，不同区域的产业协同发展方向各异，面临的问题也不尽相同。

京津冀地区，产业协同发展的主要目标是促进区域的整体经济运行，将区域间的产业转移放在首位，明确产业转移的基准、次序及承接地，以实现产业要素禀赋在三地间平稳有序地流通，促进整体区域的产业布局优化和协同发展。近年来，京津冀的产业协同发展遇到掣肘。首先，三地发展水平差距过大，天津和河北的重工业产业结构难以匹配北京的服务业需求；其次，河北作为重要的承接地，尚未创造出适合北京和天津产业发展的环境，因此相关企业难以在此安身立命；最后，存在的行政壁垒阻碍了要素流动，市场作用发挥不足，严重影响了京津冀产业协同发展的进程。

粤港澳大湾区也面临一系列类似问题。国际环境不断变化，中国经济发展进入新常态，劳动力和土地等要素价格不断上涨，而东南亚地区凭借更低廉的要素成本正在抢夺国际市场份额，珠三角地区须加快转变之前依赖的低成本投入的产业发展模式。另外，粤港澳大湾区内的珠三角和港澳地区存在明显的行政壁垒。尽管两地所具有的制造业和服务业方面的产业优势形成了良好互补，但缺乏针对产业分工的统筹管理，进行协调的成本较高。同时，利益协调机制的缺乏也导致了同质化竞争等问题，无法实现区域内资源最优配置。

为解决产业协同发展相关问题，长三角地区采取了一系列政策和措施，包括政策协同与沟通、区域协调与发展规划、分税制改革与财政转移支付、跨区域产业园区合作、优化要素配置、加强区域合作与交流等，以平衡地方利益与区域共同利益的关系，为促进区域经济的协调发展和产业协同发展提供了有力支持。

二 成渝地区双城经济圈跨省毗邻地区 产业协同发展现状

川渝两地为实现高质量发展，围绕产业协同发展推行了一系列重要措施，针对跨省毗邻地区也出台了宏观规划、重点行业、管理机制三个方面的政策和举措，体现了成渝地区双城经济圈跨省毗邻地区产业协同发展现状和特点。

（一）宏观规划统领全局

2020 年 10 月，中央政治局会议审议通过《成渝地区双城经济圈建设规划纲要》（以下简称《规划纲要》）。2022 年，党的二十大报告将成渝地区双城经济圈建设列入国家区域重大战略。对于跨省毗邻地区，川渝两地在地区联动方面着重发力。《遂潼川渝毗邻地区一体化发展先行区总体方案》《川渝高竹新区总体方案》《推动川南渝西地区融合发展总体方案》等联合性、战略性政策文件相继出台。川渝高竹新区成为经济区与行政区适度分离改革试验区，担任重要的政策试点作用。对于产业协同发展，遂宁、潼南两地以及川南渝西地区依托自身特色产业，培养优势产业集群，建立产业链全景图、产业发展路线图，打造跨区域科技创新生态链，促进产业链创新链深度融合。同时，根据产业布局调整趋势，协同承接产业转移。川渝高竹新区定位于产城景融合发展示范区，推动要素配给、产业融合联动城市开放，打造国家创新型产业协作配套区，依托华蓥山等自然景观资源，实现以产兴城、以城聚产、产城融合、景城相依。

川渝两省市各级政府出台有关实施细则，通过合理化配置经济圈内资源，大力实施成渝中线高铁等160个重大项目，加快建设万达开川渝统筹发展示范区等10个毗邻地区功能平台，大幅提升区域内优势产业协同发展效率，加快现代化产业体系建设。

（二）重点行业寻求突破

川渝两省市加快产业协同进度。三年来，相继明确共同建立装备制造业、电子信息产业、汽车产业三大万亿级产业集群，出台《成渝地区双城经济圈共建世界级装备制造产业集群实施方案》《成渝地区双城经济圈电子信息产业协同发展实施方案》《成渝地区双城经济圈汽车产业高质量协同发展实施方案》等文件，以求在重点行业突破，实现两地产业链、供应链畅通，形成完备的产业体系。

三大产业集群的确立明确了成渝地区双城经济圈整体产业协同发展方向，"推动制造业高质量发展、大力发展数字经济、培育发展现代服务业、建设现代高效特色农业带"四项具体任务在《规划纲要》中同样被重点提及。对于跨省毗邻地区，工业部分优势产业不够凸显，以成立合作产业园区为主。但是，在农业方面，《成渝现代高效特色农业带建设规划》的出台，构建了"一轴三带四区"的空间格局。其中，渝东北川东北现代农业统筹发展示范区与川南渝西现代农业融合发展示范区横跨两省市，前者统筹布局糯稻、中药材、健康养殖等优势产业，争创国家级优质粮油产业园，后者统筹布局早春蔬菜、优质渔业、以血橙为代表的特色水果等优势产业，建设相关产业集群、产业带、出口示范基地，推动农业高质量发展。

2022年，川渝地区实现工业发展提质增量。成渝地区双城经济圈第二产业实现增加值 29890.58 亿元，第二产业占三次产业比重为 38.5%，较上年提高 0.3 个百分点；规模以上工业企业实现营业收入 77044.12 亿元，实现利润总额 5916.46 亿元；现代化产业体系项目全年完成投资 986 亿元，年度投资完成率达 139%。川渝两地为实现产业链和供应链的无缝对接，建立汽车产业、电子信息产业链供需对接平台。目前，对接平台已聚集川渝两地 3500 多家整车和零部件企业、200 多家电子产业企业，两地优势产业正实现相融共促。2022 年，川渝汽车产业展现出产业链合作的强大韧性，汽车产业实现逆势增长，合计生产汽车 318 万辆，同比增长 17%。

跨省毗邻地区协同共建工业产业园区。合江·江津（珞璜）新材料产业示范园区、达州东部经开区开江园区与开州工业园区等入选首批成渝地区双城经济圈产业合作示范园区。川渝两地协同发展特色农业、文旅产业，打造重庆荣昌—内江隆昌农业合作园区、明月山"千年良田"示范区、资大石刻艺术文化旅游直通线。

（三）管理机制统一明确

2020 年 7 月，川渝两地联合出台《川渝毗邻地区合作共建区域发展功能平台推进方案》（以下简称《推进方案》），共建一批各具优势和特色的区域发展功能平台。但是，产业协同不仅需要政策推动，更需要打破行政壁垒，明确管理体制与运行机制，完善配套服务政策，合力协同发展。

目前，跨省毗邻地区管理模式主要有三种："领导小组+新区管委会""领导小组+园区管委会""党政联席会议+协同办公室"。毗邻地区根据不同实力、不同诉求选择与自身相匹配的管理模式。川渝高竹新区由于渝北和广安的经济、产业实力存在"强弱分明"的差距，作为典型，两地各划定一块区域，共同设置新区，采用"领导小组+新区管委会"的组织管理模式，推动"两区分离"改革。在遂潼一体化发展先行区中，遂潼两地具有做强产业发展平台的共同诉求，采用"领导小组+园区管委会"模式，依托产业园区推动各领域合作。明月山绿色发展示范带的发展诉求是共同开发旅游、加强生态保护等，于是采用党政联席会议作为组织架构，通过建立办公室来推进建设。

对于跨省毗邻地区，运行机制也主要有三种。一是定期召开领导小组或党政联席会议。管委会直接凭借授权组织开发建设，决定规划批复、重大项目、重大事项建设审定等，下设职能机构负责规划、政策制定。二是采取"全域覆盖、分区报批"方式。无论是总体规划、国土空间规划，还是交通、产业等专项规划，都是一体编制。三是实行一体化管理。无论是财税征收和使用还是市场管理等，都有相关的政策明确实行一体化管理。

除管理模式和运行机制的明确统一外，利益共建共享机制的建立也是推动产业协同必不可缺的部分。例如，高竹新区出台了《川渝高竹新区存量锁定和运行管理方案》，明确资产存量和收益由原行政辖区各自分享、共建形成的增量五五分成，探索建立符合双方意愿的成本分担、利益共享机制。同时，川渝两地就市场管理、"放管服"改革、优化营商环境、优化公共服务等方面，制定、出台了《推动成渝地区双城经济圈市场一体化建设行动方案》《成渝地区双城经济圈"放管服"改革2022/2023年重点任务清单》《成渝地区双城经济圈优化营商环境方案》《成渝地区双城经济圈便捷生活行动方案》等文件，从各方面完善配套服务。在两地企业合作服务上，川渝两地原有801项税费征管服务事项存在差异，目前已统一725项，还实施311项"川渝通办"事项、43项便捷生活举措。

三　川渝毗邻地区产业协同发展评价

（一）川渝毗邻地区"9+1"合作平台概况

《推进方案》提出在川渝毗邻地区共建9个合作平台，加上《规划纲要》提出建设川南渝西融合发展试验区，川渝毗邻地区"9+1"合作平台全部确定。这10个合作平台几乎囊括整个川渝毗邻地区，为对川渝毗邻地区产业协同发展提出有针对性的政策建议，本文围绕这10个合作平台进行三次产业的协同发展测度评估。根据各平台总体方案，川渝毗邻地区围绕川东北渝东北地区一体化发展，规划建设含万州、达州、开州在内的万达开川渝统筹发展示范区，含梁平、长寿、垫江、达川、大竹、开江、邻水在内的明月山绿色发展示范带，含城口、宣汉、万源在内的城宣万革命老区振兴发展示范区；围绕成渝中部地区协同发展，规划建设含广安、渝北在内的川渝高竹新区，含合川、广安、长寿在内的合广长协同发展示范区，含遂宁、潼南在内的遂潼川渝毗邻地区一体化发展先行区，含资阳、大足在内的资大文旅融合发展示范区；围绕川南渝西地区融合发展，规划建设含自贡、泸州、内江、宜宾、江津、永川、綦江、大足、铜梁、荣昌在内的川南渝西融合发展试验区，含内江、荣昌在内的内江荣昌现代农业高新技术产业示范区，含泸州、永川、江津在内的泸永江融合发展示范区。

（二）川渝毗邻地区"9+1"合作平台内各地区间产业关联度评价

本文对川渝毗邻地区"9+1"合作平台内各地区间产业关联度进行计算测度，具体用灰色关联度来评价地区之间的联系是否紧密，灰色关联度越大，地区间的产业关联度越大；灰色关联度越小，则地区间的产业关联度越小。从表1可见，遂潼川渝毗邻地区一体化发展先行区、资大文旅融合发展示范区、内江荣昌现代农业高新技术产业示范区三次产业的平均关联度均小于平均水平。一是因为平台内部地区自身的经济体量较小，为弱弱合作，流通要素不多，尚未形成优势特色产业。例如，遂潼川渝毗邻地区一体化发展先行区。二是合作初期，优势产业协同效率不高，资大文旅融合发展示范区和内江荣昌现代农业高新技术产业示范区分别作为唯一以"文旅融合"和"现代农业"为主题的平台，目标明确，是川渝毗邻地区关于第三产业和第一产业合作的"桥头堡"，但协同发展时间较短，需要调整的环节众多，关联度尚未达到平均水平。其余合作平台都有相关产业高于平均水平，着力于差异化发展，避免同质化竞争。其中，月明山绿色发展示范带和川南渝西融合发展试验区的三次产业的平均关联度均高于平均水平，不仅地区间的协同发展水平优秀，证明了其发展的均衡性，三次产业的高协同度还能实现产业间的高水平相互促进，发挥了合作平台先行示范的作用。

表1　川渝毗邻地区"9+1"合作平台内各地区间产业协同平均关联度水平

毗邻地区合作平台	第一产业	第二产业	第三产业
万达开川渝统筹发展示范区	0.65435193	0.56581250	0.67617463
月明山绿色发展示范带	0.72067210	0.69672010	0.64234437
城宣万革命老区振兴发展示范区	0.64521097	0.64727177	0.60729300
川渝高竹新区	0.62728310	0.68750150	0.51710200
合广长协同发展示范区	0.64865313	0.66777277	0.63831923
遂潼川渝毗邻地区一体化发展先行区	0.65037580	0.52126690	0.53428300
资大文旅融合发展示范区	0.59106830	0.50869620	0.58558240
川南渝西融合发展试验区	0.73893109	0.65352832	0.65233588
内江荣昌现代农业高新技术产业示范区	0.55702970	0.59215400	0.51758960
泸永江融合发展示范区	0.67208457	0.54209663	0.57573023
平均水平	0.65056607	0.60828207	0.59467543

资料来源：根据重庆市统计局、四川省各市州统计局网站资料计算整理得出。

四　川渝毗邻地区产业协同发展困境、方向与路径

（一）川渝毗邻地区产业协同发展的困境

川渝毗邻地区产业协同发展的困境主要有三个方面。首先，毗邻地区普遍发展相对滞后，长期存在的省际行政分割，使得各行政区都已建立起相对独立的产业结构和配套协作体系，人才、资源、技术的流动性有限，产业同构性大于互补性，比较优势基本相同，"利益引力"普遍小于"行政阻力"，合作意愿不高。其次，跨省毗邻地区的行政分割问题突出，跨省域国土空间规划编制和报批的协调成本较高，区域政策标准差异巨大，一定程度上影响规划落地实施的实效性，协调任务繁重。例如，高竹新区仅建立跨省域税费征管服务中心，就需要调整税费征管差异801项，并且协调跨区域问题主要由省级人民政府负责，需要分别报批，程序烦琐、效率较低。最后，利益协调机制尚未建立。例如，市场主体注册登记、税收征管、产值贡献统计等信

息系统相互独立，并且由于毗邻地区财政实力的差距很大，一体化进程中承担合作成本的一方难以获得相应的利益补偿，合作流于表面，难以落实。

（二）川渝毗邻地区产业协同发展的方向

随着我国进入新发展阶段，跨区域要素流动越加频繁，经济区与行政区适度分离改革是解决要素流动障碍、协调经济关系与行政管理矛盾、促进产业协同发展的重要途径之一。导致经济区分割、产业集群效应弱的重要原因就是政策权限不统一。两区的适度分离改革，促使不同行政区的产业政策、管理模式、发展权限趋于统一，打造区域产业要素流动的快速通道。这就要做到以下三点，首先要求区域产业政策可共享推广，通过税收等优惠产业政策，减少政策不一致导致的管理成本的增加；其次是局部区域模式具备可复制性，譬如深圳和汕头交界处成立的深汕特别合作区，在合作区内复制深圳的相关管理、发展政策；最后是各项要素可畅通流动，通过搭建特定领域的通道或平台，使技术、人才等关键专项要素通畅流动。

（三）川渝毗邻地区产业协同发展的路径

在保障产业要素畅通流动的基础上，产业协作需协同发力。创新产业协作路径需保证多维性的考核机制与跨界性的利益共享机制。对于地方政府来说，其会因为规模扩大目标、由上而下的纵向考核制度等，对所属区域及交界地区的市场分割和整合进行博弈，会将区域经济一体化的目标放在次要地位，所以，需从考核机制进行改革，将市场统一性、经济关联性、制度一致性等协作性指标纳入考核内容。同时，对于各地方政府来说，如何协调地方利益与区域共同利益存在的冲突一直是一大难题，建立跨界性的利益共享机制是必然选择，其中最重要的就是财税相关机制政策，协商税收共享的范围、创新毗邻地区的财税核算方式、根据各地新设企业形成的税收增量属地方收入部分实行跨区域的财政投入机制等都是可行且必要的政策措施。譬如长三角地区上海、江苏、浙江、安徽共同制定区域发展规划，明确各地发展方向，实行分税制改革，完善财政转移支付政策，确保各地资源的合理配置。

区域产业园区不仅是实现产业协同发展的重镇，也是推行两区分离改革的重要试验区。但是，地方政府恶性竞争的另一种表现形式就是产业园区的同质化、产业要素的空间布局不合理，导致各园区的主导产业相似，产生趋同现象严重。首先，需要对区域内的产业园区进行评估、取缔、整合，取缔一些不符合城市群和都市圈等国土空间总体规划、效益差的产业园区，合并整合一些空间地理位置相近、产业类型相似的产业园区。其次，围绕各地区的核心要素，强化"点—轴—面"的轴带联系，需针对区域内历史、文化、自然等资源进行核心要素合理的整合。区域产业园区作为"两区"分离改革的试验田，更需要起到先行先试的示范作用。对于发展、管理理念存在矛盾、分歧的问题，可通过高行政级别区域放权、赋予特定空间特殊权限、低发展权限行政区域升格等方式，进行行政管理权限的合理配置，提升管理效率。

五　成渝地区双城经济圈跨省毗邻地区产业协同发展建议

（一）选择合适的合作领域、依托合适的载体展开合作

在成渝地区双城经济圈跨省毗邻区域中，目前多数地区尚未建立坚实的合作基础，市场发育程度较低，内在经济联系不够紧密，尚未培育出独特的优势特色产业。在这一背景下，合作的领域应从公共服务、生态环境治理、基础设施建设等领域入手，通过不同的项目进行合作，不必过分强求宽领域、深程度的合作。同时，依托单一功能产业园区，这些园区的任务相对单一，实施难度相对较小，这样能够降低合作的阻力。

对于部分毗邻区域，地区间具有明显的实力差距，可以探寻以强带弱的协同模式。通过划分部分区域建设合作区，依托城市新区或者特定合作区的形式推进合作，如渝北区与广安市通过共建高竹新区实现经济活动一体化，

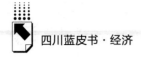

打造国家创新型产业协作配套区，促进产业发展的机制建设，在城市建设、用地政策、对外开放、人才引进等方面授权先行先试，加速合作的步伐。

（二）对相关机构进行放权、缩小各行政区政策差异

作为跨省毗邻区域的最高决策机构，管委会（联席会议）在处理招商、土地、税收优惠、社会保障等政策方面的显著差异时，应考虑向同级人大汇报，以直接或间接方式进行调整。为了缩小政策差异，特别是在招商优惠、土地拆迁等实施方案上，同级人大应考虑向管委会授予在特定管辖区域自主制定政策的权力，以更好地协调各项政策，建立相关平台，确保一致性和协调性。

此外，为了解决在重大项目建设中可能出现的要素保障和地方不配合等问题，同级人大可以考虑授予协调办公室、专业委员会等协调机构项目执行权力，这些机构可以直接做出决策，包括对资金、土地、能源和人员等资源的调配，以解决问题并推动项目的顺利实施。

对于难以通过授权调整的政策差异，可以考虑设立毗邻区开发建设公司，通过市场竞争的方式来消除这些差异，这将有助于促进经济一体化和发展，同时确保公平竞争和资源合理分配。

（三）从管理、考核、政府等方面建立利益协调机制

跨省毗邻地区的"利益引力"普遍小于"行政阻力"，但存在"利益引力"大于"行政阻力"的区域，因此，应积极实行分离的管理模式，将部分经济管理权限让渡给专门管理部门，其他行政管理关系保持不变。对于高竹新区等跨省毗邻地区来说，政府也需要兼顾未来"区政合一"的需要，适时地将人才服务、征地拆迁等公共服务管理权限让渡给专门部门。

此外，需完善考核机制，连同管理机构开展人员安置、征地拆迁等方面的工作绩效评估，并纳入当地考核目标。同时，建立相应的区域利益分享和补偿机制，确保管理权限与激励机制相结合。

对于国土空间规划、交通建设规划、产业发展规划等利益关系较大的领

域，应由上级政府来统筹编制和批准实施，以确保决策的公平性和权威性。此外，在强弱毗邻区中，可以模仿深汕特别合作区，在协商确定税收、GDP基数、利益分配比例的基础上，采取由经济实力较强、开发经验更丰富、管理体系更完善的一方统管或者代管的办法，并且在建设期将地方税收全部用于开发建设，运用部分增量税收发展资金池，用于跨区域的重大基础设施和公共服务设施建设，这些都是平衡相关方利益关系的重要手段。

参考文献

安树伟、董红燕：《京津冀协同发展战略实施效果中期评估》，《经济问题》2022 年第 4 期。

柴攀峰、黄中伟：《基于协同发展的长三角城市群空间格局研究》，《经济地理》2014 年第 6 期。

杨新洪：《粤港澳大湾区产业协同发展研究》，《岭南学刊》2021 年第 1 期。

盛毅、杜雪锋：《论经济区和行政区适度分离的管理模式》，《开放导报》2020 年第 5 期。

B.21
四川省区域协调发展研究

贺培科　周婧苑*

摘　要：　四川省五大经济区协调发展取得了长足进步，但仍然存在区域竞相发展格局尚未形成、经济联系有待增强、收入水平参差不齐等问题。为此，本文建议强化"五区共兴"战略统筹的制度设计，塑造主极核引领带动的协调发展格局，构建分工协作高效协同的产业链供应链，增强区域城乡居民多元收入的获得感。

关键词：　区域协调发展　四川　五大经济区　协同共兴

四川省委十二届二次全会提出，以"四化同步、城乡融合、五区共兴"为总抓手统揽四川现代化建设全局。其中，"五区共兴"就是促进成都平原经济区、川南经济区、川东北经济区、攀西经济区和川西北生态示范区协同共兴。这是破解区域发展不协调问题的重要抓手，是高水平推动区域协调发展的重要遵循。为深刻理解和把握"五区共兴"的发展逻辑，更好地推进区域协调发展，本文通过深入剖析五大经济区协调发展的成效和困境，为进一步推动"五区共兴"发展提供思路建议。

一　四川区域协调发展的基础

中共四川省委十二届二次全会提出，"五区共兴"就是建强动能更充沛

---

* 贺培科，四川省社会科学院产业经济研究所助理研究员，主要研究方向为产业经济、区域经济；周婧苑，四川省经济和社会发展研究院经济师，主要研究方向为区域经济。

的现代化成都都市圈，着力打造全省高质量发展的主引擎；做强支撑更有力的次级增长极，着力提升区域发展带动力；推动欠发达地区跨越发展，着力形成全域协同联动新格局。因此，针对区域协调发展基础的评价，既要从总体上考察区域人民生活改善、基本公共服务均等、基础设施互联互通等发展目标，又要从具体实际上强化对主引擎、次级增长极、欠发达地区的发展格局进行评价。

（一）经济同频：区域经济发展差距缩小

首先，区域经济发展增速趋于平稳。从各区域发展战略阶段来看，2010~2022 年五大经济区经济总量迅速增长，成都平原经济区一枝独秀，川南、川东北两大经济区规模差别不大，由 2010 年的 2807.24 亿元、2723.83 亿元增长到 2022 年的 9324.71 亿元、8517.94 亿元。从经济增速来看，成都平原经济区、川南经济区、川东北经济区、攀西经济区、川西北生态示范区年均增速差距趋小，分别为 10.78%、10.52%、9.97%、8.15%、11.52%。2010~2017 年川南和川东北经济区增速大多高于成都平原经济区（见图 1）。

其次，区域相对差距逐步缩小。随着五区协同发展战略深入实施，21个市州人均 GDP 稳步提高，变异系数不断下降，由 2010 年的 0.38 下降至2022 年的 0.20，最大最小值比由 2010 年的 2.4 缩小至 2022 年的 1.65。其中，2022 年的人均 GDP 变异系数与最大最小值比均有所回升，整体呈现缩小趋势。从五大区域差距来看，各区域人均地区生产总值的差距主要源自攀西经济区和川东北经济区，而 2010~2022 年两区之间的变异系数由 0.58 下降至 0.35，下降幅度较大，主要得益于川西北地区较快增长。五大区域城镇和农村居民人均可支配收入的变异系数逐步缩小，分别由 2010 年的0.08、0.22 下降至 2022 年的 0.04、0.11，并且变异系数分别于 2016 年、2018 年趋于稳定（见图 2）。

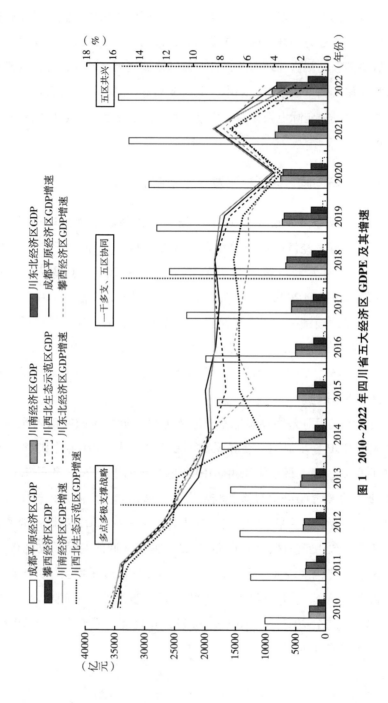

图 1 2010～2022 年四川省五大经济区 GDPE 及其增速

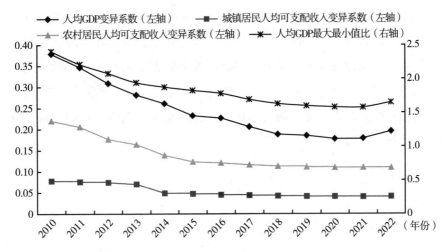

图2　2010～2022年五大区域人均GDP和可支配收入差距变化趋势

（二）设施同向：联动服务设施水平提高

交通基础设施通达度提高。成都都市圈内部通达性进一步强化，成都都市圈环线高速公路全线通车，市域（郊）铁路成都至眉山线、成都至资阳线等项目加快实施。五大区域联系日益紧密，峨眉至汉源、德阳中江至遂宁高速公路建成通车，成自宜高铁加快建设，成达万高铁开工建设，成宜高速、雅康高速、成都经济区环线高速（三绕）等全线通车，城际铁路实现公交化运营，跨市公交常态化开行。成昆铁路扩能改造工程全面完成，结束了攀西经济区不通动车的历史。宜攀高速、乐西高速加快建设，丽攀高速、攀大高速相继通车。

基本公共服务均等化水平全面提升。从基本公共服务投入①水平来看，基于地区经济发展水平及公共服务需求，五大经济区的人均基本公共服务投入水平不断提高，预算支出差距持续缩小。具体来讲，以各经济区户籍人口和常住人口为基数，人均基本公共服务预算支出的规模持续扩大，分别从2010年的1875.01元、6449.33元上升至2021年的5704.46元、6395.47

① 统计口径为教育、医疗、社保就业、文体、城乡社区、住房保障等方面公共服务预算支出。

元；人均基本公共服务预算支出的变异系数明显缩小，依次从 2010 年的 0.63、0.43 下降至 2021 年的 0.50、0.41（见图 3），为提高各经济区教育、医疗卫生、社会保障等公共服务水平提供重要驱动力。从基本公共服务联动发展来看，四川通过构建紧密联系的教育、医疗联盟等，推动成都教育、医疗等优质资源向各市延伸，加速向基层扩散，推动各经济区基层教育、医疗服务能力加快提高。

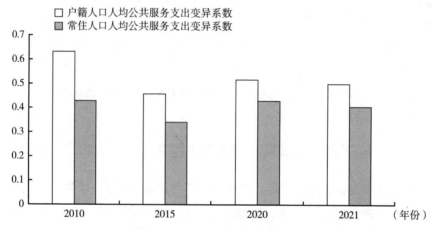

图 3　2010 年、2015 年、2020 年、2021 年四川省五大经济区户籍和常住人口人均公共服务支出变异系数

（三）功能同优：资源空间配置更加优化

四川区域面积广阔，平原、丘陵、山地、高原和盆地等地形复杂多样，五大经济区同样呈现资源禀赋、基础设施等空间分布不均衡，经济社会发展水平差异大的特征。近年来，在推动区域协调发展过程中，加强各经济区间的资源调配，在一定程度上缓解了资源空间分布与经济发展水平不均衡的状况，如成都、阿坝两地已经建立饮用水上下游联合保护机制，充分利用川西地区水、风、光伏等清洁能源，合理调配省内电力输送。四川省委省政府加大成德眉资、内自、宜泸一体化等跨行政区的经济合作，精准支持以 39 个县为代表的欠发达地区经济社会发展，加快推进区域城乡间基本公共服务均等

化。随着成都都市圈、省域经济副中心、五大经济区协同共兴等战略深入实施，国内外发达地区不断向宜宾、内江、南充等地进行产业转移，各经济区重大生产力布局逐步优化。为了考察资源空间配置优化对经济发展的支撑作用，本文用各地经济规模变化趋势来具体反映。2022 年，四川 GDP 超过两千亿元的城市达到 9 个，宜宾经济规模达到 3427.84 亿元，占四川比重从 2010年的 4.69%提高到 2022 年的 6.04%；川南经济区 GDP 占四川比重由 2010 年的 16.30%，下降至 2017 年的 15.59%，2022 年进一步提高到 16.43%。

（四）引领同行：极核发展地位突飞猛进

成都在全国经济格局中地位凸显。2022 年，成都 GDP 为 20817.5 亿元，是 2010 年的 3.5 倍多，在全国经济地理版图中的地位明显提升，同北京、上海、广州等重点城市的差距逐步缩小，超过天津、杭州、武汉等城市，成为中西部地区重要的经济中心（见表 1）。成都都市圈发展迅速，2022 年常住人口规模达到 2997.4 万人，较 2019 年增长 80.8 万人。《现代化成都都市圈高质量发展指数》① 显示，在上海、深圳、杭州、广州、成都、南京、长株潭、重庆、西安等 9 个都市圈中，成都都市圈的"高质量发展水平指数"得分为 76.1，排名第五，与排名第四的广州都市圈差距逐步缩小，处于中西部领先地位，远高于长株潭都市圈（74.8）、西安都市圈（73.4）、重庆都市圈（72.7）。

表1 2010 年、2015 年、2020 年、2021 年、2022 年部分重点城市与成都经济规模比值

年份	2010	2015	2020	2021	2022
北京	2.70	2.29	2.03	2.06	2.00
天津	1.23	1.01	0.79	0.79	0.78
大连	0.93	0.72	0.40	0.39	0.40
上海	3.23	2.49	2.20	2.19	2.14
南京	0.92	0.90	0.84	0.82	0.81
杭州	1.07	0.93	0.91	0.91	0.90

---

① 由清华大学中国新型城镇化研究院、清华同衡规划设计研究院联合编制。

年份	2010	2015	2020	2021	2022
宁波	0.93	0.74	0.70	0.73	0.75
合肥	0.49	0.52	0.57	0.57	0.58
福州	0.56	0.52	0.57	0.57	0.59
济南	0.70	0.56	0.57	0.57	0.58
青岛	1.02	0.86	0.70	0.71	0.72
郑州	0.73	0.68	0.68	0.64	0.62
武汉	1.00	1.01	0.88	0.89	0.91
长沙	0.82	0.79	0.69	0.67	0.67
广州	1.94	1.68	1.41	1.42	1.39
深圳	1.73	1.62	1.56	1.54	1.56
重庆	1.45	1.49	1.41	1.41	1.40
成都	1.00	1.00	1.00	1.00	1.00
西安	0.58	0.54	0.57	0.54	0.55

二 四川区域协调发展存在的问题

(一)区域竞相发展格局尚未形成

成都的极核作用相对不足,对成都都市圈和其他经济区的辐射带动作用不够。2022年,成都经济密度为1.46亿元/平方公里,与深圳、上海、广州等东部沿海地区的差距明显较大,尚处于极核增长期(见图4)。成都全省首位度偏高,其中地区生产总值、财政收入首位度分别为5.74、6.25,一定程度上反映了成都对周边城市的虹吸效应远大于辐射带动作用。

成都都市圈承接成都溢出效应的基础欠佳。2022年,成德眉资的经济规模分别为17012.65亿元、2335.9亿元、1380.2亿元、777.8亿元,2018年四市常住人口规模分别为1633万人、354.5万人、298.4万人、251.2万人,城市建成区面积分别为1055.79平方公里、98.53平方公里、85.32平

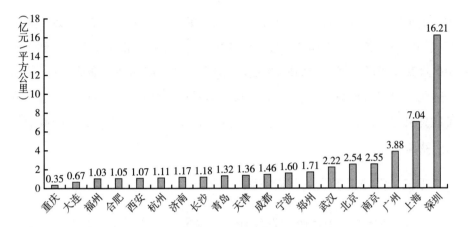

图4 2022年全国主要城市经济密度

方公里、53.50平方公里，经济量级、人口规模（见图5）和城市面积差异大。成都周边城市整体实力不强，与成都协同发展的综合能力不足。

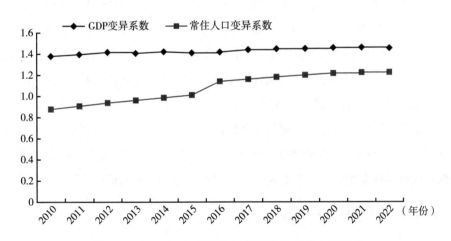

图5 2010~2022年成都都市圈GDP和常住人口情况

四川经济副中心尚在追踪竞争。区域发展一般历经竞争—竞合—融合发展阶段。当前，川东北、川南区域城市竞相发展，抢建四川省经济副中心城市。但从单个城市势能看，无论是川南的宜宾、泸州，还是川东北的南充等，均不足以支撑副中心建设，且各区域内部"竞>合"。同时，绵阳和德阳是四川经济社会发展的重要城市，但从区域布局来看，距成都太近，属于与成都协同发展、受成都辐射带动的区域，在该区域建设副中心，不利于四川区域整体发展。因此，仍需加快发展川南地区，特别是应推动宜宾-泸州一体化、内江-自贡一体化发展，形成川滇黔渝接合部新的增长极，削弱成都磁场引力过强的不利影响，这也将进一步强化四川在长江上游区域的经济、物流枢纽实力。

（二）区域经济联系有待增强

五大经济区的主导产业呈现趋同化发展态势，"小而全、大而全"的产业和基础设施服务体系使各经济区在承接相关产业梯度转移、产业资源争夺等方面存在较强的竞争关系，特别是在"双循环"新发展格局下，不利于跨区域的产业链供应链协同。部分市州基于经济稳定性和竞争力，在产业孵化和招大引强方面大多聚焦新能源、新材料、数字经济等热点项目，不利于五大经济区内外部协同发展。例如，成都提出大力发展电子信息（集成电路、新型显示）、装备制造（轨道交通、汽车、航空航天等）、生物医药、先进材料、食品饮料等先进制造业，与德阳持续壮大装备制造、食品饮料、新型化工、生物医药等，与眉山发展电子信息（新型显示、集成电路）、农产品及食品加工、新能源新材料（化工新材料、新能源、电子信息材料）、机械及高端装备制造（轨道交通、航空与燃机、智能装备制造、汽车）等重合，甚至在产业细分领域都高度相似，尚未形成"成链成群"抱团发展的格局。

（三）区域收入水平参差不齐

五大经济区的城乡居民人均可支配收入水平有一定的差距（见表2），特别是成都平原经济区、川南经济区和其他区域的收入差距（剔除攀枝花市的个性特征）。其中，城乡居民人均可支配收入水平较低的广元市、巴中市、凉山州等城市集中在秦巴山区和民族地区等特殊类型区域，属于欠发达地区，进一步拉大了各区域的收入差距。五大经济区内部各市州收入水平各异，成都市明显高于省内所有城市，特别是农村人均可支配收入已经突破3

万元，而成都平原经济区的遂宁和雅安处于相对低收入水平，但依然大于川东北经济区大多数城市。

表2　2022年四川五大区域城乡可支配收入情况

单位：元

区域	市州	城镇居民	农村居民	城乡居民收入比
成都平原经济区	成都市	54897	30931	1.77
	德阳市	44650	23192	1.93
	绵阳市	45131	22726	1.99
	遂宁市	42217	20986	2.01
	乐山市	44376	21339	2.08
	眉山市	43949	23099	1.90
	雅安市	42404	18794	2.26
	资阳市	42419	22326	1.90
川南经济区	自贡市	43740	21976	1.99
	泸州市	45071	21348	2.11
	内江市	43639	20996	2.08
	宜宾市	44739	21846	2.05
川东北经济区	广元市	40687	16881	2.41
	南充市	41126	19469	2.11
	广安市	43078	20964	2.05
	达州市	41210	19906	2.07
	巴中市	40783	16967	2.40
攀西经济区	攀枝花市	50009	23364	2.14
	凉山彝族自治州	39357	17950	2.19
川西北生态示范区	阿坝藏族羌族自治州	41779	18261	2.29
	甘孜藏族自治州	41277	16363	2.52

三　四川省推动"五区共兴"的对策建议

（一）强化"五区共兴"战略统筹的制度设计

围绕区域协调发展和重大生产力布局等战略，做好目标一致、协调推进、资源优化配置的制度设计。一是借鉴成德眉资同城化发展战略协同经验，在贯彻落实五个区域发展规划的同时，进一步强化省上区域战略统筹的领导小组作用，建立区域生态补偿、资源补偿和粮食主产区利益补偿等区域战略联动机制，因时制宜优化政策工具的投入组合和力度，提高"五区共兴"战略统筹的政策可操作性、精准性，形成合力效应。二是扩大经济区和行政区适度分离试点范围。支持成渝地区在探索经济区和行政区适度分离的基础上，借鉴深圳—汕尾特别合作区先进经验和做法，通过共建飞地园区、合作园区等载体，推进五大经济区内部及彼此毗邻地区建立健全协同开放发展机制，仅保留必要的行政权力，让渡绝大部分的经济权力，破解行政区划和利益分配机制的不平衡对新区发展的限制，整合各地资源禀赋优势，在更大区域范围内优化匹配资源，加快重点区域一体化进程。

（二）塑造主极核引领带动的协调发展格局

持续做强以成都为核心的成都都市圈极核作用。一是发挥成都中心城市的核心引领和辐射带动作用，提升发展能级、拓展发展空间，更好担当国家赋予的战略使命。加快建设践行新发展理念的公园城市示范区，促进产业、人口及各类生产要素高效集聚，形成以点带面的空间发展格局。围绕服务国家战略、带动区域发展、参与全球合作，创新人城境业高度和谐统一的新型现代化城市发展模式，增强对国际国内高端战略资源的集聚集成和转化能力。二是加快成德眉资同城化发展。聚焦重大问题，科学把握成德眉资同城化发展的方向，进一步加快成都与德阳、眉山、资阳在区域规划、基础设施、产业布局、生态环保、公共服务、政策协调等方面同城化，加大力度推进成德眉资综合改革试验区建设，形成一批可复制的区域一体化发展经验，及时总结推广至其他经济区。

推动五大经济区形成优势互补高质量联动发展新格局，全方位地协调联动。在持续做强以成都为核心的成都都市圈极核作用的基础上，充分发挥其辐射带动作用，以成都都市圈为核心带动成都平原经济区协同发展，共享发展资源、政策和平台，强化成都都市圈同川南经济区、川东北经济区、攀西经济区、川西北生态示范区之间生产要素自由流动、产业链供应链网络联动，提高资源配置整体效率。推进成都平原经济区一体化发展，共同打造中国新一代信息技术基地、重大装备智能制造基地和世界旅游目的地。推进川南经济区一体化发展，强化以泸州-宜宾组团为核心的省域副中心城市建设，推动内自同城化发展，共建现代产业集中发展区。推进川东北经济区振兴发展，加快建设川渝合作先行示范区，做强南充-达州组团。推进攀西经济区转型升级，以推动攀西国家战略资源创新开发试验区为抓手，提升地区技术创新能力，大力支持安宁河谷综合开发，夯实天府粮仓安全格局。推进川西北生态示范区建设，加大生态补偿制度探索创新力度，大力发展绿色生态经济。提高欠发达地区托底性帮扶政策的精细度，既要突出政府、国企的结对帮扶带动作用，也要遵循市场经济发展规律，为 39 个欠发达县域注入持续发展的产业、创新、人才等驱动力。

（三）构建分工协作高效协同的产业链供应链

聚焦加快产业基础高级化、产业链现代化，以及提升区域产业链供应链的稳定性和竞争力，一是以成都都市圈为核心，基于国家经济安全考虑，聚焦世界及中国 500 强，瞄准产业链和价值链中高端，有力承接国家重大生产力布局，打造国家级承接东部产业转移示范区。二是以长江经济带、重要交通网络为纽带，在更大空间范围内适度疏解成都及其都市圈范围内的传统产能，加快推进区域副中心发展，避免产业直接转移至其他区域或国家，支撑落实国家构建"双循环"新发展格局、稳定产业链供应链的决策部署。三是探索建立跨区域城市间产业协作配套、科技协同创新、金融区域协作等机制，加强以成都都市圈为核心的成都平原经济区与川南、川东北经济区间协作，共同参与基础设施、资源能源、园区开发等投资建设，围绕电子信息、装备制造、化工、建材、轻工及物流等重点领域，实施一批重点产能产业链供应链网络合作共建项目。

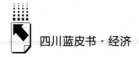

（四）增强城乡居民获得感

集中精力优化有限资源的高效配置。一是完善政府转移支付制度等，对落后区域实施优惠扶植政策，通过再分配帮助川东北、川西北等区域的经济发展，缩小区域及城乡收入差距。二是进一步探索明确关于公共服务的财政支出标准，基于五大区域均存在的户籍人口多于常住人口的发展实际，构建以常住人口为导向的基本公共服务体系。其中，成都要以服务常住人口为重心，进一步提供同量同质的教育、医疗等公共服务，其他市州要集中优势资源，提高公共服务品质，逐步缩小同成都的发展差距，特别是加强教育投资，为有能力的劳动者提供培训机会，提高其劳动能力，切实增强各区域的经济造血功能。

优化城乡居民的收入结构。一般而言，增加经营净收入与经济增长呈相互促进的同向作用关系，这需要在改善经营环境的基础上，鼓励居民自主经营。全方位推动资源禀赋的经济价值转化和增值，最大限度改革盘活农村居民的土地资产，增创土地财产净收入；通过民生保障托底，进一步鼓励和引导居民进行投资，拓宽低门槛、风险相对不高的投资渠道，在政策和制度层面保护和稳定财产净收入。强化民生兜底保障，适时适度增加居民转移净收入，特别是在二次分配过程中向低收入群体、乡村居民倾斜，缓解五大经济区城乡居民收入不均衡问题。

B.22

四川省制造业高端化、智能化、绿色化发展研究

蓝定香　陈　妤*

摘　要： 近年来，四川坚定不移推进工业兴省、制造强省战略，着力筑牢制造业基础能力，加快建设新型基础设施，积极促进数字化变革，不断增强数字技术创新能力，推动制造业高端化、智能化发展。同时，全面实施绿色制造工程，大力发展绿色低碳优势产业，显著增强绿色能源供给能力，能源资源利用效率持续提升。为进一步落实2023年9月召开的全国新型工业化推进大会精神，加快四川制造业"三化"发展，应强力推动制造业技术创新、优质企业梯度化培育，提升优势产业能级，建设现代化产业体系。

关键词： 科技创新　产业能级　"三化"发展

四川的制造业经过"三线建设"及40余年的改革开放，有了很大发展，已构筑门类齐全的工业体系和雄厚的产业基础，成为国家重要的制造业基地。2023年上半年，四川制造业主导作用越发突出，对规上工业增加值增长的贡献率达到86.6%。但是，与发达省市相比，四川制造业仍然不优不强，正处于培育发展新动能、塑造发展新优势的关键期，必须牢牢抓住全国推进新型工业化等多重战略机遇，加快制造业高端化、智能化、绿色化等"三化"发展。

---

* 蓝定香，经济学博士，四川省社会科学院产业经济研究所所长、研究员，主要研究方向为工业经济管理、国企改革；陈妤，四川省社会科学院产业经济研究所助理研究员，主要研究方向为产业经济、计量经济。

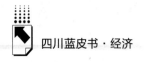

一 制造业高质量发展的"三化"要求

2023 年 9 月，习近平总书记就推进新型工业化做出重要指示，强调：把高质量发展的要求贯穿新型工业化全过程，为中国式现代化构筑强大物质技术基础。制造业是工业的核心，制造业高质量发展是新型工业化的根本要求。党的二十大报告也明确提出"推动制造业高端化、智能化、绿色化发展"。这就为我国制造业高质量发展指明了方向。也就是说，制造业高质量发展的根本要求是协同推进高端化、智能化、绿色化发展。

一是高端化要求。推动制造业加速向产业链、价值链、创新链的高端迈进，是实现制造业高质量发展的战略选择，也是构筑四川省制造业竞争新优势的迫切需要。这就要求我们必须筑牢制造业基础能力，全面激发产业技术创新和企业制度创新的动力活力，加快建设现代化产业体系。

二是智能化要求。数字化、智能化是全球制造业发展不可逆转的大趋势。智能制造作为新一代人工智能与制造业深度融合的新模式，是推动制造业高质量发展的有效途径。这就要求我们必须加快工业互联网等新型基础设施建设，加快数字产业化、产业数字化转型步伐，深化"5G+工业互联网"示范应用、5G 全连接工厂建设，构建数字化赋能体系，努力培育智能制造"灯塔"工厂。

三是绿色化要求。党的二十大报告指出，要"加快发展方式绿色转型。推动经济社会发展绿色化、低碳化是实现高质量发展的关键环节"。2023 年 9 月召开的全国新型工业化推进大会也强调"全面推动工业绿色发展""在推动工业数字化、绿色化转型上持续用力"。新型工业化的典型特征之一，是资源节约和环境友好。制造业的绿色化发展是工业领域实现"双碳"目标的重要抓手，是推动经济高质量发展的新动力。这就要求我们必须持续优化产业结构，持续推动制造业绿色改造，持续发展绿色产业。

二 四川制造业"三化"发展的现状

（一）高端化发展现状

1. 筑牢产业基础能力

在筑牢产业基础能力方面，四川着力基础支撑和高端装备引领，推动"四川造"迈向价值链的中高端。具体来看，一是实施重大技术装备攻关工程，在工业母机、大飞机、深海装备、医疗装备、农机装备等重点领域突破一批标志性的重点产品。同时，狠抓制造业品牌、标准和质量建设。2022年，全球首列氢能源市域列车、四川首台国产 F 级 50 兆瓦重型燃气轮机成功下线。二是实施关键核心技术攻关工程，生物医药、人工智能、大飞机制造、核电技术等领域的创新成果不断涌现，部分关键核心技术攻关取得新突破，涵盖众多高精尖工业科技。2022 年，四川成功研制开发出 14 项重大关键技术（产品），一批重大产业创新成果加速涌现；成功获批建设国家超高清视频创新中心，成为第一个国家级制造业创新中心。三是实施产业基础再造工程，突破一批基础元器件、基础零部件、基础材料、基础软件、基础工艺等。2022 年，四川发布产业基础领域优质产品目录，包括 1 家国家技术创新示范企业、28 家省技术创新示范企业、181 家省企业技术中心。

2. 全面激发创新动力活力

四川继"三线建设"之后，不仅抓住了西部大开发战略机遇，近年再次迎来并抓住了"国家战略后方"建设、推进新型工业化等多重战略机遇，创新驱动发展的动能显著增强，高能级创新平台加速成势，综合创新能力跻身全国第一方阵，制造业向高端化转型的进程不断加快。四川实施"科创 10 条"，创新能力从全国的第 11 位提高到第 9 位，研发经费投入居中西部地区首位。

3. 加快建设现代化产业体系

中共四川省委十二届二次全会、三次全会为四川工业兴省、制造强省战略明确了优势产业高端化的升级路径。近年来，四川全力实施六大优势产业提质倍增计划，旨在稳定和提升制造业比重。电子信息、能源化工、食品轻纺、装备制造、医药健康、先进材料六大产业是四川省发展基础最优、前景最好的产业，具有比较优势和竞争优势。其中，电子信息、能源化工和食品轻纺的产业规模均已超过万亿元，装备制造、医药健康和先进材料产业正加快向万亿级迈进。四川省产业层次不断提升。2022年，四川高技术产业保持较快增长，规模以上高技术产业增加值同比增速达11.4%，其中电子及通信设备制造业同比增速为25.6%，航空、航天器及设备制造业同比增速为12.6%，计算机及办公设备制造业同比增速为2.1%。四川省以新动能引领发展。近年来，四川实施战略性新兴产业引进培育计划，谋划布局预制菜、核医药、机器人、储能和钒电池等产业新赛道，开展产业新赛道争先竞速五年行动，前瞻布局脑科学与类脑智能、太赫兹、量子信息等未来产业，涵养更多新动能新优势。

（二）智能化发展现状

1. 加快新型基础设施建设

截至2022年，四川省已建成超过11万个5G基站、超过6500万个光纤宽带端口、20万个新能源充电桩，建成一批区块链技术应用示范场景。

在工业互联网方面，四川开展平台体系升级行动，实施"工业互联网行业领航者计划"，引导产业链上下游中小企业业务系统向云端迁移；开展数字新基建行动，打造5G全连接工厂；开展"5G+工业互联网"工程和"数字赋能深度行"活动，不断强化工业互联网的支持体系建设。四川获批创建全国首个跨省域的网络安全产业园区，全国首批试点工业领域数据安全管理；打造星云智联海星等6个全国特色专业型工业互联网平台，实施200个制造业数字化国家试点示范项目，新增4个国家级特色专业型工业互联网平台，打造36个省级重点工业互联网平台，覆盖超34万户企业，工业互联网总量排名全国第5；工业云平台普及率居全国前列，达到55.1%；工业互联网国家顶级节点启动运营，全省拥有超62.9亿个标识注册量和53.3亿次解析量，均居全国前列。

2.积极促进数字化变革

数字基础设施优化升级。2022年，四川省在产业数字化、数字产业化和数字基础设施等多个领域取得了积极成效，顺利完成国家数字经济创新发展试验区建设任务。群城互补、协同高效的全省一体化数据中心体系正加快构建。四川省是"东数西算"工程的全国八大节点之一，并且率先在全国开展数字化转型促进中心的建设，围绕平台建设、标准分类、数据集成，完善数字基础设施建设，推进天府数据中心集群和全国一体化算力网络成渝国家枢纽节点（四川）建设。截至2023年5月，四川省数据中心规模达到28万个标准机架，算力发展指数居全国第7位，2022年累计培育11个国家绿色数据中心，新创建3个绿色数据中心，中国·雅安大数据产业园是全国首个"碳中和"绿色数据中心；启动建设全国一体化算力网络成渝国家枢纽节点（四川），已建在建27万个总机架、93个超100个标准机架的数据中心；天府数据中心集群已初具规模，已建在建约15万个机架的数据中心，建成投用算力排名全球前十的成都超算中心、西部最大的人工智能计算中心成都智算中心，加快建设一大批重点项目，全力打造超算、智算和云计算产业集聚区。以上措施为新兴产业培育壮大、传统产业转型升级提供了实时性、高可靠性、多样化的算力支撑。与此同时，在德阳、绵阳、雅安、达州、宜宾等地布局建设城市内部数据中心，也将为本地及周边地区特色优势产业的数字化需求提供差异化的算力服务。

数字产业化步伐不断加快。近年来，四川网络强省、数字四川、智慧社会加快建设。2022年，四川省数字经济核心产业增加值达4324.1亿元，同比增长6.5%，占GDP比重达到7.6%；信息传输、软件和信息技术服务业营业收入同比增速达8.8%，数字经济核心产业主体的电子信息产业营业收入达到1.62万亿元，增加值同比增速为16.5%。

数字技术创新能力不断提升。2022年，四川省建成23家省级重点实验室、62家省级工程技术研究中心、100余家省级企业技术中心、9家制造业创新中心，新认定4111家数字经济领域高新技术企业。

产业数字化转型成效明显。2020年，四川省推动数字赋能全产业链协同转型，启动建设数字化转型促进中心。目前，四川已认定30家数字化转型促进中心，其中区域型5家、行业型16家、支撑型9家，覆盖电子信息、装备制造、医药健康等多个领域，对企业复工复产、提质增效等发挥了积极作用，涌现出一批数字化转型工具、产品、技术和行业解决方案，充分发挥了数字技术对实体经济的放大、叠加和倍增作用，旨在打造西部领跑、全国领先的数字驱动发展高地。

3. 加快智能化转型发展

近年来，四川以数字经济赋能传统制造业，推动建设智能车间、智能产线、智能制造单元，着力提高安全水平、产品质量、生产效率，围绕制造业数字化转型升级多措并举，制造业智能化发展步伐加快。

2023年初，四川省工业化、信息化两化融合发展水平处于全国第一梯队，排在前10名；智能制造就绪度居全国第4，达到17.2%；两化融合贯标企业数量居全国第5位；数字化研发设计工具普及率、关键工序数控化率分别达80.9%、54.6%，五年内分别提高了16个百分点、8.3个百分点；通过升级版两化融合管理体系贯标评定的企业数量居全国第4，达到1236家；建成宁德时代宜宾工厂等3座全球"灯塔工厂"；加快构建多生态协同的数字化赋能体系，培育重点优势产业特色园区，支持重点园区促进特色产业与数字经济融合发展。

（三）绿色化发展现状

一是绿色制造工程全面实施。持续培育绿色园区、绿色供应链管理企业、绿色工厂、绿色设计产品，发挥绿色制造先进典型的示范带动作用。自工信部2017年发布第一批绿色制造示范名单以来，四川省已累计创建50余个绿色园区、10家绿色供应链管理企业、500余家国家级和省级绿色工厂。其中，在2022年发布的绿色制造示范名单中，四川省有3个绿色工业园区、1家绿色供应链管理企业、37家绿色工厂、8个绿色设计产品入围。二是绿色低碳优势产业大力发展。加快发展方式绿色转型。聚力发展锂电、动力电池、晶硅光伏等清洁能源支撑产业以及新能源汽车、大数据、钒钛等应用产业，加快推动制造业绿色低碳发展。2022 年，四川"绿色低碳优势产业 18 条"政策出台，绿色发展动能被有效激发，绿色低碳优势产业规模以上工业增加值全年增长 19.8%，产业利润增长 43%，均大幅高于全省规模以上工业的平均水平；动力电池、晶硅光伏、钒钛产业增加值分别增长 131.9%、75.9%、30.9%；新能源汽车产销两旺，产量和零售额分别增长 92.9%、77.3%。三是绿色能源供给能力显著增强。四川是全国重要的清洁能源战略基地。2022 年，四川依托"水、风、光、气"优势，加快绿色低碳清洁能源发展，已经建成全国最大的清洁能源基地、全国最大的现代化天然气（页岩气）生产基地、全国最大的天然气化工生产和研发基地。清洁能源装机容量突破一亿千瓦，在发电总装机中占比提高到 86% 以上，全年清洁电力装机总量和产量均稳居全国第一。

（四）能源资源利用效率持续提升

2022 年，全省持续深化"亩均论英雄"，坚决遏制"两高一低"项目盲目上马，有序推进 4 个钢铁行业超低排放改造项目实施，指导 6 家水泥企业 10 条水泥生产线完成超低排放改造，纳入全省强制性清洁生产企业 252 家；严把"两高"项目准入关，探索开展重点用能企业能效水平分级管控，推动制造业能耗进一步下降；推动磷石膏、粉煤灰、钒钛磁铁矿尾矿等工业固废资源综合利用。

三　四川制造业"三化"发展中存在的问题

目前，四川制造业高端化、智能化、绿色化发展还存在以下一些问题。

（一）科技创新能力不强

虽然四川省制造业高端化发展取得一定进步，但制造业科技创新能力不强的问题尚未根本解决，创新转化能力弱，发展后劲不足。一是企业研发投入强度严重不足。2021 年，四川省研发投入强度（2.26%）低于全国 2.44% 的平均水平，仅居全国第 11 位，与发达地区差距更大（北京 6.53%、上海 4.21%、广东 3.14%、江苏 2.95%、浙江 2.94%）。其中，企业研发投入仅占 52.3%，远低于全国 76.9% 的平均水平，与广东、江苏、山东、浙江等省差距甚大，与占比均在 85% 以上的河南、湖北、湖南、河北相比也差距明显，比重庆（79.3%）也低得多。二是体制割裂导致创新合力形成难。虽然在川央属单位较多、研发投入强度大，但由于管理体制割裂较严重，难以与四川地方经济形成创新合力，更难以聚焦四川产业共性技术研发、试验验证等创新平台建设，不利于四川科技研发及成果转化。三是科技成果转化外溢严重。近年来，由于四川相比沿海地区财力支持更弱、产业链和产业生态也不够完备，在川央属单位研发的技术外流到沿海地区转化的现象不断增多，使四川技术"净输出"趋势更加明显。"十三五"期间，四川技术输出年均增长 34.5%、技术吸纳年均增长 24.5%。2021 年，四川技术净输出 124.9 亿元，而广东技术净流入超过 1300 亿元，福建、河北、江苏、浙江均为技术净流入省份。四是企业作为创新主体实力较弱。《四川省科技型中小企业 2020 年度报告》显示，从规上科技型中小企业看，自动化与先进制造领域入库数量最多，达到 1019 家，且总量不断增加，但整体创新实力有待提高，大部分企业自主创新能力不够，只是拥有外观与实用新型专利，发明专利少。五是重大技术装备整体的创新能力不强。对新产品特别是新领域产品的研发不足，技术储备不够，部分关键技术仍然存在"卡脖子"的问题，产业链价值链低端锁定等问题仍较突出。

（二）产业发展能级亟待提高

四川传统制造行业占比高、高技术产业和战略性新兴产业占比较低，产业能级总体偏低。一是高新技术领域企业数量少、规模小。2021 年，全省有高新技术企业 10210 家，虽在西部地区领先（重庆市 5108 家、陕西省 8397 家），但与东部地区差距较大，不到山东、浙江的一半，与广东的 6 万家相比更是相差甚远。二是全省产业关键技术对外依存度较高，"卡脖子"

问题仍然突出。四川产业的高附加值环节发育不足，关键环节缺失和结构性短板较突出。集成电路领域，光刻胶、刻蚀液等关键材料及刻蚀机、清洗设备、测试设备等设备制造基本处于空白。新型显示领域，蒸镀、曝光、刻蚀等关键制造设备仍依赖进口，靶材、液晶材料、柔性电路板等关键原材料尚处于空白。汽车领域核心零部件如发动机喷嘴、车用芯片、各类车用控制器件对外依存度几乎达到100%。航空发动机高温合金材料、飞机高性能复合材料领域"卡脖子"问题突出。

（三）龙头领军企业偏少

四川制造业企业的核心竞争力不足，大企业大集团对整个行业的带动作用有待提高。例如，在工信部遴选的七批次1187家制造业单项冠军中，四川省的单项冠军数量排在十名开外，四个经济大省（浙江省、山东省、江苏省、广东省）仍然保持全国前四名。2021年，四川有14家企业入围中国企业500强，虽位居全国第九名，但与前三名中北京93家、广东58家、山东50家相去甚远，且由于体制割裂、自身实力活力等多种原因，尚未发挥产业链引领作用和带动产业链相关企业协同发展的作用。

（四）专业型人才缺乏

《中国人口普查年鉴2020》显示，四川省跨省流出人口约为1035.82万人，排名全国第三，仅次于安徽省和河南省。大部分人口流出目的地是广东省，占比达25.3%。制造业高质量发展，人才是核心动力，四川与上海、广东等制造业发达的省市相比，技能型人才队伍在结构、层次和总量上均存在差距，并且还存在人才培养投入激励不足等问题。同时，创新型企业家人才不足。受地域和传统文化影响，全省企业家小富即安、小进即满思想比较严重，缺乏产业报国的大情怀和争夺产业制高点的大气魄，缺少具有技术背景的创新型领军企业家。此外，新生代企业家培养滞后，全省企业家群体年龄老化严重，青年企业家后继乏人。

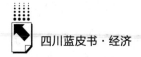
（五）区域协调发展不足

四川作为西部枢纽的区位优势未能充分转化为高端要素资源汇聚优势。一是对外来企业尤其是在川央属单位的资源挖掘利用不足。在川央属单位数量众多、地位特殊、资源丰富、后劲充足，但几十年来四川对利用其资源，尤其是延伸至其总部的资源重视不足、挖掘不够，未能形成央地之间高效协同、互动发展的产业体系。同时，与其他外来企业的主动对接、协同融合程度也不足。二是成都及成都平原经济区对其他区域制造业发展的带动不足。成都及成都平原经济区地位"独大"，挤压了其他市州工业的发展空间，工业区域发展极不平衡，导致全省较难形成协调发展格局，更难以"五指并成拳"去高效参与全国统一大市场建设，融入和服务"双循环"新发展格局。

四　推动四川制造业"三化"发展的对策建议

四川构建现代化产业体系的过程也是推进四川制造业高质量发展、加快向制造强省跨越的过程。全省应把握机遇，紧紧围绕制造业高端化、智能化、绿色化要求，重塑四川制造业优势，进一步提升四川制造业在全国制造业版图中的地位。

（一）强力推动产业技术创新

结合四川科技与制造业优势，遴选一批具有战略性、前瞻性的重大科技领域，布局战略专项、先导性产业园区、重大研发平台。围绕"卡脖子"技术，建设战略科技力量支撑体系。支持领军企业牵头组建创新联合体，充分发挥已有产业创新中心、制造业创新中心、技术创新中心的引领带动作用，新组建一批省级创新中心，争创国家级创新中心。

（二）聚力提升优势产业能级

加强产业链供应链统筹，提高核心零部件和关键原材料配套水平，增强产业链、供应链韧性。推动优势产业集群化、产业基础高级化、产业链条一体化，加快六大优势产业倍增进程。重点推动企业装备自动化、生产智能化、管理数字化，助推制造业提档升级。

（三）梯度化培育优质企业

实施"贡嘎培优"行动计划，加快构建领航企业、单项冠军企业、专精特新企业培育体系，对创新能力强且专注主业的优质企业进行扶持，支持大型企业集团增强国际竞争力，加快健全中小微企业梯度培育体系，完善双创孵化培育功能，优化双创生态环境，助推中小微企业向专精特新方向发展，培育壮大"小巨人"企业群体，鼓励大中小企业间协同配合，构建大中小企业融通创新发展的产业生态体系，全面激发企业活力和内生增长动力，增强整体竞争力。推动企业兼并重组，促进大中小企业配套、上下游企业协同发展。

（四）加快构建现代化产业体系

推动传统产业转型升级，巩固提升六大产业综合竞争优势；前瞻布局战略性新兴产业和未来产业；建立重点产业链"链长+链主+链核"推进机制，提升产业基础能力和综合竞争力，增强产业链供应链韧性。

参考文献

李廉水等：《中国制造业发展研究报告 2022》，科学出版社，2022。

李健旋：《中国制造业智能化程度评价及其影响因素研究》，《中国软科学》2020 年第 1 期。

张诗若：《"稳""进""实"——从三大关键词看 2022 年全省工业和信息化"成绩

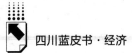
单"》，https：//www.scjjrb.com/2023/06/20/99367871.html，2023年6月20日。

四川日报：《2022年度绿色制造"国家队"名单公示　四川上榜49个》，https：//www.sc.gov.cn/10462/10464/10797/2023/2/21/96d4ba3465af4ffc8a084e505be3403d.shtml，2023年2月21日。

四川日报：《四川2022年省级绿色制造名单公布　从历年榜单中，看生产线上的绿色动能》，https：//www.sc.gov.cn/10462/10464/10797/2023/2/2/e9ee7aacd1e94554b8ee97ffd20d2fe0.shtml，2023年2月2日。

B.23
四川省民营经济发展研究[*]

李　晶　唐　俊[**]

摘　要： 2020 年以来，四川省民营经济经历了下滑回落、逐步恢复、稳中有进的发展历程，总体规模不断提升，结构逐步优化，龙头企业实力增强，相关政策逐渐完善，但还存在整体实力偏弱、发展质量不优、转型升级困难等问题。推进四川民营经济稳步发展，需在构建大中小企业融通发展格局、加速促进企业转型升级、推动企业绿色循环发展、着力提升企业治理效能、持续优化民企营商环境等方面持续发力。

关键词： 民营经济　营商环境　四川省

一　四川省民营经济发展现状

（一）规模不断提升

2020 年以来，四川省民营经济经历了下滑回落、逐步恢复、稳中有进的发展历程。2022 年，四川省民营经济总量超过 3 万亿元，民营经济增加值占全省 GDP 的比重为 53.7%，对经济增长的贡献率为 21.3%。截至 2023 年 6 月底，四川省市场主体为 870.62 万户，其中民营市场主体 847.39 万

* 本研究系2023年度四川省哲学社会科学基金项目"成渝地区双城经济圈绿色金融体系构建与路径优化研究"（项目批准号：SCJJ23ND145）阶段性成果。

** 李晶，管理学博士，四川省社会科学院金融财贸研究所副研究员，主要研究方向为产业经济、绿色金融；唐俊，四川省川商总会党委副书记、执行秘书长，主要研究方向为民营经济、国企改革。

户，占97.33%。民营市场主体中，民营企业232.53万户，占27.44%，个体工商户604.15万户，占71.3%。民营经济促进就业作用更加明显，以民营企业和个体工商户为代表的民营市场主体构成了就业的基本盘。2022年，四川民营经济就业登记人数2331万人，占城镇就业登记总数的91.41%，较2020年提升9.49个百分点。

（二）结构逐步优化

产业结构持续调整，2022年四川民营经济增加值为30467.9亿元，比上年增长1.2%，占地区生产总值的比重为53.7%。其中，第一产业实现增加值1463.9亿元，占比为3.9%；第二产业实现增加值13378.4亿元，占比为1.2%；第三产业实现增加值15625.6亿元，占比为1.0%。民营经济三次产业结构由上年的4.7∶43.8∶51.5调整为4.8∶43.9∶51.3，工业和服务业双轮支撑格局进一步巩固。

"一干多支"区域结构进一步巩固。2022年，成都、绵阳、宜宾、南充、德阳等8个市民营经济增加值达到千亿元以上。其中，成都突破一万亿元。10个市州民营经济增加值增速超过全省平均水平。其中，雅安增速为4.1%，居全省第一位。从全省民营企业100强的区域分布看，成都平原经济区82家、川南经济区9家、川东北经济区6家、攀西经济区2家、川西北生态示范区1家；从市州分布看，成都市44家、德阳市12家、绵阳市8家、遂宁市6家，四市入围企业数量位居全省前4位，区域分布仍保持"一干多支"的发展格局。

（三）龙头实力增强

2023年，四川省4家企业进入《财富》世界500强，其中新希望控股集团有限公司、通威集团有限公司作为四川民营企业代表，彰显四川民企"塔尖"力量。2023中国民营企业500强榜单中，四川共有10家民营企业上榜，上榜川企的规模和实力不断增强，产业结构不断优化，科技创新、品牌建设和市场开拓能力都有明显提升。2022四川民营企业100强的入围门槛达29.78

亿元，比 2021 年增加 8.97 亿元；营收总额达 14200.65 亿元，比 2021 年增加 2667.57 亿元；资产总额达 15310.07 亿元，比 2021 年增长 1095.98 亿元；税后净利润总额是近五年最高值，为 671.25 亿元，比 2021 年增加 166.46 亿元。100 强民企净利润超过 10 亿元的有 22 家，较 2021 年增加 13 家。

（四）政策逐渐完善

四川省对民营经济的支持力度不断加大，制定《四川省"十四五"企业发展规划》《四川民营企业雁阵培育工作方案》，出台《四川省民营经济发展环境提升行动方案》以及《关于促进民营企业发展壮大的若干措施》《关于进一步促进个体工商户发展的若干措施》两个配套政策，形成"1+2"政策体系，切实帮助民营企业解难题、办实事、谋发展。《四川省民营经济发展环境提升行动方案》主要着眼于更好发挥政府作用，进一步提高政府的服务质效，两个配套的政策主要着眼于激发民营企业和个体工商户内生动力。2023 年 10 月，四川省政府办公厅印发《关于进一步激发市场活力推动当前经济运行持续向好的若干政策措施》，出台 19 条政策措施进一步激发市场活力，促进经济运行持续向好。促进民营经济高质量发展的政策体系日益完善。

二　四川省民营经济发展问题研判

（一）整体实力偏弱

四川省实有民营经济市场主体总量 681.48 万户，主体数量位居西部首位，但市场主体密度与四川省在西部地区的经济地位并不匹配。快速成长企业数量不足，截至 2020 年底，四川共有 A 股上市企业 136 家，其中民营企业 81 家，占比约为 59.6%，仅排名全国第八。2020 中国民营企业 500 强排行榜单中，四川共有 12 家民营企业入榜，居全国第十一位，远低于四川 GDP 总量全国第六的排位。迄今为止，四川省仅 2 家本土"世界 500 强"民营企业。由于新冠疫情的冲击，民营企业总体盈利水平下降，部分企业生存困难，部分行业存在全行业亏损现象，企业投资意愿大幅度下降，"保市场主体"成为现实而紧迫的问题。

（二）发展质量不优

"十三五"时期，四川民营经济发展水平虽然稳步提高，但仍不能满足民营经济高质量发展的要求，主要表现如下：一是民间投资增速落后全国水平，民营企业资本活力遭遇外部环境不利和内部动力不足的双重夹击；二是民营市场主体总体稳步增长，但个体工商户活力减弱；三是发展动能培育仍然后劲不足，民营经济科技创新水平量质齐飞仍需时间；四是现代制造业和高技术制造业比重还不够高，高精尖产业仍处于培育期，尚未对全省经济转型发展形成有效支撑；五是制造业创新能力与发达省份还有较大差距，创新动能尚未充分释放，以创新驱动为特征的新增长模式还没有形成；六是产业布局有待进一步优化，市级以上开发区差异化定位不明显，产业能级与集聚度水平不高；七是两化融合水平有待提升，工业与生产性服务业仍需进一步融合；八是成渝地区双城经济圈协同发展工作需要进一步丰富内涵，协同发展需从资源配置、优势互补、政策共享等方面向更高层次推进；九是民企进出口总额占比较低，进口相对乏力。

（三）转型升级困难

四川省民营企业延续传统发展模式，以劳动和资本作为主要生产要素驱动发展。传统产业的技术、工艺、产品、市场都已成熟，发展模式固化不易改变。民营企业在数字化转型方面基础不牢、意愿不强。根据《中国城市数字经济指数蓝皮书（2021）》，四川省进入城市数字经济指数排名前100名的城市仅有成都、绵阳2个，而山东、河南、安徽分别有11个、7个、4个。四川省在数据开放及信息化基础设施建设、产业和数字化融合方面发展滞后，只有成都、绵阳、德阳3个城市高于全国平均水平。同时，产业转型存在转型环境亟待进一步完善、共性技术供给不足对传统产业转型升级的羁绊日渐凸显、高素质人才短缺、知识产权保护不够等问题。

三 四川省民营经济发展面临的形势

（一）面临机遇

1. 全球新一轮科技革命和产业变革机遇

当前新一轮科技革命和产业变革正处在实现重大突破的历史关口，全球科技创新进入空前密集活跃的时期，前沿技术呈现集中突破态势，多个技术群相互支撑，全面涌现的链式发展局面正在形成。众多颠覆性创新呈现几何级渗透扩散，引领战略性新兴产业众多领域实现加速发展，并以革命性方式对传统产业产生全面冲击。创新驱动发展战略下，发挥民营企业创新主体作用，将进一步激活民营企业转型发展动力。同时，全球产业组织变革和国内外产业梯次转移不断加速，产业分工更加细化，产业链增值环节更加丰富，四川省民营企业将迎来更多的产业发展新机遇。

2. 国家重大区域发展战略交汇叠加带来的机遇

"一带一路"建设、成渝地区双城经济圈建设、新时代西部大开发、西部陆海新通道建设、"东数西算"等一系列国家战略的交汇叠加，为四川省民营企业发展创造了巨大的市场空间。成渝地区双城经济圈的独特地理区位与重要战略地位，为四川民营企业发展提供了全新优势。新时代西部大开发为四川省民营企业发展创造了大开放的战略机遇和广阔的市场空间。同时，"一带一路"建设对我国产业结构调整、优化企业全球资源配置和布局有着积极意义，也为四川省民营企业带来对外直接投资的新机遇。

3. 国家支持民营企业发展政策持续加码机遇

新发展理念的贯彻为民营企业带来新的政策机遇。"中小企业能办大事"，以习近平同志为核心的党中央高度重视中小企业发展，促进中小企业发展的制度供给将更为有力，政策扶持体系将进一步完善。各级各部门深入贯彻落实党中央国务院决策部署，贯彻新发展理念，遵循高质量、有效率、更公平、可持续的发展要求，大力推进创新创业、成全创意创造，激发广大中小企业内生动力，为中小企业提升创新能力、竞争力和综合实力，实现高质量发展提供有力的政策保障。

（二）面临挑战

1.我国经济发展方式转变带来的挑战

我国经济发展进入"速度变化、结构优化、动力转换"的关键阶段，经济增速向中高速增长转向，发展方式向质量效益型调整，经济结构由增量扩能转向存量调整和增量优化并进，发展动力也从初级要素投入转变为创新驱动。而四川省民营企业仍面临传统产业比重偏高，新兴产业发展不足，产业结构调整升级任务繁重；科技成果转化能力较弱，核心技术缺乏，创新发展能力不强的压力。结构性、体制性、周期性问题相互交织所带来的困难和挑战，使得每家企业在新格局前都面临一场大考。

2.国际环境复杂严峻带来的挑战

错综复杂的国际环境带来了新矛盾新挑战。"十四五"时期，世界正处于"百年未有之大变局"，全球经济增长持续放缓，世界经济政治格局加速演变的特征更趋明显。全球产业合作格局重构，国际分工体系全面调整，全球产业链供应链面临重大冲击。同时，世界进入动荡变革期，经济全球化遭遇逆流，少数发达国家遏制和打压逐步加剧，新兴经济体分流效应逐步显现，全球资源配置和产业布局面临重新洗牌。企业外部环境的复杂多变，给四川省民营企业参与国际竞争及开拓国际市场带来巨大压力。

3.资源要素约束趋紧带来的挑战

环境资源约束加快民营企业绿色转型发展的步伐。"十四五"时期，四川省制造业现代化、新型城镇化将加速推进，资源平衡和环境承载压力日益加大。同时，四川省中小企业主要分布在传统产业和价值链中低端，资源能源利用效率、创新能力和专业化水平不高。随着国家相关政策的出台，绿色发展成为四川省民营企业的现实选择，企业面临的环境资源约束不断加强。加快转型升级、改造传统技术、化解落后产能、减少资源消耗、提升节能减排能力成为四川省企业面临的现实压力。

四 四川省民营经济发展对策

（一）构建大中小企业融通发展格局

1. 发挥大型企业引领作用

实施大型企业培育工程，推进重点企业培育发展计划，培育拥有核心技术、主业突出、管理规范、上下游协同的"生态主导型"大型企业集团。大力支持企业兼并重组，聚焦主业垂直整合产业链，横向并购提高行业集中度，打造综合实力强、具有跨区域核心竞争力的领航企业。支持大型企业广泛参与四川传统产业提质升级，抓住四川数字经济创新发展试验区建设、成渝地区双城经济圈发展等重大机遇，鼓励企业在一些区域、一些环节发挥主导作用，带动地区经济活力。支持大型企业对标国际先进水平，建设实体经济、科技创新、现代金融、人力资源协同发展的产业生态体系，抢占产业发展制高点，迈向价值链中高端。

2. 打造中小企业独特优势

引导中小企业与大型企业形成产业共同体，形成市场发展合力，构建中小民营企业差异化竞争优势。鼓励中小企业专精核心业务，提升专业化生产水平，培育为供应链其他企业提供配套服务与协作的能力；引导中小企业精细化生产、管理与提供服务，鼓励其在细分市场提供高美誉度、高性价比的产品，在细分市场中占据竞争优势；引导中小企业开发特色资源，利用地域文化、传特工艺等，研制具有地方特色或企业特色的产品，形成差异化竞争优势；引导中小企业学习行业先进技术、管理方式与商业模式，提升运转效率，并支持其大力创新，开发新增长点，形成新竞争优势。通过培育和扶持，不断提高专精特新中小企业的数量和比重，提高中小企业的整体素质。培育一批在细分行业内领先，传统优势产业特色鲜明，市场前景良好，竞争能力突出，能在产品、技术、管理和业态上代表产业发展方向和地域特色的专精特新中小企业。

3.扶持小微企业发展壮大

遵循"初创—成长—壮大"的发展阶段规律，分梯度扶持，助推小微企业顺利发展。重点加大对种子期企业支持力度，营造创新创业良好社会氛围，引导壮大小微企业群体。重点关注市场前景好、发展潜力突出的企业，提供支持助推其升级为规上企业。重点支持处于高速成长期的小微企业，在生产、品牌、研发、资金等方面予以支持，打造一批高成长型小微企业。重点引导在技术、市场、品牌等方面已有一定成果的小微企业，打造一批领军型行业"小巨人"企业。重点鼓励有条件的小微企业通过上市提升资源筹措能力，提高综合发展潜力，扩大国内外影响力。

（二）加速促进企业转型升级

1.推动结构优化

推动产业结构持续优化，促进产业向中高端模式转变。大力培育战略性新兴产业和优势产业，抢占产业发展制高点。聚焦电子信息、装备制造、食品饮料、先进材料、能源化工支柱产业和数字经济，积极打造"5+1"现代产业体系，加快传统产业转型升级，适应新市场环境要求。引导鼓励企业学习引进新技术、新工艺和新设备等，实施技术改造，优化企业产品结构、投资结构，促进企业走内涵式发展道路。促进中小企业集群化发展。以四川省新兴产业和优势产业为重点，引导新兴产业、行业主导产业和传统优势产业资源集聚，建设一批产业配套能力、创新活力强和市场影响力大的特色产业基地。选择一批重点龙头企业，牵头组建产业联盟，深化产业链上中下游企业合作，进一步拓展产业链。推动建立各梯度企业专业化协作体系，在推动产业集群内中小企业专精特新发展的同时，鼓励企业间建立起稳定的协作关系，增强集聚效应。促进产业集群内大中小企业围绕特色主导产业，通过合作研发、产业协作等形式进行深度合作，实现全产业链覆盖、全产业链集聚，构建产业生态圈，打造专业型产业集群。

2.加快创新发展

强调企业创新主体地位，推动中小企业发展理念、发展模式和组织管理创新，增强创新动力与能力。发展完善中小企业创新服务体系，营造鼓励中小企业创新的制度环境，激发中小企业创新内生动力。加大中小企业科技创新支持力度，优化省市级科技计划组织管理方式，大幅度增加中小企业参与科研的机会与比例。支持中小企业建设技术中心、研发实验室等研发机构，参与建设国家省市科研基础设施等创新平台，推动创新资源共享。推动企业创新模式由单打独斗向大中小企业众创、共创、广域协同转变。引导高等院校、科研院所和大型企业等与中小企业广泛开展产学研合作。整合行业创新资源，组建龙头企业牵头、高校和科研院所支撑、各创新主体相互协同的创新联合体，推进产学研用一体化。

3. 实施数字化升级

对于有条件、有基础的中小企业，引导实施数字化转型，推动数字化改造、管理效能提升、市场信息获取等方向的数智化应用。鼓励平台开发企业建设面向中小企业的云制造、云服务平台，推动"工业互联网创新发展行动计划"贯彻实施，降低中小企业入云入网成本。搭建企业数字化转型资源信息整合平台，整合产业链及产业集群内部资源，促使企业实现产业链各链条数字化转型。鼓励企业加大对数字基础设施的投入，对积极数字化转型的企业予以政策支持与财政补助。鼓励校企合作、产教融合，为企业数字化转型提供人才支撑。构建基础、通用、便捷的数字化转型产品及服务体系，为中小企业数字化转型提供实用易用、性价比高的数字化产品、工具和服务，针对不同行业企业的需求场景，有针对性地研发解决方案，提供企业数字化转型的解决方案。

（三）推动企业绿色循环发展

1. 推进绿色低碳发展

优化重点区域绿色低碳产业布局。推动传统行业绿色低碳发展，遏制"两高"项目盲目发展，落实能源"双控"目标和碳排放强度控制要求，提高净碳新技术水平，发挥水电、风电、光伏发电等清洁能源优势，鼓励实施电能替代和电气化改造，加快能源消费结构调整。推动重化工业减量化、集约化、绿色化发展，鼓励引导企业综合采用多种手段创新绿色发展方式，淘汰落后和化解过剩产能。大力培育和发展现代循环农业、新能源产业和低碳旅游业等绿色新兴战略产业，逐步构建绿色产业体系。引导民营企业树立生态文明理念，使生产与生态化、绿色化和无害化相结合，使企业各项活动逐步做到生态、低碳和环保。引导民营企业从事新能源、新材料等绿色新产品的研发，推动形成更多绿色产品与产业，努力探索形成一批可复制、可推广的技术和经验。

2. 促进资源高效利用

坚持能效提升与污染减排相结合。坚持节约优先，实施能效提升工程，聚焦高载能行业和工业园区节能降耗，整体提升工业能源利用效率。培育发展节能环保企业，大力推行清洁生产，深入推进资源综合利用，发展再制造产业链，减少污染物排放。通过工艺技术装备现代化改造，提高资源和能源使用效率，减少原燃材料消耗，最大限度提高废气、废水、固体废弃物的综合利用率，降低成本，改善环境。企业重视废弃资源的循环利用，大力发展循环经济。持续建立与完善能源循环、水资源循环和固体废弃物再资源化循环三大循环生产体系，拓展钢铁石化、火电建材等产业固废协同处理、能源转换、废弃物再资源化等功能。控制增量、调整存量、淘汰落后产能，加强节能评估、产业准入，不断优化产业结构和空间布局。

3. 建立安全管理体系

落实企业安全生产主体责任，支持企业加大安全生产投入，强化重点环节管理。突出源头管理，落实新、改、扩建项目安全设施"三同时"要求。全面推行安全生产清单制管理，健全落实安全风险分级管控机制与隐患排查治理机制，有效防范和遏制安全生产事故发生。建立健全安全管理机制，设置安全管理机构和配备安全管理人员，建设高素质的安全管理队伍，开展安全生产知识和技能培训，推动中小企业安全生产培训制度化和规范化。支持企业推广应用安全生产适用技术以及新装备、新工艺、新标准，推动"工业互联网+安全生产"，促进安全生产迈上新台阶。

（四）着力提升企业治理效能

1. 建立现代企业制度

引导民营企业建立现代企业制度，树立现代企业经营管理理念，加强基础管理、精益管理、现场管理；引导民营企业完善决策经营、组织管理等制度，提升运营规范化水平。实施分类指导，鼓励大企业、大集团聚焦战略布局和核心优势产业，理顺集团与子公司体制关系，激发子公司生产经营活力，优化多元板块，处置低效资产，持续推进治理体系和治理能力现代化。采用数字化智能化方式开展流程再造，推进民营企业实现现代化的管理体系和管理能力。实现治理结构合理化、管理方法科学化、管理理念现代化和管理手段先进化，夯实可持续发展能力。完善董事会向经理层授权管理制度，推行经理层成员任期制、契约化管理和职业经理人制度。加强民营企业市场化经营管理机制改革，建立健全中长期激励约束机制。鼓励民营企业以市场为导向，准确把握内部条件和外部环境，有机结合发展战略与具体战术，通过一系列制度规定科学组织产供销、高效配置人财物。完善法人治理结构，支持企业整体上市或核心业务资产上市。

2. 推进品牌质量建设

鼓励中小企业学习和应用先进的质量和生产控制方法，优化产品设计和生产，推进精益制造、精益生产，提高产品质量和附加值。大力支持中小企业做强核心业务，争创知名品牌、驰名商标及著名商标，发展具有地域特色和拥有地理标志的四川省地方名优特新产品、绿色有机食品、高品质智能电器、高档家用纺织品等。引导民营企业加快推进"产品品质化"，推动企业更加重视技术贯标、生产工艺升级、产品功能创新、质量能力提升、品牌塑造等工作，推动企业产品和服务品质化、品牌化、品位化发展，加快形成品牌、技术、质量、服务等方面的核心竞争优势。

3. 推进企业党组织建设

推进实施"党建兴企"行动。以改革创新精神全面提升企业党建科学化水平。坚持党的领导和完善公司治理协调并进。针对民营企业，适应企业产权关系、组织架构、管理模式的发展变化，探索民营企业、外资企业党组织设置方式、职责定位和管理模式，实现党的组织和党的工作全覆盖。积极运用信息化手段建设党建工作系统，推动党的各项制度在基层刚性执行。加强党建工作，树立民营企业的良好形象，构建企业文化格局，造就有理想、有道德、有文化、有纪律的职工队伍，提高民营企业人员的思想道德水平和科学文化素质。

（五）持续优化民企营商环境

1.优化政府服务

加快转变政府职能，简政放权，加强金融、流通等领域的体制改革，优化办事流程，落实好投资准入负面清单、审批事项标准化清单以及事中事后监管清单。推进政府采购信用担保试点，鼓励为小微企业参与政府采购提供履约担保和融资担保等服务。贯彻国家结构性减税政策，研究完善配套政策，切实减轻企业负担，提升企业获得感。进一步规范行政执法，规范政府部门进企检查行为，取消不必要检查和重复检查，维护市场秩序。构建高效服务机制，畅通信息发布渠道，健全信息服务系统，营造受理便捷、办事高效、服务成本低、民营企业满意的政务服务环境。完善民营企业市场运转相关法律法规，努力构建高效、完备以及充满活力的亲商、安商、富商的创新创业和商务运行环境。

2.营造公平竞争市场环境

明确中小企业与大型企业平等市场主体地位，做好清理拖欠企业账款工作。在土地、资金、能源和稀缺原材料等要素供给上，遵循市场规律和公平竞争的原则，按市价进行交易。积极执行《反垄断法》，逐步打破行业及其他形式的垄断，为民营企业营造充分、有效、公平的竞争环境。加快深化市场准入制度改革，大幅减少企业前置审批事项，实行统一的市场准入制度，消除阻碍企业尤其是中小微企业的隐性准入障碍。坚持监督检查按国家强制性标准实施，统一、公正执法，以市场化手段引导企业进行转型升级和结构调整。加强法制环境建设，依法保护民营企业合法权益。切实加强监管，打击制假、造假、售假行为，严厉惩处市场垄断、不正当竞争行为，营造良好生产经营环境。大力完善技术市场发展保障体系，健全知识产权创造、运用、管理、保护机制。

3.完善公共服务体系

加快发展公共服务平台，加大国家级和省级民营企业公共服务示范平台建设力度。建设若干重点产业领域公共创新服务平台，提供信息咨询服务、技术研发、支持及转移、协同创新、资源共享、标准宣贯等服务。创建公共技术服务联盟，加快中小微企业与技术平台对接，推动综合技术服务平台与专业技术服务平台协调发展，为中小微企业提供强有力的技术服务和支撑。整合政府、企业、金融、中介服务机构等信息源，建立跨部门信息共享机制，搭建外资数据平台，为企业提供全方位精准信息支持与服务。建立全省统一的企业维权服务平台，切实保护四川省企业和企业经营者合法权益。重视发挥民营企业维权服务机构作用，支持机构提升民营企业维权意识及能力，规范市场交易行为。探索建立企业管理咨询制度，完善管理咨询专家库，帮助民营企业改善治理。

B.24
四川省专精特新中小企业发展研究

易晓芹*

摘　要：　四川省高度重视中小企业发展，以培育专精特新优质企业为核心，不断提高中小企业创新能力和整体发展水平。目前，四川国家级专精特新"小巨人"企业已达 350 家，居全国第十二位，要实现"到 2027 年，培育国家级专精特新'小巨人'企业 500 家"的目标，必须解决企业数量偏少、技能人才短缺、技术创新乏力和企业融资困难等难题。建议加大企业培育力度，支持企业技能培训和人才储备，鼓励企业深耕专精特新，助力企业解决资金难题，加快四川省专精特新"小巨人"企业培育。

关键词：　专精特新　"小巨人"企业　技术创新　高质量发展

"专精特新"中小企业，是指具备专业化、精细化、特色化、新颖化优势的中小企业，主要专注于细分市场，创新能力强、成长性好，能在关键领域"补短板""填空白"，是实现产业链供应链自主可控的关键主体。党中央、国务院高度重视中小企业发展。习近平总书记对促进中小企业发展做出一系列重要指示批示，强调坚持"两个毫不动摇""中小企业能办大事"。据工信部网站数据，截至 2022 年底，我国中小微企业数量超过

---

* 易晓芹，四川省工业和信息化研究院工业经济研究所副所长，中级经济师，主要研究方向为区域经济、产业政策。

5200万家，提供全国80%的社会就业、70%的科技创新成果、65%的GDP、55%的税收。专精特新"小巨人"企业是中小微企业中的佼佼者，从2019年工信部公示第一批专精特新"小巨人"企业名单起，截至2022年末，工信部已先后公示四批共9279家企业。

四川省已经累计培育国家级专精特新"小巨人"企业350家，"小巨人"企业数量排全国第十二位，处于中上位置。在全国专精特新"小巨人"企业20强城市中，四川仅有成都市上榜，居全国第八、副省级城市第五。总体来看，四川省专精特新"小巨人"企业从第一批14家企业增加到第四批138家企业，越来越多川企入选专精特新"小巨人"企业，正是四川省经济蓬勃发展、企业创新创造活力迸发的体现。本报告聚焦四川省专精特新"小巨人"企业，针对这350家企业的行业分布、区域分布、企业规模、创新能力和融资情况进行深入分析，提出存在的问题和挑战并给出对策建议，旨在更好地发挥其示范带动作用，引导川内中小企业走专精特新发展道路，为提升产业基础高级化和产业链现代化水平、构建现代化产业体系提供有力支撑。

一 四川省专精特新"小巨人"企业发展现状

（一）专精特新"小巨人"企业的行业分布

四川省专精特新"小巨人"企业所属行业半数以上为制造业。数据显示，四川省350家专精特新"小巨人"企业主要集中在8个行业大类中，有56.3%（197家）的专精特新"小巨人"企业分布在制造业，其次是科学研究和技术服务业（89家，25.4%）（见表1）。其中，排名前三的行业分别为工程和技术研究和试验发展（47家，13.43%）、其他未列明制造业（16家，4.57%）、输配电及控制设备制造业（15家，4.29%）。

表1　四川省专精特新"小巨人"企业在行业大类的分布情况

单位：家，%

行业大类	企业数	占比
制造业	197	56.3
科学研究和技术服务业	89	25.4
信息传输、软件和信息技术服务业	31	8.9
批发和零售业	21	6.0
水利、环境和公共设施管理业	4	1.1
电力、热力、燃气及水生产和供应业	3	0.9
租赁和商务服务业	3	0.9
居民服务、修理和其他服务业	2	0.6

资料来源：工信部一至四批专精特新"小巨人"企业公示名单、全国企业信用信息公示系统。

（二）专精特新"小巨人"企业的区域分布

截至2022年底，四川省国家级专精特新"小巨人"企业主要集中在成都平原经济区。其中，成都市专精特新"小巨人"企业数量遥遥领先，共有204家，占比高达58.29%，2022年的营业收入、利润总额分别同比增长12.53%、9.6%，研发费用支出占营业收入比重达6.96%。绵阳市、德阳市居第二、第三位，分别为35家、22家（见图1）。

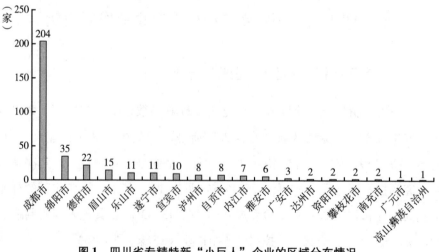

图1　四川省专精特新"小巨人"企业的区域分布情况

资料来源：工信部一至四批专精特新"小巨人"企业公示名单。

（三）专精特新"小巨人"企业的规模

根据收集整理的四川省专精特新"小巨人"企业参保人数数据，四川省专精特新"小巨人"企业的规模分布峰值出现在101～200人区间，呈现规模越大、企业数量越少的反向特征（见图2）。企业规模平均人数为235人，64.77%的企业规模小于平均值。

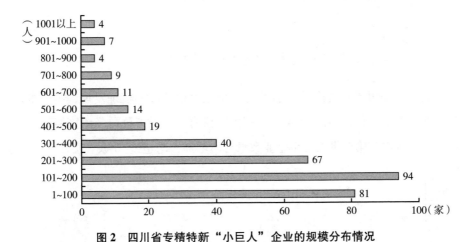

图2　四川省专精特新"小巨人"企业的规模分布情况

资料来源：工信部一至四批专精特新"小巨人"企业公示名单、全国企业信用信息公示系统。

（四）专精特新"小巨人"企业的创新能力

四川省专精特新"小巨人"企业的创新能力较强、创新成果显著。从有效专利情况来看，发明专利数达到16237件，有效授权量为7640件，是所有知识产权类型中最多的。从有效授权率来看，专精特新"小巨人"企业在四大类型专利的有效授权率上差距并不是很大，属于一类知识产权的发明授权和发明专利相对较高，占比在40%以上（见表2）。

表2 四川省专精特新"小巨人"企业的专利数量

单位：件，%

类型	全部数量	有效授权量	占比
发明授权	872	384	44.04
发明专利	16237	7640	47.05
实用新型	2617	970	37.07
外观设计	275	91	33.09

资料来源：根据国家统计局、四川省统计局网站整理。

（五）专精特新"小巨人"企业的上市情况

通过对四川省专精特新"小巨人"企业上市情况的梳理发现，第一批次到第四批次上市公司共计36家。第一批次仅有1家上市公司（中密控股）入围，第二批次和第四批次上市企业数量有所增加，均超过10家（见图3）。

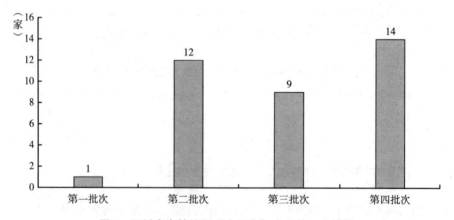

图3 四川省专精特新"小巨人"企业的上市情况

资料来源：工信部一至四批专精特新"小巨人"企业公示名单、全国企业信用信息公示系统。

（六）专精特新"小巨人"企业的融资情况

以2021年1月1日至2022年12月28日为一个时间周期进行统计，四川省专精特新"小巨人"企业进行融资34起，涉及专精特新"小巨人"企业31家，主要集中在机械制造、集成电路、其他工业、电子元件等领域。其中，5家机械制造行业"小巨人"企业获得融资，占企业总数的16.13%，其他行业获得融资的企业数量相对较少。

表3 四川省专精特新"小巨人"企业的融资情况

单位：家，%

行业	企业数	占比	行业	企业数	占比
机械制造	5	16.13	机械装备	1	3.23
集成电路	4	12.90	节能环保	1	3.23
其他工业	3	9.68	其他电商服务	1	3.23
电子元件	2	6.45	其他医疗服务	1	3.23
生物科技和制药	2	6.45	汽车及零部件制造	1	3.23
综合企业服务	2	6.45	汽车综合服务	1	3.23
高端制造	1	3.23	无人机	1	3.23
航空航天	1	3.23	新能源	1	3.23
化工原料	1	3.23	智能装备	1	3.23
机器人	1	3.23			

资料来源：和仕咨询专精特新政策库。

二 四川省专精特新"小巨人"企业面临的问题与挑战

（一）企业总量不大，区域发展失衡

从国家级专精特新"小巨人"企业总数来看，截至2022年末，四川省国家级专精特新"小巨人"企业第一到第四批共计350家，不到排位第一的浙江省（1078家）、第二的广东省（881家）的一半。从企业区域分布来看，四川省专精特新"小巨人"企业区域分布不均衡，最多的成都市有204家，有三个市州（巴中市、阿坝藏族羌族自治州和甘孜藏族自治州）无1

家，差距较大。企业区域发展失衡会引发一系列产业、资金、人才等问题。专精特新"小巨人"企业数量较多的区域，产业发展更加集聚，会吸引更多人才、资金的流入，形成"虹吸效应"。大量人才、资金、技术汇集在一个区域，一定程度上会带动该区域的经济增长，形成"马太效应"，地区间差距可能进一步拉大。

（二）企业规模偏小，技能人才短缺

人才缺口一直以来都是困扰专精特新"小巨人"企业发展的最大问题，尤其是高端人才的匮乏直接影响企业的发展后劲。由于四川省大部分专精特新"小巨人"企业规模较小，与其他国有大型企业、外资企业相比，专精特新"小巨人"企业在人才引进方面存在劣势。参照美国、德国等制造强国的成功经验，专精特新中小企业的核心竞争力就在于工程师与高级技工等人才集聚。专精特新"小巨人"企业只有在不断地创新中才有可能参透专业化、精细化、特色化、新颖化秘诀，而创新的关键要素在于人才。目前，四川省制造业普遍面临一个现实问题，就是高质量人才供给不足，技师技工缺口很大。2022年，四川省高级技工占比也仅有21.5%，2017年日本全国高级技工人数占比已达到40%，德国高级技工占比为50%，发达国家高级技工占比普遍超过35%。虽然四川省技能人才已经超过1056万人，其中高技能人才也已超过227万人，但是技能人才每年还是无法达到供需平衡，制约劳动生产率的整体提升。

（三）基础研究不足，技术创新乏力

近年来，四川省企业不断加大研发投入，创新能力显著提升、创新成果不断涌现，但在关键核心技术，例如芯片技术、人工智能技术、新能源技术和生物医药技术等方面，还存在"卡脖子"难题，创新能力有待进一步提升。专精特新企业应是解决"卡脖子"难题的重要突破口。然而，该类企业在成长过程中表现乏力，最重要的一个原因，就是应用基础研究不足，跟不上企业的实际需求。相较于沿海发达省份，四川省在基础研究方面积累不足，尤其是在原创科学理论和科学思维上与它们还存在较大的差距，使得专精特新"小巨人"企业攻破科学前沿技术能力不强，降低了参与全球高精尖领域的竞争力。此外，四川省专精特新"小巨人"企业中有相当一部分是民营企业，缺少自主创新勇气，不敢投入过多的资金进行技术创新、科技研发，往往以引进技术为主，新产品开发意识不强，导致产品科技含量相对较低，在市场上竞争力较弱。

（四）抗风险能力差，企业融资困难

中小企业自身条件差、原始积累及可抵押资产少等各种不利因素，导致中小企业长期以来都面临融资难、融资贵的问题，专精特新"小巨人"企业同样面临中小企业融资的共性问题。一是股权债券融资门槛相对较高。从股权融资来看，虽然企业上市注册制已经开始试点，但是仍然对企业股权融资有门槛限制，大部分专精特新"小巨人"企业无法通过公开资本市场筹集资金。从债券融资来说，我国企业债券市场的发展相对滞后，专精特新"小巨人"企业常常达不到债券发行额度的要求，因此企业想通过债券融资几乎不太可能。二是银行惜贷现象严重。目前，各大银行针对专精特新"小巨人"企业的贷款仍然主要依赖抵押质押，但是企业本身可抵押资产少，获得信贷难度大，企业无法按时足额地获得资金支持，尤其是对于科技型、轻资产类的企业来说更加困难。此外，银行对于资金的使用方向也有较大限制，在一定程度上限制了企业的发展空间。

三　四川省专精特新"小巨人"
企业发展的对策建议

（一）加大专精特新企业培育力度

一是做大企业总量。聚焦四川省优势产业提质倍增计划，着力培育扶持一批龙头企业、骨干企业、"链主"企业，进一步做大中小微企业"总盘

子", 为专精特新"小巨人"企业成长提供源头活水。二是建立健全专精特新"小巨人"潜力企业培育机制。形成早发现、早培育、早推荐、早认定工作机制, 尤其是对非成都平原经济区, 应制定"一企一策"专项培育计划, 提供政策咨询、成果转化、人才培训、市场开拓、投资融资等全方位服务, 将培育成效纳入地方政府干部政绩考核体系。三是成立四川省专精特新"小巨人"企业调查研究中心。应配置专业的研究人员, 对四川省专精特新"小巨人"企业培育情况进行深度调查研究, 撰写研究报告及培育工作推进意见, 开展咨询和培训业务。

(二)支持企业技能培训和人才储备

一是制定四川省专精特新"小巨人"企业人才引进计划。针对紧缺的跨学科人才、领军人才以及拔尖人才, 完善和优化吸引人才、留住人才的相关政策措施, 及时发布《四川省专精特新"小巨人"企业急需紧缺专业技术人才目录》《四川省专精特新"小巨人"企业引进培育急需紧缺专业技术人才奖励补贴办法》等。二是开展专项专精特新"小巨人"企业行业培训。应构建以企业为主体, 高校和科研院所共同参与的人才发展共同体, 定期或者不定期围绕行业关键核心技术进行交流和研究, 共破"卡脖子"难题, 以培促学, 不断提升技能人才的技艺水平。三是引导企业提升内部管理能力。应建立公平合理的技能人才薪酬体系, 基于工作岗位、技能水平和实际贡献实行多劳多得、技高者得的收入分配制度。

(三)鼓励企业聚焦深耕"专精特新"

"专精特新"的核心要义是创新, 强调企业走"专精特新"之路, 就是要鼓励企业创新, 将专业化、精细化、特色化落到实处。一是注重对基础研究的投入。基础研究是科学技术创新的"发动机", 由于难度大、周期长、风险高, 需要政府部门充分发挥好省级财政作用, 调动市场积极性, 激励企业积极投入基础研究。二是提振民营企业家信心。应让企业家"敢想敢干"。一方面, 企业家要转变发展思路, 将重规模、速度转变为重效益、质量，慎重选择多元化战略，持续专注主业领域，形成竞争优势，特别是在发明专利等知识产权领域构建企业的发展优势壁垒。另一方面，对于民营企业来讲，企业自主创新风险大、成本高，需要相关政策托底扶持，政府部门需要在技术创新、成果转化等环节提供大力支持和精准服务。

（四）多措并举助力企业解决资金难题

进一步拓宽专精特新"小巨人"企业融资渠道。一是围绕四川省专精特新"小巨人"企业开展融资对接，鼓励省级政府引导基金管理机构成立四川省专精特新"小巨人"企业发展专项基金，鼓励在川投资机构参与投资。二是进一步加大企业上市扶持力度。建立四川省专精特新"小巨人"企业重点挂牌上市后备企业资源库，在企业自愿、各市州集中申报的基础上，每年选择一批主营业务突出、竞争能力较强、发展前景较好的企业入库，分重点培育、长期跟进，实行动态管理，扶持科技型、成长型企业在北交所、科创板、创业板上市，初创型、创新型企业在新三板和天府（四川）联合股权交易中心挂牌。三是推动各银行开展四川省专精特新"小巨人"企业专项金融服务，通过产业基金、专项债券等形式，为企业项目快速提供资金支持。

参考文献

董志勇、李成明：《"专精特新"中小企业高质量发展态势与路径选择》，《改革》2021 年第 10 期。

郭秋霞、李红娟：《江苏省专精特新企业高质量发展路径分析》，《江苏科技信息》2022 年第 13 期。

杨立娜：《宁波加快培育专精特新"小巨人"企业的对策建议》，《三江论坛》2022年第 11 期。

皮 书

智库成果出版与传播平台

❖ 皮书定义 ❖

皮书是对中国与世界发展状况和热点问题进行年度监测，以专业的角度、专家的视野和实证研究方法，针对某一领域或区域现状与发展态势展开分析和预测，具备前沿性、原创性、实证性、连续性、时效性等特点的公开出版物，由一系列权威研究报告组成。

❖ 皮书作者 ❖

皮书系列报告作者以国内外一流研究机构、知名高校等重点智库的研究人员为主，多为相关领域一流专家学者，他们的观点代表了当下学界对中国与世界的现实和未来最高水平的解读与分析。

❖ 皮书荣誉 ❖

皮书作为中国社会科学院基础理论研究与应用对策研究融合发展的代表性成果，不仅是哲学社会科学工作者服务中国特色社会主义现代化建设的重要成果，更是助力中国特色新型智库建设、构建中国特色哲学社会科学"三大体系"的重要平台。皮书系列先后被列入"十二五""十三五""十四五"时期国家重点出版物出版专项规划项目；自2013年起，重点皮书被列入中国社会科学院国家哲学社会科学创新工程项目。

皮书网

（网址：www.pishu.cn）

发布皮书研创资讯，传播皮书精彩内容
引领皮书出版潮流，打造皮书服务平台

栏目设置

◆ **关于皮书**

何谓皮书、皮书分类、皮书大事记、
皮书荣誉、皮书出版第一人、皮书编辑部

◆ **最新资讯**

通知公告、新闻动态、媒体聚焦、
网站专题、视频直播、下载专区

◆ **皮书研创**

皮书规范、皮书出版、
皮书研究、研创团队

◆ **皮书评奖评价**

指标体系、皮书评价、皮书评奖

所获荣誉

◆ 2008 年、2011 年、2014 年，皮书网均
在全国新闻出版业网站荣誉评选中获得
"最具商业价值网站"称号；
◆ 2012 年，获得"出版业网站百强"称号。

网库合一

2014年，皮书网与皮书数据库端口合
一，实现资源共享，搭建智库成果融合创
新平台。

皮书网

"皮书说"
微信公众号

权威报告·连续出版·独家资源

皮书数据库
ANNUAL REPORT(YEARBOOK)
DATABASE

分析解读当下中国发展变迁的高端智库平台

所获荣誉

- 2022年，入选技术赋能"新闻+"推荐案例
- 2020年，入选全国新闻出版深度融合发展创新案例
- 2019年，入选国家新闻出版署数字出版精品遴选推荐计划
- 2016年，入选"十三五"国家重点电子出版物出版规划骨干工程
- 2013年，荣获"中国出版政府奖·网络出版物奖"提名奖

皮书数据库

"社科数托邦"
微信公众号

成为用户

　　登录网址www.pishu.com.cn访问皮书数据库网站或下载皮书数据库APP，通过手机号码验证或邮箱验证即可成为皮书数据库用户。

用户福利

- 已注册用户购书后可免费获赠100元皮书数据库充值卡。刮开充值卡涂层获取充值密码，登录并进入"会员中心"—"在线充值"—"充值卡充值"，充值成功即可购买和查看数据库内容。
- 用户福利最终解释权归社会科学文献出版社所有。

社会科学文献出版社 皮书系列
SOCIAL SCIENCES ACADEMIC PRESS (CHINA)
卡号：517236815898
密码：

数据库服务热线：010-59367265
数据库服务QQ：2475522410
数据库服务邮箱：database@ssap.cn
图书销售热线：010-59367070/7028
图书服务QQ：1265056568
图书服务邮箱：duzhe@ssap.cn

法律声明

　　"皮书系列"（含蓝皮书、绿皮书、黄皮书）之品牌由社会科学文献出版社最早使用并持续至今，现已被中国图书行业所熟知。"皮书系列"的相关商标已在国家商标管理部门商标局注册，包括但不限于LOGO（▦）、皮书、Pishu、经济蓝皮书、社会蓝皮书等。"皮书系列"图书的注册商标专用权及封面设计、版式设计的著作权均为社会科学文献出版社所有。未经社会科学文献出版社书面授权许可，任何使用与"皮书系列"图书注册商标、封面设计、版式设计相同或者近似的文字、图形或其组合的行为均系侵权行为。

　　经作者授权，本书的专有出版权及信息网络传播权等为社会科学文献出版社享有。未经社会科学文献出版社书面授权许可，任何就本书内容的复制、发行或以数字形式进行网络传播的行为均系侵权行为。

　　社会科学文献出版社将通过法律途径追究上述侵权行为的法律责任，维护自身合法权益。

　　欢迎社会各界人士对侵犯社会科学文献出版社上述权利的侵权行为进行举报。电话：010-59367121，电子邮箱：fawubu@ssap.cn。

社会科学文献出版社